U0753916

涨停敢死队操作手法大揭秘

一本书读懂
涨停板战法

曹明成　谭文◎著

立信会计出版社
LIXIN ACCOUNTING PUBLISHING HOUSE

图书在版编目（CIP）数据

一本书读懂涨停板战法/曹明成，谭文著.--上海：
立信会计出版社，2016.1
（擒住大牛）
ISBN 978-7-5429-4789-5

Ⅰ.①一··· Ⅱ.①曹··· ②谭··· Ⅲ.①股票投资－基
本知识 Ⅳ.①F830.91

中国版本图书馆CIP数据核字(2015)第266390号

策划编辑　蔡伟莉
责任编辑　蔡伟莉　彭秋龙
封面设计　久品轩

一本书读懂涨停板战法

出版发行	立信会计出版社			
地　址	上海市中山西路2230号		邮政编码	200235
电　话	（021）64411389		传　真	（021）64411325
网　址	www.lixinaph.com		电子邮箱	lxaph@sh163.net
网上书店	www.shlx.net		电　话	（021）64411071
经　销	各地新华书店			

印　刷	天津嘉杰印务有限公司		
开　本	787毫米×1092毫米	1/16	
印　张	13.25	插　页	1
字　数	193千字		
版　次	2016年1月第1版		
印　次	2017年11月第3次		
书　号	ISBN 978-7-5429-4789-5/F		
定　价	39.00元		

如有印订差错，请与本社联系调换

序一　我为什么不讲价值投资①

《理财一周报》记者/林奇

"在中国的资本市场，我从来不讲价值投资。所谓的价值，不过是给庄家炒作的理由而已。我选股思路是跟庄，操作理论讲究趋势为先。"

——曹明成

私募大鳄曹明成是私募圈内资深的操盘手，曾在多家咨询公司及投资机构任职，直接参与过多次大资金的操盘。

1999年"5·19"行情中，曹明成因成功阻击网络科技股而一战成名。

在互联网行情中，曹明成亲身领教了亿安科技、海虹控股等庄家李彪、蔡明的狠辣操盘手法。

在股海中摸爬滚打十几年的老曹，博客名为"十年股灰"，在东方财富网的财经博客中排名第十四位。

从湘财证券的一名普通经纪人做起，再到操盘手、主操盘手、私募基金经理，曹明成经过十多年的实战，总结出"曹氏八线"，并著有《吃定庄家》《擒庄实战技法》《庄家内幕揭秘》《K线实战技术精要》和《庄股经典出货模式》等书。

"11月还有两本书出版，今年可能还有两本书稿，有出版社约稿了，但还没写完。"曹明成如是介绍。

10月26日，曹明成接受《理财一周报》专访，揭露了许多不为人知的坐庄、跟庄内幕。

---

① 2009年11月7日，《东方早报理财一周》对曹明成先生的人物专访，刊登在"资本大亨"版面。原文标题为《私募大鳄曹明成：坐庄岁月里的那些往事》。

阻击网络科技股一战成名

《理财一周报》：像许多私募基金经理一样，您也是从经纪人做起的吗？

曹明成：差不多，早年和李华（第二代操盘手）是一批。最早是在湘财证券。离开湘财证券后，跟老板做操盘手，后来干脆出来单干了。

《理财一周报》：是不是因为做操盘手待遇都不太高？

曹明成：操盘手要看是什么样级别的，资深的主操盘手负责决策，与老板有分成，待遇还可以。

《理财一周报》：当时做操盘手都经历过哪些比较大的战役？

曹明成：最早是阻击网络科技股的那一年，阻击网络科技股不是自己坐庄，是跟庄。当时发现有大批私募资金成堆地扎入了网络科技概念类的股票，不少同类题材的股票都在底部放量，大资金入驻明显，就开始关注这个题材。

《理财一周报》：发现此类股票后是直接跟进吗？还是后来跟进的？

曹明成：先是试探性跟进。后来科技概念股开始成为当时的热点。与以往的概念炒作不同，这次很意外的是：炒作之后，入驻的庄家资金不见撤退，这在以往的概念炒作中是很少见的。当时经过考虑之后，就把所有的资金全线投入该类题材股。

《理财一周报》：这样追题材股会不会很冒险？

曹明成：这是很大胆的做法，当时遭到其他辅助操盘手的非议。因为这样做风险大，概念股炒作成热点后，一般都开始进入高位，这个时候介入，弄不好就成了庄家出货的牺牲品。

《理财一周报》：那为什么还决定满仓追进，当时是怎么考虑的？

曹明成：当时是依据庄家的操盘手法判断的。大量的庄家资金入驻了该类题材股，而在第一轮炒作之后，还在高位加仓。显而易见，目标不在短期。

《理财一周报》：当时网络股您跟的是哪只？

曹明成：做了很多只，蔡明的海虹控股就是其中的一只。

《理财一周报》：这波物联网炒作海虹控股也是龙头，您觉得这波物联网会

不会像当初的互联网一样爆炒起来？

曹明成：这波物联网入驻的庄家资金还远远不够，暂时没有那种可能。但庄家的炒作计划可能会因为行情的变化而变化。就像当年的网络科技股，并不是开始大家都看好，后来"5·19"井喷，人气被完全带动，大量的私募资金进入了。因此，就出现了炒作一波后，新资金大量入驻，造就了一轮2年的行情。

亲身领教李彪跌停板洗盘法

《理财一周报》：当时最有名的应该是罗成操控下的亿安科技，您跟的是这只吗？

曹明成：网络科技股的行情从1999年5月开始，直到2001年，经历了一年多时间，这轮题材的炒作，只要与网络科技挂边的都被炒作起来了。其中的龙头亿安科技、海虹控股、四川湖山都被炒作到了非理性的高度。亿安科技是第一个百元股，是罗成坐庄，操盘主要是郑伟和李彪负责。海虹控股是蔡明坐庄。去年李彪去世的时候我才知道消息的。

《理财一周报》：李彪总感觉对不起自己的弟弟，知道具体是为什么吗？

曹明成：他弟弟是李彬，当时坐庄亿安科技用的是金易投资公司，郑伟是控制人，法人代表写的是李彬的名字，但李彬是圈外人，后来被扯进去了，被搞得很惨。据说李彪没有办法救无辜的弟弟，导致了李彬的破产，并差点入狱。

《理财一周报》：李彪是一个什么样的人？

曹明成：现实中的李彪长得比较斯文，光头戴眼镜，但行事泼辣，脾气有些暴躁。郭庆、李彪、蔡明，这些都算是第一代操盘手，他们比我早一代，我那时候是小字辈。李彪操盘非常凶悍，他当时发明了跌停板洗盘法，鬼神莫测。

《理财一周报》：连续跌停，只要看盘操作无一幸免，当时亿安科技启动前就是连续3个跌停板。

曹明成：这种手法在当时很难判断。

《理财一周报》：为什么很多早年的庄家都不得善终？

曹明成：早年的操盘手生活都不太好，心理压力大，真正功成名就的极少。一部分人是被查了或逃亡了，另一部分人在后来的4年熊市（2001—2005年）中又赔进去了。

《理财一周报》：那4年熊市够惨的，2008年也很惨。

曹明成：2008年的大熊市也套了很多的庄家。

《理财一周报》：当时为什么没有跟进亿安科技？

曹明成：亿安科技不敢跟。开始完全是逼空。强势股就是这样，一开始逼空，散户不跟进，继续逼空，开始震荡，散户眼红了，进去了，再拔高，出货了。亿安科技当年也是被逼上去的，前期的计划肯定没想要炒那么高。拉到40元的时候，没有人敢买了，怎么办，接着拉。亿安科技控盘最后达到90%以上。其实玩到那个时候已经算失败了，最后出货比较艰难。

《理财一周报》：有个庄家跟我讲过，说很多筹码是在跌破100元后卖给了抢反弹的人。

曹明成：平均没有那么高。出货的平均价格，我们那时候判断应该在40元左右。60元左右制造假反弹，结果还是很少有人买。市场信心没有了，下跌趋势形成了。最大的抢反弹成交量在27元左右。平均出货价位在40~50元。

《理财一周报》：庄家要出货一般都要先跌很多吧？

曹明成：一般庄家拉到离谱的位置，出货的价位定在下跌一半的位置，通过做假反弹出货。

信奉自己的操盘理念

《理财一周报》：您信奉价值投资吗？

曹明成：在中国的资本市场，我从来不讲价值投资。所谓的价值，不过是给庄家炒作的理由而已。我选股思路是跟庄，操作理论讲究趋势为先。

《理财一周报》：看来您是趋势派。

曹明成：我自己有一套操盘理念，在趋势形成之后，形态明朗之后才操作。

但又不等同于右侧交易，我的买入点在次低点或次次低点，卖出位在次高点或次次高点。

《理财一周报》：那您的这些东西是跟谁学的呢，还是自己悟的？

曹明成：自己悟出来的。早年是受一位老股民的启发，一位比较执著的老股民，他完全依据10日线买卖，获利很稳定。

《理财一周报》：线上持股，线下持币？

曹明成：是的。简单地说，可以用这8个字来概括。

《理财一周报》：这方法最厉害，化繁为简了，但很多人不经过多年的实战永远不理解。可是单独只看一个10日线会不会有点片面？

曹明成：我当时研究这个10日线很长时间，但也发现很多弊端。首先，如果不判断趋势，依据10日线买卖会在平衡市里不知所措。其次，10日线经常被庄家作为洗盘的工具。实战中操作纪律最重要，比如下降通道就是线下持币，需要放弃所有的诱惑和机会。

《理财一周报》：您现在主要看些什么指标？

曹明成：都是一些我自己的指标，帮我写指标的有一个工作室，我提供我的思路，他们帮我完成。我有个学生叫谭文，他是这方面的高手。现在计算机信息技术太发达了，把传统技术分析与计算机分析相结合，真的是事半功倍。我们原来为了总结一个形态，自己画图，花大量的时间统计，再分析和总结，现在计算机可以在很短的时间内全部做完。

（原文中对当时行情的看法，作了删节。本期采访的电子版地址在：http：//www.licaiyizhou.com/content.jsp？category=00008&id=1074）

序二　我认识的"小曹"与"老曹"

李　华

　　近年来市场上的股票类书籍渐有泛滥之势，且良莠不齐，多有鱼目混珠之作，真正能指导投资者实战应用的作品可谓少之又少。然最近读曹明成先生主笔的实战系列丛书，感觉甚好。细读之下，书中不乏作者多年实战的经验心得与"不传之密"，实为"用心之作"，相信读者阅后当有所裨益。

　　我与曹明成先生相识已久。初识其人，还是1997年在湘财证券的营业部，当时因本人虚长几岁，故称他为"小曹"。那时的"小曹"瘦瘦小小，貌不惊人，书生气十足，也没有什么名气。后常有散户打听"曹明成"，发展到不断有大户托我的关系来约"曹先生"吃饭，这才让我刮目相看。再到1999年的狙击网络科技股一战成名，早年的"小曹"已经成为了当时湘楚一带赫赫有名的"老曹"。

　　几年后我们也相继开始了单干，都有了自己的事业，与曹明成先生联系渐少。偶闻他的消息也只是在报纸杂志上见他的跟庄理论的文章。这次接他的电话让我为丛书写序，颇感意外。在我的印象中，他身体并不太好，甚至可用"体弱多病"四个字来形容，又常沉溺于股票实战之中，写书这种耗时耗力之事，以他一人之力怎能办到？

　　见面后我才知道，原来他这几年收了一个得意门生——谭文。谈论间他得意之色溢于言表："已得我九成功力。"

　　小谭属于新时代的复合型人才，精通计算机编程，自行钻研了传统技术分析与计算机海量数据模拟测试相结合的分析方式，丛书的写作过程就曾大量使用计算机模拟测试的论证，纠正了许多人力所无法克服和发现的错误，使书中的理论更趋于完美，大有青出于蓝而胜于蓝之势！真是后生可畏！"曹氏八线理论"是曹明成与谭文师徒两人多年实战理论研究的结晶，曾被股民朋友冠以"零风险操

作理论"的美誉。该理论我个人觉得至少有两点值得推崇：一是最大限度地回避了风险；二是几乎不会错过任何一波有价值的行情。炒股不是纸上谈兵，能在实战中真正做到稳定获利的理论才是好理论。我了解曹明成先生的实力，更了解曹明成先生的为人。他不会忽悠人，他主笔的丛书更不会忽悠人！

　　鉴于此，我愿为此丛书作序，并向全国的广大股民朋友们推荐。

（作者原为湘财证券高层管理人员，现为广东某私募基金总裁）

前　言

涨停板，作为中国股市中一道独特的风景，自诞生之日起就拥有独特的魅力。涨停板是如此的迷人，它的出现意味着庄家资金的介入，意味着股价的飙升，意味着持股人飞速上涨的收益率……

然而，就像月亮的另一面，涨停板神秘、诡异、又难以捉摸；与它如影随形的是追涨失败后的惨重损失，是站在山岗上的深度套牢……涨停板就像带刺玫瑰，选择追涨的投资者在渴望丰厚利润的同时，必须时刻警惕随之而来的风险，并在这种风险出现时，能采取恰当的举措将风险化为最低，甚至成功避免这种风险。这也是一个成功的股票投资者应该具备的特质。

高风险与高收益并存的追涨并不是无规律可循，细心的投资者会发现涨停板其实是可以依据一些蛛丝马迹捕捉到规律的。笔者通过总结自己多年来在风云变幻股市中的经验和教训，将这些隐藏于实战中的规律探究出来，并且结合实例一一与读者朋友们分享。希望能给投身股市的朋友指点迷津，也能为对追击涨停感到困惑的朋友提供帮助，更能够成为资深股民朋友们的交流平台。这也正是《一本书读懂涨停板战法》出版的价值所在。

本书从涨停板产生的基本原因出发，以盘口捕捉涨停板为思路，从不同角度探讨涨停板形成机理以及捕捉技法。本书的内容包括：涨停的基本原理；盘口涨停的奥秘；如何拥有清晰的选涨停个股思路；怎样把握买卖时机；怎样利用不同的K线形态分析行情，以及在涨停来临时如何乘胜追击等。帮助解决广大投资者，尤其是散户投资者追涨遇到的各种难题，让投资者在掌握追涨技巧的同时，能合理规避风险，进而获取丰厚利益，尽享投资的乐趣。

目前市面上的股票书籍多有侧重理论、晦涩难懂等不足，本书重视图文结合，理论和实例结合，旨在寓教于乐，融会贯通，力图使读者轻松掌握实战操作

技法。

在武侠小说中，习武之人往往会取得独门秘籍，以一身绝世武功称霸武林。股市投资者也应该掌握一些"必杀技"，才能更好地笑傲股市。希望读者朋友们都能练就一身绝技，掌握有效的追涨要领，成为投资高手。

由于时间仓促，书中可能存在一些错误和遗漏的地方。欢迎读者将宝贵的意见和建议反馈给笔者，以便笔者在以后的写作中借鉴使用，笔者的邮箱caomingcheng@yeah.net，QQ：150610568。同时我们也接收大资金的理财合作，欢迎来函交流。

最后，感谢"曹明成股票研究室"的实战专家蔡双喜先生、周宏伟先生、李华先生及段凤英女士参与本书部分章节的编写、校稿和制图工作。感谢立信会计出版社的蔡伟莉和张寻女士、著名出版人赵涛先生为本书出版工作付出的辛勤努力！

曹明成

2015年冬

目　录

第一章

分时图擒杀涨停技法

在股票投资当中，获得利润的最佳途径是擒杀短线涨停股票。如果投资者具有精湛的追击涨停技巧和良好的盘口感觉，借助大势连续斩获数个涨停板，短时间使得利润翻倍，也是完全有可能的。在俘获涨停板的选股过程中，核心是如何预先判断股价当日会涨停。为实现这个目标，对分时图的研判就显得尤为重要了。

利用分时图追击涨停需要很高的技巧和盘感，只靠"纸上谈兵"的方式是不能实现斩获涨停这一目标的。投资者必须要认真分析分时图走势，多留意个股的基本面，仔细对照买卖的标准，多总结实战中的经验。只有经过这样的"千锤百炼"，才能实现斩获涨停的目标，才能到达理想的峰顶。

第一节　分时图名片

分时图是指大盘和个股的动态实时（即时）分时走势图，其在实战研判中的地位极其重要，是即时把握多空力量转化即市场变化直接的根本所在。分时图呈现着多空双方的实时交锋信息。通过分时图，我们可以了解到股价在盘中波动的情况，然而这只是它的表面信息。如果深入，分时图会带给我们更多有价值的信息，这些信息可以让我们更为准确地预测价格的短期走向。下面我们利用图表来简要介绍大盘和个股的分时图及其指标。

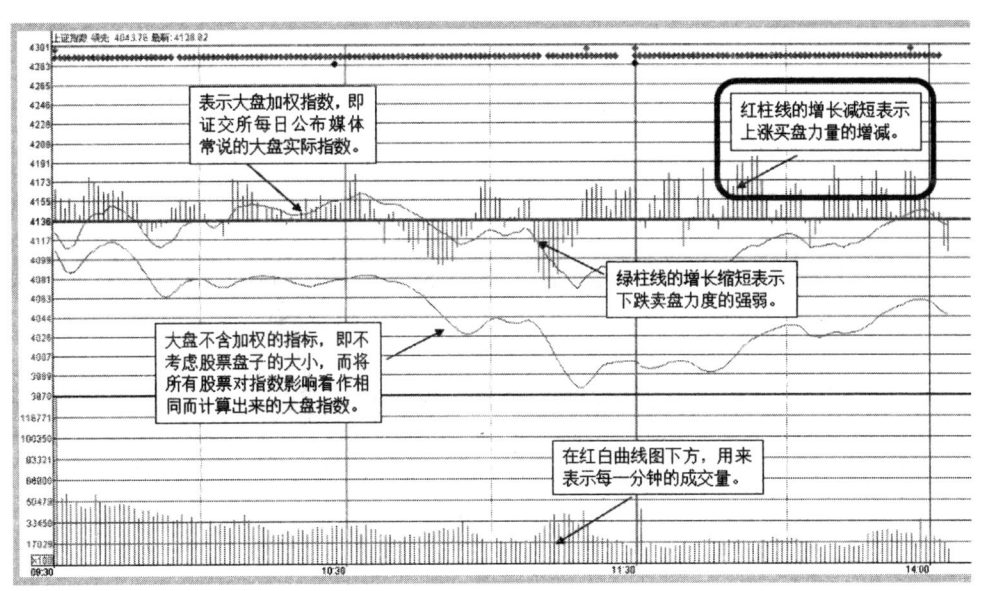

图1-1：上证综合指数分时图

大盘全天的走势往往瞬息多变，有时上午走势强劲，下午就可能突然跳水。而有时上午连续下挫，下午却可以力挽狂澜。一般情况下，大盘的走势对个股的涨跌具有决定性的影响。所以，如能事先判断当日大盘是收阴还是收阳，对于投资者捕捉涨停板至关重要。下面笔者简要介绍几种准确率较高的判断方法。

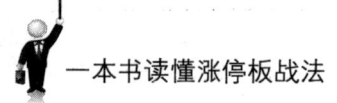

1.股指跳空高开研判方法

股指跳空高开后半小时内，运行在缺口上方强势上扬，若出现此种走势，当日大盘判断收阳，可以在盘中回调时吸筹。

股指跳空高开后半小时内，股指先是下跌，补完缺口后再上扬，若在10点左右时股指处于上涨状态的话，也应判断当日大盘收阳。

股指跳空高开后半小时内，股指一直下跌，在10点左右股指仍处于下跌状态，则应判断当日收阴，当日应小心操作。

2.股指平开研判方法

股指开盘半小时内，指数一路强势上扬，则判断当日收阳。

股指开盘半小时内，指数一路弱势下跌，则判断当日收阴。

股指开盘半小时内，指数先跌后涨，在10点左右若股指处于上涨状态，则判断当日收阳。

股指开盘半小时内，指数先涨后跌，在10点左右若股指处于下跌状态，则判断当日收阴。

3.股指低开研判方法

股指低开后半小时内若一路下跌，则判断当日大盘收阴，此种判断准确率较高。

股指低开后半小时内马上回补缺口一路上扬，则判断当日收阳。

股指低开后半小时内先反弹，但缺口没有补完，在10点左右又下跌，则判断当日收阴。

股指低开后半小时内回补完缺口再下行，则还是判断收阴。

4.特殊情况

有时早盘开盘后半小时内，股指波动的幅度很小，通常在一两个点之内，且红柱和绿柱都非常短，有时相互交错，若出现这种走势，则当日大盘容易出现大涨大跌的行情，一般以大涨居多。

有时早盘开盘后半小时内，股指波动的幅度很大，呈上下波动的走势，则可

判断为当日大盘围绕开盘指数大幅震荡。

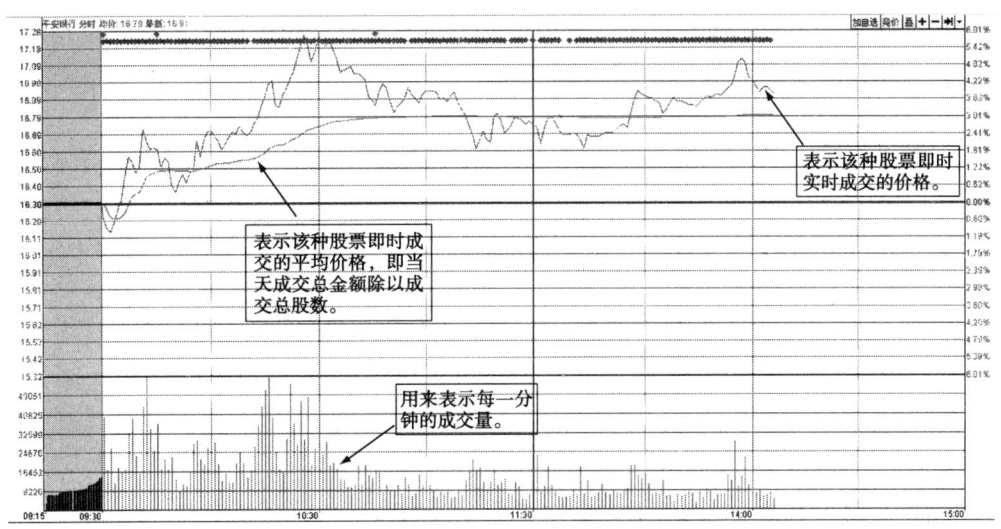

图1-2：个股分时图

　　由以上分析可以看出，无论是哪种分时图，个股也好，综合指数也好，都直观地反映了特定时期内股票的走势。所以，分时图是看盘的基础，也是股票入门必须学习的股票知识。分时图中走势反映了主力运作个股的意图，因此，想要在实战操作中，取得丰厚利润，掌握股票的分时图分析法势在必行。下面，针对分析个股的分时图，笔者讲述几点需要把握的要素。

　　一、回调时间、力度及量能

　　1. 回调时间

　　短时回调：回调时间远小于上涨时间，回调时间越短，再次上涨力度幅度越大。

　　中时回调：回调时间接近上涨时间，这时要依据量能是否再次充分放大来作出判断。

　　长时回调：回调时间远大于上涨时间，再次上涨可能性较小。

　　2. 回调力度

　　弱势回调：回调波段不足上涨波段的三分之一，再次突破前高点时可以介入。

　　中度回调：回调波段接近上涨波段，这时要依据量能是否充分放大来作出

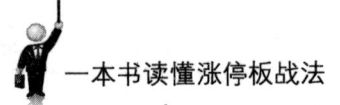

判断。

强势回调：回调波段超过上涨波段二分之一或彻底回落，很难再创新高，要坚决回避。

3. 回调量能

（1）完美形态

股价上涨，成交量成正三角形；表明人们对股价上涨逐步认可，场外资金涌入。股价回落，成交量成倒三角形；表明人们对后市看好，抛压在高位的力度减弱。

（2）无量上涨和放量回调的形态要坚决回避

无量上涨：中线是主力控盘，短线是庄家出货完毕，只有散户参与。

放量回调：主动性卖盘增多，抛压逐步加强，有出货迹象。

在分时图中，首先看量能是否配合良好，其次看回调力度和回调时间。最好的走势是回调幅度较弱、回调时间较短，如果不能同时满足，但至少要满足一个条件，同时另一个条件不能变坏。

二、上涨中继的角度分析

分析完回调，在回调有效的情况下，下一步是分析再次上涨的角度。再次上涨的角度越陡峭，说明拉升力度越强。再次上涨的角度可以分为以下几种。

强势的再次上涨角度：经回调后，再次上涨角度远大于前次，这种形态比较容易涨停。平行的再次上涨角度：经回调后，再次上涨角度与前次平行，涨幅较大。弱势的再次上涨角度：经回调后，再次上涨角度远小于前次，上涨空间有限。

在分时走势中，涨跌停板是比较特殊的情况。此时，股价是以同一价格在进行交易。在日常的交易中，个股不会经常出现强烈的买进卖出需求。若出现上述走势，一定有其内在的原因。出现此种走势的原因有多种，最为重要的几个因素是个股的突发性利好，或主力的有意控盘等。要预测后市股价可能的走势或上涨的幅度，需要重点关注分时走势中所形成的价格形态，同时要结合成交量的变化

等因素，以期能够准确判断出股价的后市趋势。

在涨停板为我们带来丰厚回报的同时，笔者也提醒投资者，涨停板固然存在着诱人的获利机会，但同时也隐藏着巨大的风险。在把握机会的同时，如果我们不懂得如何规避风险，就会出现"朝不保夕"，甚至"朝得夕失"的情况。那么我们该如何在规避风险的同时又能顺利地利用分时图来捕捉涨停板呢？这就是笔者将要在下一节和投资者讨论的问题。

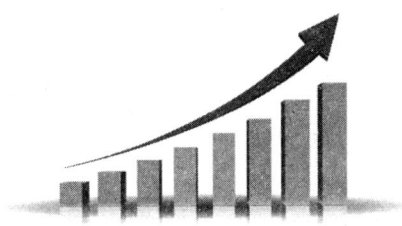

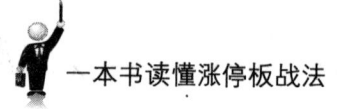

第二节　开盘擒杀涨停

本节和投资者讨论的是，如何利用分时图中个股的开盘价格及其所形成的形态来捕捉涨停的技法，即通过开盘价来捕捉涨停。

所谓开盘价，是指某种证券在证券交易所每个交易日开市后的第一笔买卖成交价格，亦称开市价。开盘价往往决定着股票一天的走势，也一直是投资者关注的重点。很多股票都是在开盘价上做文章，希望以此能对投资者作出有利自己的引导。

把开盘价和上一个交易日的收盘价相比较，其通常有三种情况。开盘价高于上一个交易日的收盘价，叫做高开；开盘价等于上一个交易日收盘价，叫做平开；开盘价低于上一个交易日收盘价，叫做低开。下面笔者将结合实例以这三种情况为主线来分析开盘时投资者该如何捕捉涨停板。

一、高开擒杀涨停

分时图中股价高开一般是主力资金做多的结果，盘中股价持续放量冲击涨停价，表明多方资金介入后，空方无力反击而实现涨停。一般情况下，个股大幅高开（大幅高开一般都指幅度至少在3%以上，有的甚至是5%以上）之后股价会继续高走。如果以这种幅度高开，并且之后股价保持持续上扬，就可以判断该股是有明确的趋势性，后市涨停的概率会非常高。实战中投资者应该将更多的注意力放在高开的个股上。如果股价高开，其上涨的概率本身就较大，若投资者选择恰当的时机介入，所承担的风险就较小。高开之后，股价持续涨停的拉升方式比较好，更容易获得市场的认可。投资者判断个股分时图中的追涨价值，应该通过股价从高开到涨停的持续时间来判断。高开程度越大，股价冲击涨停价的时间越短，说明追涨的意义越大。

下面笔者将结合实战案例来对高开擒杀涨停进行分析。

1. 中国北车（601299）

（1）日K线的位置分析

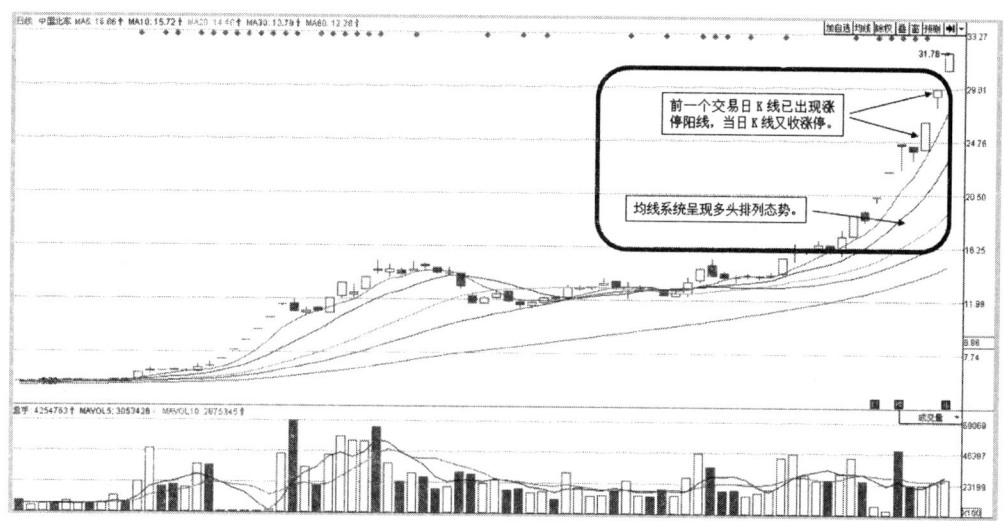

前一个交易日K线已出现涨停阳线，当日K线又收涨停。

均线系统呈现多头排列态势。

图1-3：中国北车（601299）日K线图

如图1-3所示，在中国北车（601299）日K线图中，股价在前一个交易日已经出现了一个涨停阳线，其为投资者后市做多的信心提供了有力的支撑，在市场情绪高涨的情况下，股价后市走强的概率极大。从操作上看，投资者若能够在这个位置上追涨，买入筹码的价位较低的话，可以获得股价冲高后的利润。分时图中涨停效率很高的个股，第二天高开上涨的概率很高，投资者可以在股价高开的时候做空获利。另外，均线系统呈现多头排列态势，表明这些均线成本位置的投资者后市看多，也为股价后市向上运行，股价逐渐抬高，提供了又一个判断依据。

（2）分时图形态分析

如图1-4所示，中国北车（601299）分时图中的价格形态，是高开后两次放量拉升的情况。高开的股价已经说明该股的强势状态，而之后的连续拉升使该股快速涨停，显然是主力介入的结果。该股主力在开盘阶段就已经开始操纵该股，股价被快速拉升涨停后，除早盘涨停板被打开过一次，其余交易时间，股价基本持续横盘在涨停价位直至收盘。在股价顺利涨停以后，买盘支撑作用强大，散户想要成功追涨是一件非常困难的事情。若投资者不提前介入，获得筹码的可能性非常小。

图1-4：中国北车（601299）分时图

（3）介入时点分析

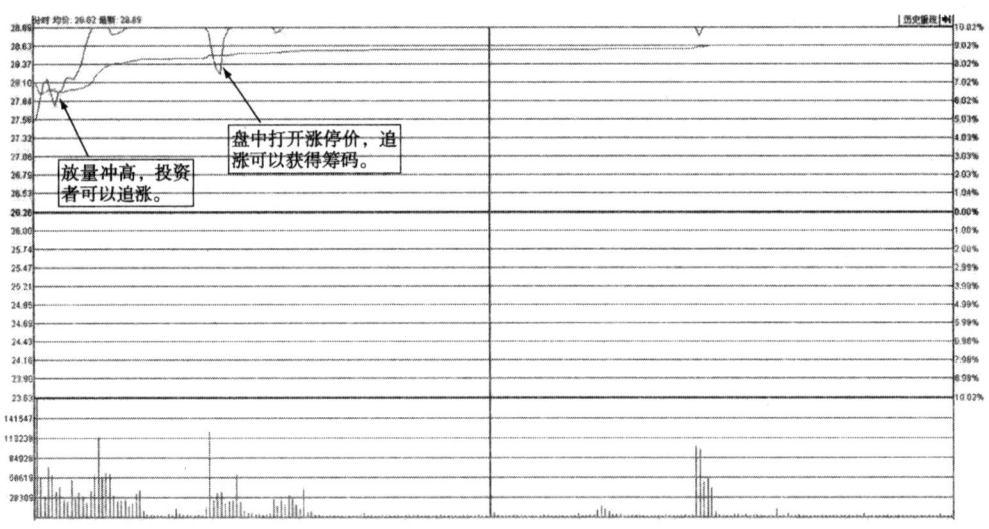

图1-5：中国北车（601299）分时图

如图1-5所示，分时图中的重要介入时点，在于该股被拉升至高位的回调阶段，以及盘中打开涨停价阶段。这两个位置都可以成为投资者追涨的机会。考虑到主力拉升，股价会在很短的时间内涨停。投资者追涨的价位必然要高于连续竞

价的买入价位，才有可能获得足够的筹码。

2.海航投资（000616）

（1）日K线的位置分析

图1-6：海航投资（000616）日K线图

如图1-6所示，在海航投资（000616）日K线当中，该股上行趋势看似明确，并且均线系统呈现多头排列。但是，高达14.3亿流通股的海航投资是否能够持续保持强势上行，投资者还是应该进行仔细分析。不过，分时图中该股涨停节奏很快，能够在早盘快速封涨停。投资者可以考虑短线追涨，在第二天股价高开的时候做空获利。

（2）分时图形态分析

如图1-7所示，在海航投资（000616）分时图中，该股开盘价为4.29元，高开幅度为0.7%。虽然该股开盘涨幅不高，但从盘中的价格走势看，经过两次拉升，在9：59这一时刻成功封涨，显示出主力资金对该股非常关照。在第二次拉升过程中，该股快速放量回升，并进入涨停价位，显示出主力资金非常强，能够瞬间拉升股价至涨停板。在拉升过程中，投资者有足够的时间追涨买入。股价强势运行时，若投资者能果断出击追涨，后市自然能够获利。

图1-7：海航投资（000616）分时图

（3）介入时点分析

图1-8：海航投资（000616）分时图

如图1-8所示，在海航投资（000616）分时图中，投资者追涨比较好的介入机会是在该股回调等价线的时候。该股在冲击涨停的过程中，波动幅度很大。股价强势上涨的时候有两次回调等价线的走势，但放量回升还是其主要趋势。股价调整完毕后的介入机会会在这个时候出现，但第二次调整过程用时很短，投资者应注意把握时机。

二、低开擒杀涨停

在分时图中，股价低开是一种非常普遍的情况。只要股价开盘阶段低开幅度不是很大（在3%的跌幅以内），并且主力的资金实力足够强大的话，那么盘中股价放量上行，甚至涨停的可能性就会非常高。这类股票的开盘价格显然是主力为了诱空来打压股价而出现的低开走势。实战证明，资金实力强大的主力，短线拉升股价到涨停并非难事。小幅低开的个股，很可能是主力的洗盘行为，盘中股价放量企稳并且加速涨停的走势，才是其真正的趋势。投资者利用分时图中股价低开后反转的形态而把握好介入时机，很容易在风险较低的情况下获得投资收益。

下面，笔者将以实战案例来具体说明低开擒杀涨停的技法。

1. 荣安地产（000517）

（1）日K线的位置分析

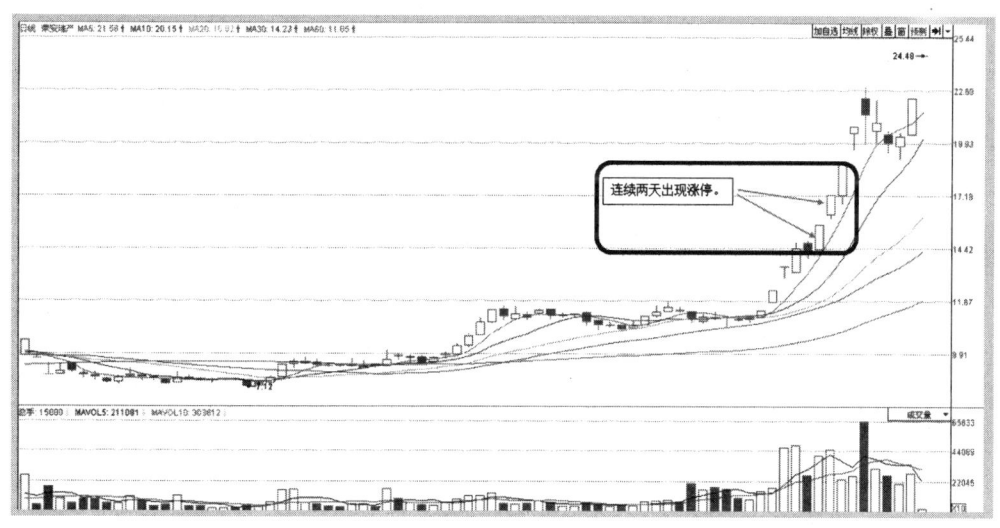

图1-9：荣安地产（000517）日K线图

如图1-9所示，在荣安地产（000517）日K线图中，股价短线上涨幅度很高，并连续两天出现放量涨停的情况。从成交量来看，基本呈现出逐渐递减的态势，并不是持续放量后的股价走强。因此，若后市追涨的话需注意一定的风险。在均线系统仍处于多头排列的情况下，可以考虑进行短线操作。如果投资者在分时图中买入的价位较低，当天能够形成有效的利润空间，其在第二天做空可以获得短期利润。

（2）分时图形态分析

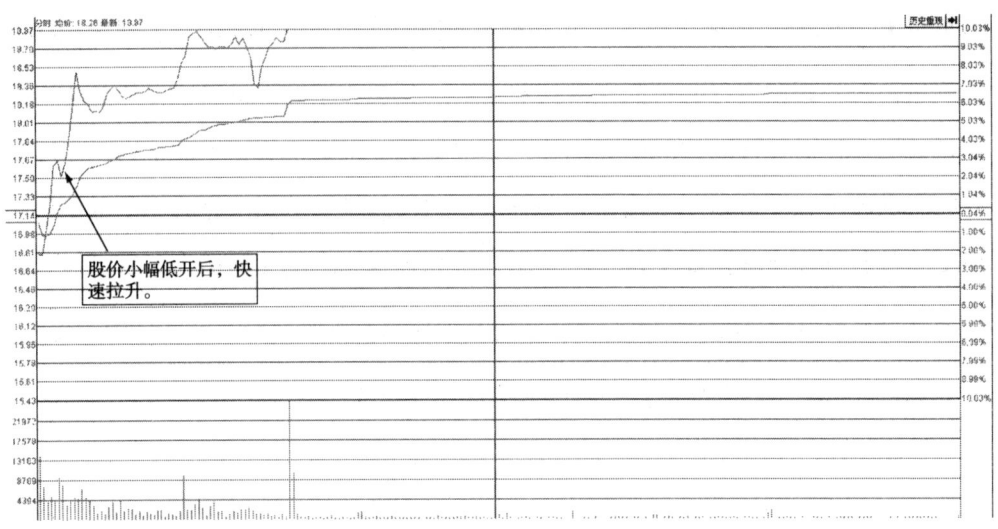

图1-10：荣安地产（000517）分时图

如图1-10所示，在荣安地产（000517）分时图中，该股开盘阶段的低开走势值得投资者关注。股价虽然在开盘阶段下跌，但却在很短的时间内快速拉升。之后，进入回调整理阶段。这表明该股的多头实力还是非常强劲的。股价在第二次拉升之后触及涨停价位，做出一次回调之后封住涨停板，直到下午收市。在分时图中，由于第一次的拉升过程用时很短，速度很快，投资者一般很难抓住买入机会，当天获利的可能性很小。若高位追涨之后可利用第二天股价高开的机会做空获利。

（3）介入时点分析

如图1-11所示，在荣安地产（000517）分时图中，股价第一次拉升时，只要投资者买入股票的价位足够低，且接近前一日的收盘价，不管该股什么时候进入涨停价，当天获取较大收益的概率都会很高。在盘中股价回调整理的过程中，投资者并不清楚该股会在涨停价以下徘徊多长时间。一旦高位追涨后股价收盘时并未涨停，在第二天高开的可能性就很小，投资者将面临较大的高位持股风险。如此判断，第一拉升阶段追涨买入是比较理想的买点。

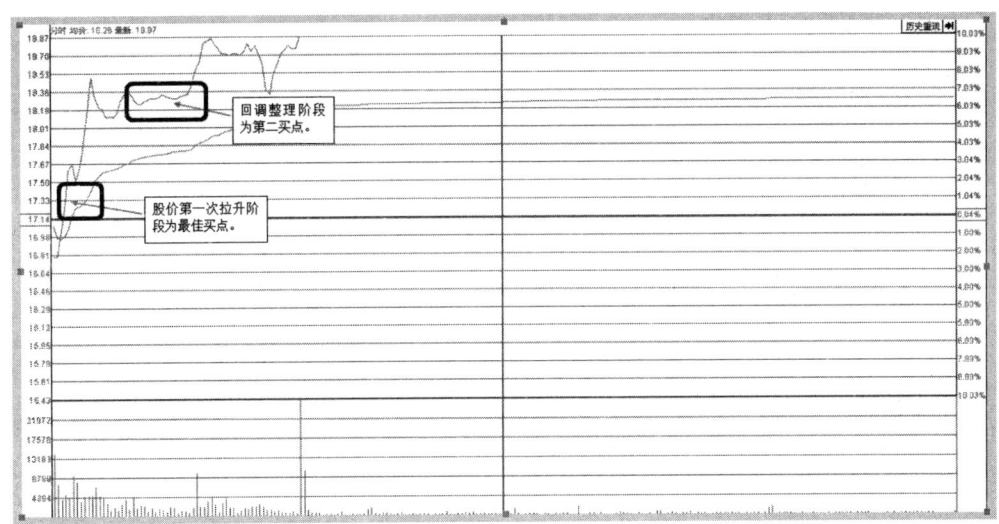

图1-11：荣安地产（000517）分时图

2. 浙江众成（002522）

（1）日K线的位置分析

图1-12：浙江众成（002522）日K线图

如图1-12所示，在浙江众成（002522）日K线图中，该股的股价在经过小幅的调整之后开始反弹，并在30均线上得到了有力的支撑，股价强势上升走势并未发生变化。从成交量上看也呈现逐步放大的趋势，这时候的多头走势还将得到进一步延续。投资者把握该股的反弹机会，无疑能够获得稳定的短线回报。

（2）分时图形态分析

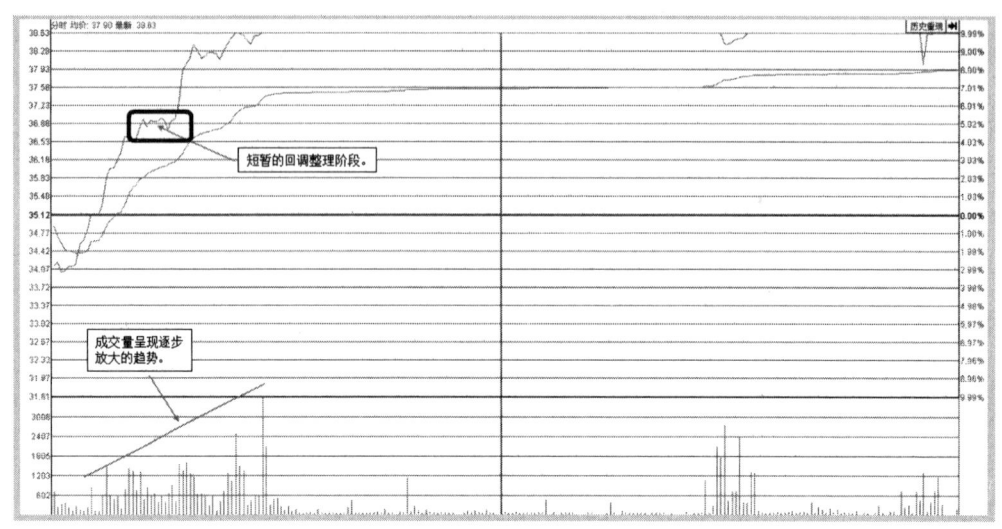

图1-13：浙江众成（002522）分时图

如图1-13所示，在浙江众成（002522）分时图中，该股股价低开后逐步爬升，经过短暂的回调整理之后，在10:26进入涨停价位。成交量呈现出逐步放大的趋势，表明股价得到了市场的认可，后市仍有进一步的上涨空间。股价低开后，经过短暂的下探便重回升势，表明该股在开盘时便有主力介入，但股价并没有迅速涨停，而是经过了一个爬升过程。这显然是主力为散户提供的追涨机会。投资者应该早做决断，以免错过最佳的买入时机。

（3）介入时点分析

如图1-14所示，在浙江众成（002522）分时图中，该股在低开之后，投资者能够把握的买入机会，出现在股价的第一次拉升阶段。该点追涨买入之后，在第二天可以轻松获利。考虑到在该股日K线中，股价处于反弹阶段，强势上升趋势并未改变的情况，投资者也可以选择在回调整理时介入。但和前一买点相比，利润空间会受到挤压，所面临的风险也会增加。考虑这一买点追涨的投资者，应衡量自身的风险承受能力再做决定。

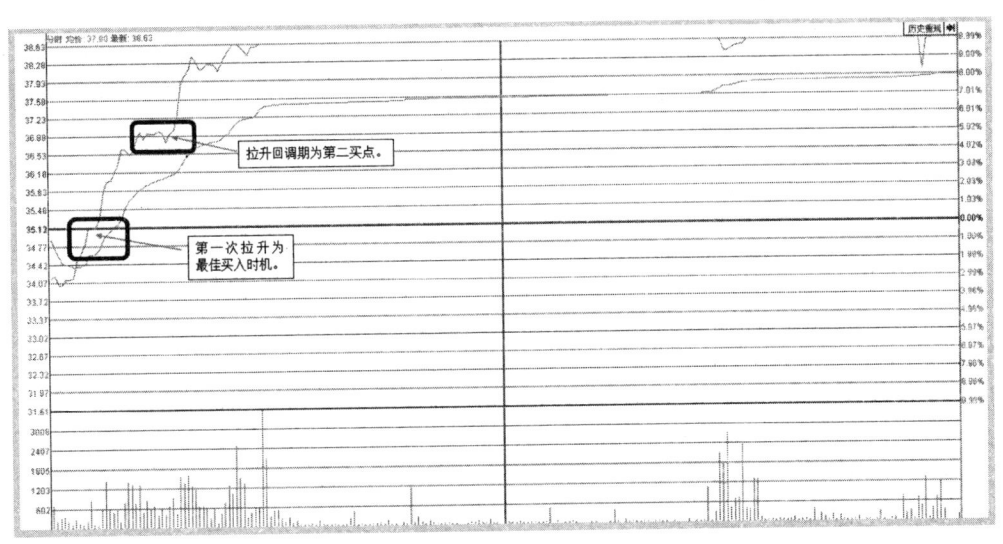

图1-14：浙江众成（002522）分时图

三、平开擒杀涨停

股价平开在分时图中也是一种比较常见的情况。主力资金虽然庞大，但也不会一次性拉升股价到涨停板。主力拉升股价的过程表现在分时图中，一般都是股价的强势上扬。量能一旦有效放大，涨停的走势会一气呵成。在实战当中，投资者应该把更多的注意力放在那些平开后表现强势的个股上，选择这些"黑马"进行操作，必然能获得不错的投资回报。尤其要关注放量横盘在价格高位的强势股，更容易在上午盘中拉升至涨停价。投资者应从K线组合、量能和价格涨幅上来判断一只股票的强弱，有助于其把握恰当的建仓时机。

1.百润股份（002568）

（1）日K线的位置分析

如图1-15所示，在百润股份（002568）日K线图中，股价已从横盘整理阶段进入到强势上涨阶段，前几个交易日也出现两次涨停阳线。由此可以看出，该股的表现得到了市场的认可，后市股价仍会有良好的表现。在上升行情中，个股出现涨停的概率很高，投资者应给予此类个股更多的关注。均线系统呈现出多头排列的态势，为股价后市的进一步上涨提供了有力的支撑。投资者应结合分时图的走势，把握适时的介入机会，以期获得短期利润。

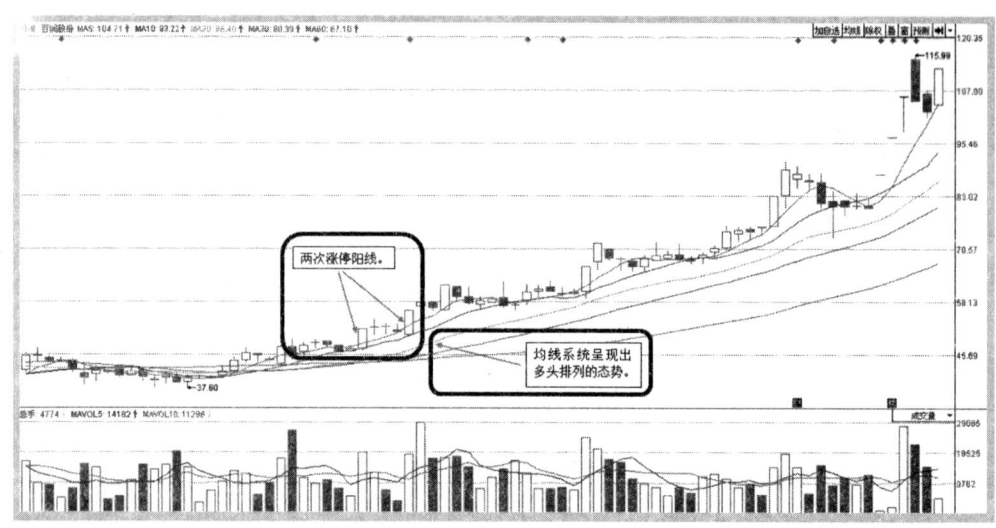

图1-15：百润股份（002568）日K线图

（2）分时图形态分析

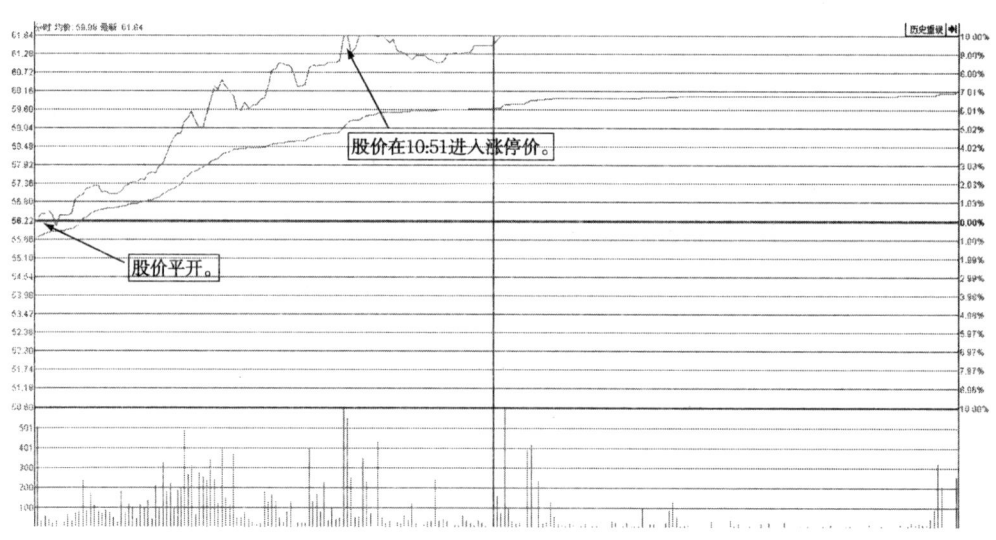

图1-16：百润股份（002568）分时图

如图1-16所示，在百润股份（002568）分时图中，该股的股价虽然是平开，但稍加调整之后便开始一路爬升，表现出良好的上涨势头。在股价上行的同时，成交量也不断递增，证明个股的表现得到了市场的认同，为后市的涨停奠定了一定的基础。股价在上午10:51进入涨停价，说明该股的主力实力较强。股价在下一个交易日容易形成高开高走的格局，投资者可以在价格高位做空，兑现追涨操作的利润。

（3）买入时点分析

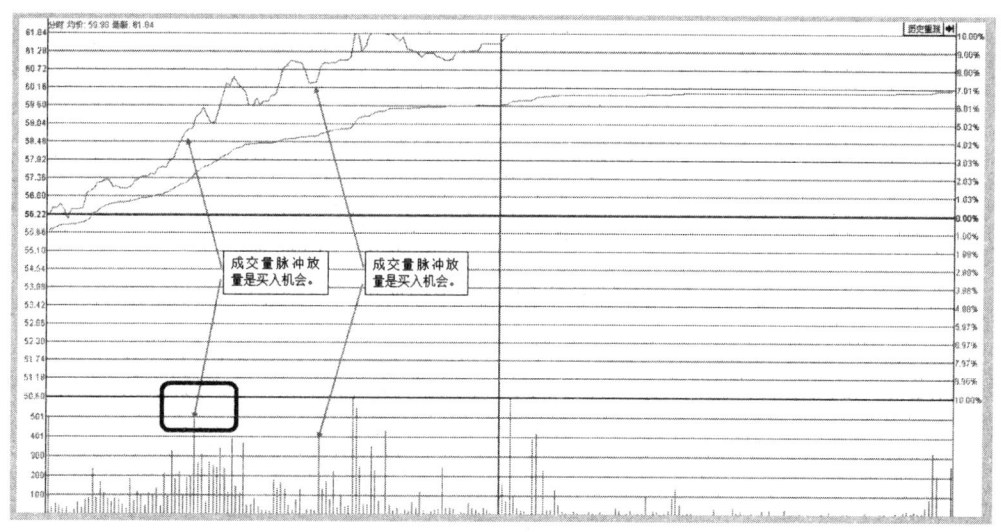

图1-17：百润股份（002568）分时图

如图1-17所示，在百润股份（002568）分时图中，该股股价在向上爬升的过程中，都伴随着成交量的不断扩大。脉冲式放量对投资者而言都是一次买入机会，若能够成功把握介入时机，便可在股价涨停之前收集到足够多的筹码，为在接下来的交易日中获利创造条件。考虑到该股是一只流通盘为1.09亿股的中小板股票，在下一个交易日高开的概率很高，把握买点的投资者便可以获得不错的短线回报。

2.游久游戏（600652）

（1）日K线的位置分析

如图1-18所示，在游久游戏（600652）日K线图中，股价一路强势上涨，已形成有力的上升趋势。在前几个交易日当中，随着股价涨停阳线的形成，该股在日K线图中的表现良好，后市容易被市场追捧。不过，考虑到该股前期已有一段涨幅，获利盘做空的可能性加大，回调的风险增强。投资者在这个时候介入，应该适度关注追涨的风险。在操作上，尽可能选择比较合理的追涨价位买入股票，以期在获得短线回报的同时也合理控制风险。

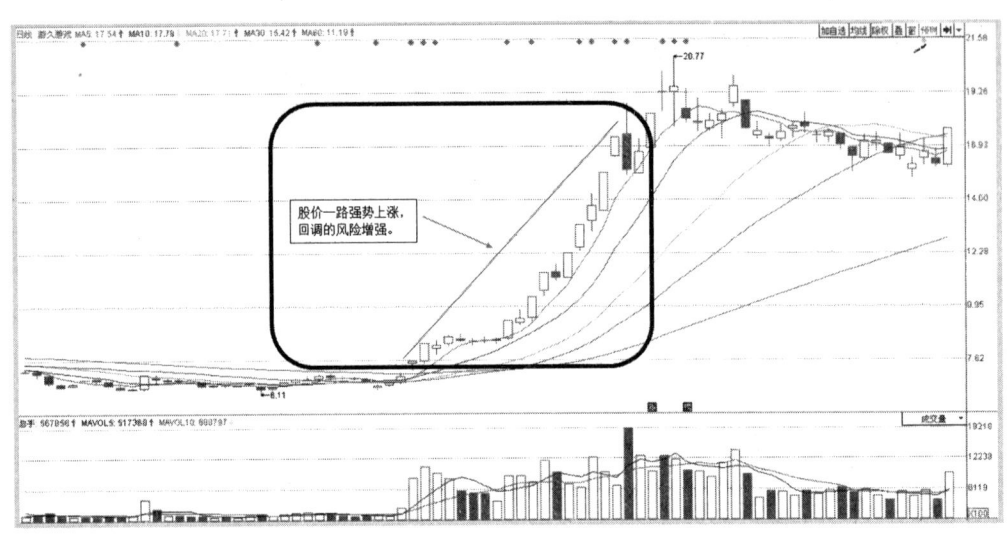

图1-18：游久游戏（600652）日K线图

（2）分时图形态分析

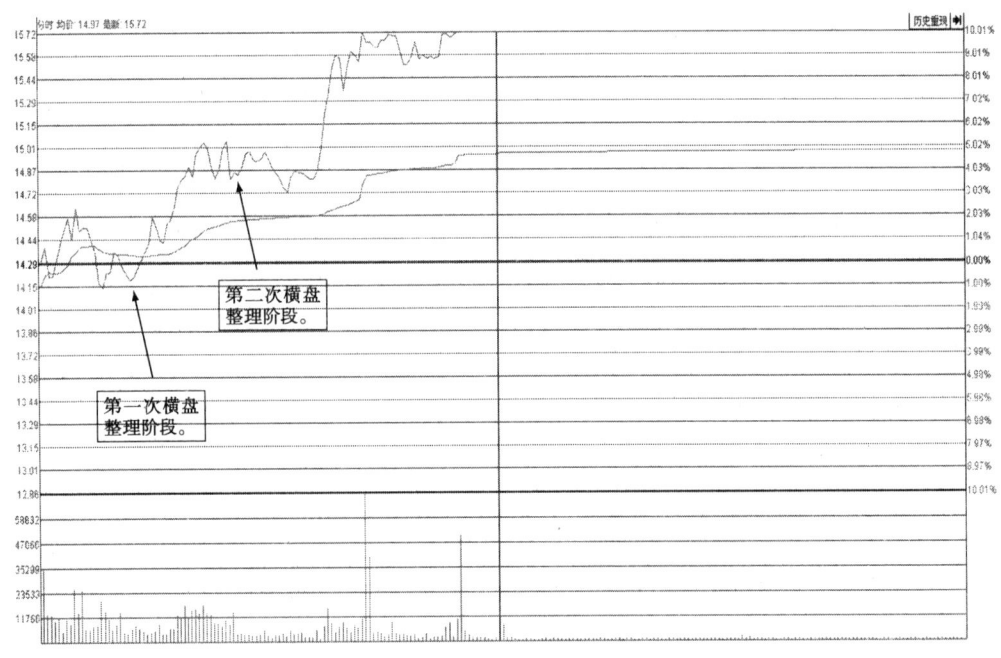

图1-19：游久游戏（600652）分时图

如图1-19所示，在游久游戏（600652）分时图中，该股股价为平开，之后进入了短暂的横盘整理时期，未出现太大的波动。此时，多空力量处于均衡状态，投资者很难判断股价走势，应以观望为主。在经过主力第一次拉升之后，股价又

进入盘整时期。

第二次拉升之后，股价进入涨停价位，在上午收盘之前封住涨停板。这种形态显示出主力在有节奏地拉升该股，投资者若能很好地跟随主力的控盘节奏，可以很轻松地获得短期收益。

（3）买入时点分析

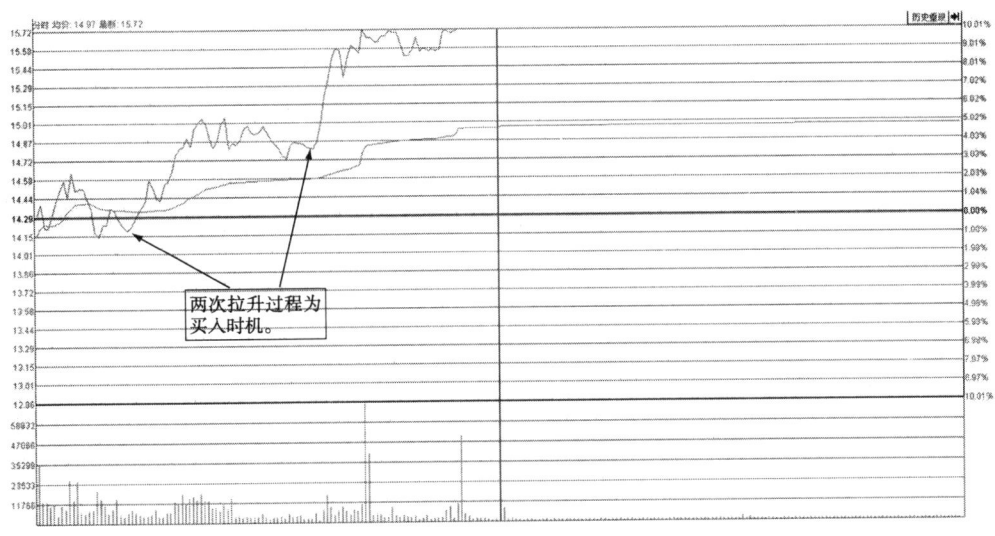

图1-20：游久游戏（600652）分时图

如图1-20所示，在游久游戏（600652）分时图中，考虑到横盘整理时期，难以判断股价方向，投资者能够追涨的最佳时机是主力两次拉升股价的阶段。如果投资者能够成功买入，在股价封涨停板之前就可获得足够多的筹码。不过在第二次拉升过程中介入的投资者，其所承担的风险要比第一次介入时高。若判断股价在第二天能够高开，投资者可以在此点高位追涨，也可获得投资回报。

本节笔者讲述的是通过开盘价来擒杀涨停，即投资者要根据每个交易日的开盘价来捕捉涨停板，把握有利时机。其中，开盘擒杀涨停又具体分为高开擒杀涨停、低开擒杀涨停、以及平开擒杀涨停。每一种不同的个股形态都有适合它的操作技巧。

希望广大读者朋友能对笔者提出的这几点加以灵活运用，在追击涨停实战中稳操胜券。

　　当然，利用开盘擒杀涨停，除了把握时机之外，还要讲求操作原则。真正走出大行情的个股，在启动时的第一个涨停板，往往一蹴而就，不拖泥带水，对于短线投资者来说，出手不仅要快，而且要准，要狠。

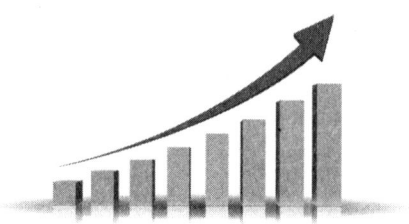

第三节 盘中擒杀涨停

在实际操作中，投资者大都知道，涨停板显示股价走势较强，特别是连续涨停的个股，短期可获取丰厚收益。但大涨之后往往也伴随着大跌，因此，投资者参与涨停股时要注意高收益的同时伴随着高风险。因此，投资者只有懂得了如何擒杀涨停的奥秘，才能有效地把握机会，规避风险。从介入的时机看，个股涨停时间越早则次日走势越佳，如果某只股票在尾盘时涨停，其次日走势大多不理想。投资者应明确，尽管主力手法千变万化，但它最终还是会通过盘面表现出来。分时图盘中的走势是揭开涨停板面纱的基石，要想全面掌握追击涨停板的技巧，不仅需要从大盘趋势入手，也需要掌握如何把握个股分时图的走势，在盘中捕捉涨停板。

经过多空双方早盘的博弈之后，盘中个股走势出现了明显的异化。其表现在分时图中的形态更是千差万别。如果此时有主力介入或利好消息刺激，将对个股能否在午盘涨停产生决定性的影响。投资者在午盘的操作应根据分时图的走势，再结合相关技术指标和基本面来捕捉涨停板。下面笔者将以几种典型的个股午盘分时图为例，对如何在午盘捕捉涨停板进行分析。

一、午盘高位企稳涨停

在分时图中，午盘高位企稳这种形态有两个要点需要注意。一是午盘股价明显上扬。这个过程表明有主力介入，进行拉升。但主力的拉升并不一定会导致个股在短时间内涨停，能否封涨还要取决于主力的控盘能力及市场的卖盘压力等。二是股价在高位横盘企稳。股价在大幅上行后能横向企稳，说明主力的控盘能力较强或个股的走势得到了市场的认可。同时也证明市场的抛压在多方的承受能力之内，其有进一步做多的意愿。对于这种形态，投资者可以结合个股的日K线

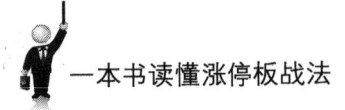

图，在短线做多。

下面，笔者以华帝股份（002035）为例，结合其K线的位置、分时图形态、买入时点三个方面来具体谈谈如何在午盘高位企稳形态下捕捉涨停。

1.华帝股份（002035）

（1）日K线的位置分析

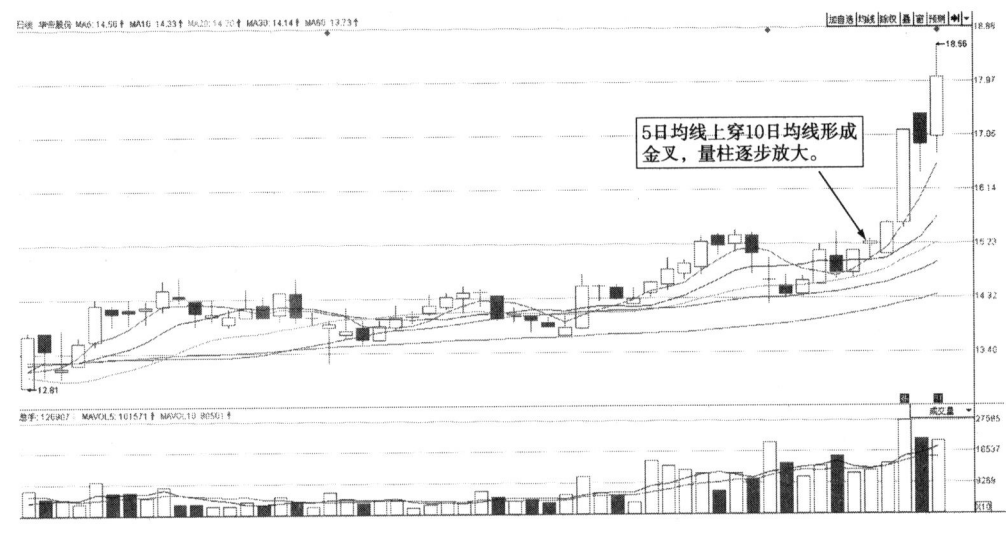

图1-21：华帝股份（002035）日K线图

如图1-21所示，在华帝股份（002035）日K线图中，该股股价在经过前一段时间的横盘整理之后，逐渐进入上升趋势。5日均线上穿10日均线形成"金叉"，后市股价有望上扬。再结合成交量来分析，其量柱呈现逐步放大的状态，这就为股价的上涨提供了另一判断依据。在此种走势中，投资者应密切注意股价的动向，把握追涨的时机，借势获利。

（2）分时图形态分析

如图1-22所示，在华帝股份（002035）分时图中，经过早盘的爬升后，股价在午盘高位横向企稳，进入横盘整理阶段。这表明该股短线获利盘的抛压，并没有达到打压股价的目的。同时，也说明主力控盘能力较强，实力较为雄厚。午盘13:40，该股股价突然放量涨停，之后封涨停板到收市，说明主力已无心恋战。投资者此时若能抢到筹码，在下一个交易日做空，也会获得短线收益。

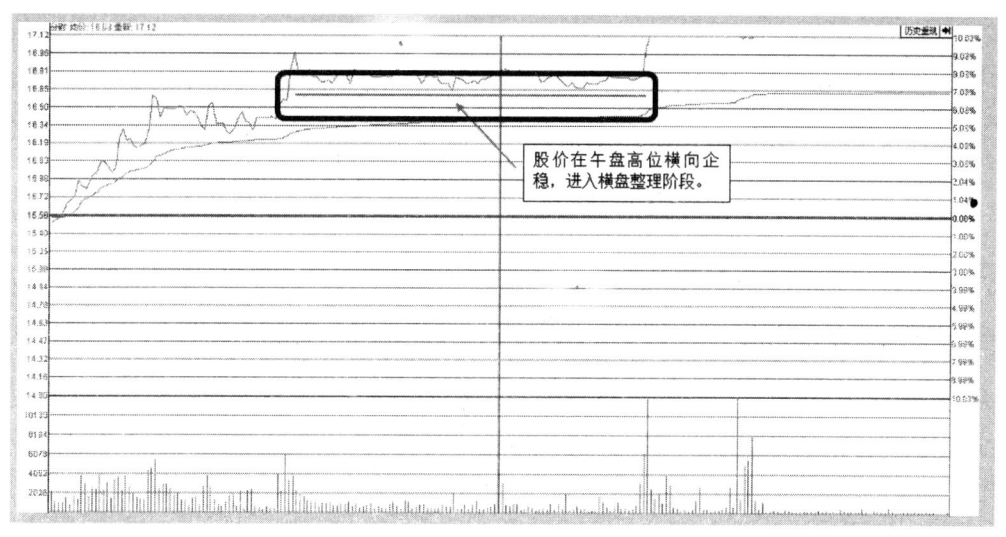

图1-22：华帝股份（002035）分时图

（3）买入时点分析

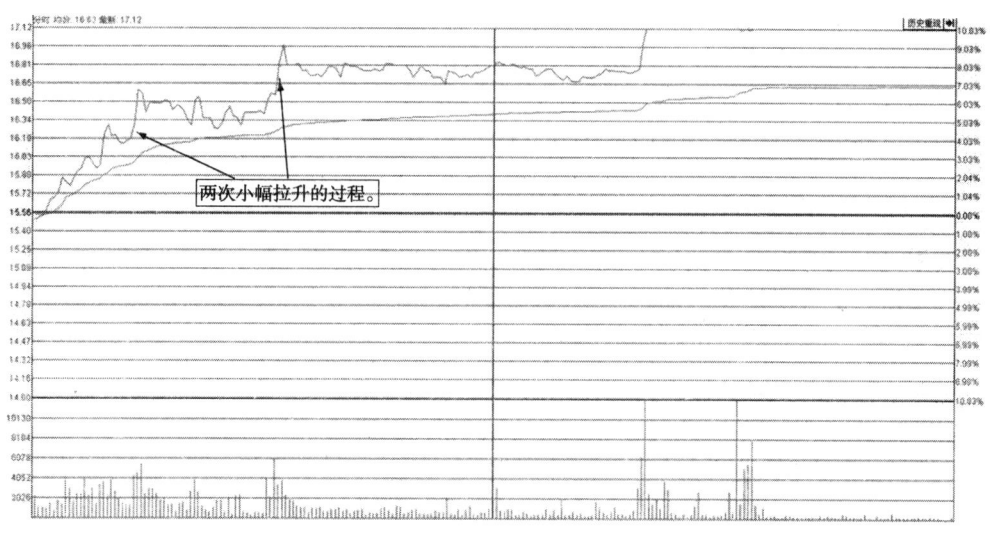

图1-23：华帝股份（002035）分时图

　　如图1-23所示，在华帝股份（002035）分时图中，投资者最佳的买点为两次小幅拉升的过程。若能在此时介入，会形成很大的获利空间，投资者可以很轻松地获得利润。在实战操作中，个股已经有了一定的涨幅，出现急速飙升的概率较小。投资者若错失前面的买点，可以多观察两日再短线介入。这样可以更好地防范风险，把握机会，趁势追击。

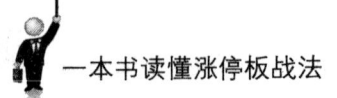

二、午盘急速拉升涨停

在分时图中，午盘急速拉升形态表现为经过早盘阶段，股价运行相对平稳。即使有所上涨，幅度也很小。午盘时，突然出现大单买入筹码，快速将股价拉升，并在短时间内封住涨停板。这显然是主力有意为之的结果。午盘快速拉升股价至涨停，说明主力的做多意愿较浓；能在短时间内上封涨停，又显示出主力实力较强。投资者可结合个股的日K线图，在盘中选择恰当的时机介入。实战当中，午盘时急速大度冲高的个股，其上封涨停的概率极高。投资者选择在当日盘中追涨，其获利的可能性很大。

下面是以红旗连锁（002697）为例，从日K线的位置、分时图形态以及买入时点三个方面，来对午盘急速拉升形态下如何捕捉涨停进行实战分析。

1. 红旗连锁（002697）

（1）日K线的位置分析

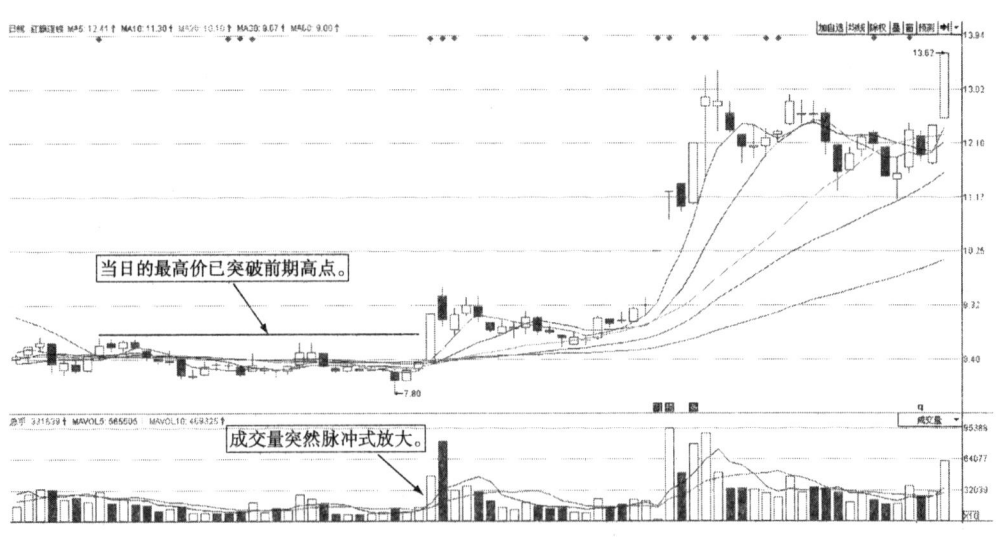

图1-24：红旗连锁（002697）日K线图

如图1-24所示，在红旗连锁（002697）日K线图中，该股股价前期一直处于横盘整理状态。当日，其成交量突然脉冲式放大，表明该股有主力介入，后市可能启动一轮上升行情。再结合日K线分析，其当日的最高价已突破前期高点，预示着股价在后期会有较大的上行空间。若投资者能把握恰当的时机买入筹码，后市不仅可以获得追涨利润，甚至可获得丰厚的短线收益。

（2）分时图形态分析

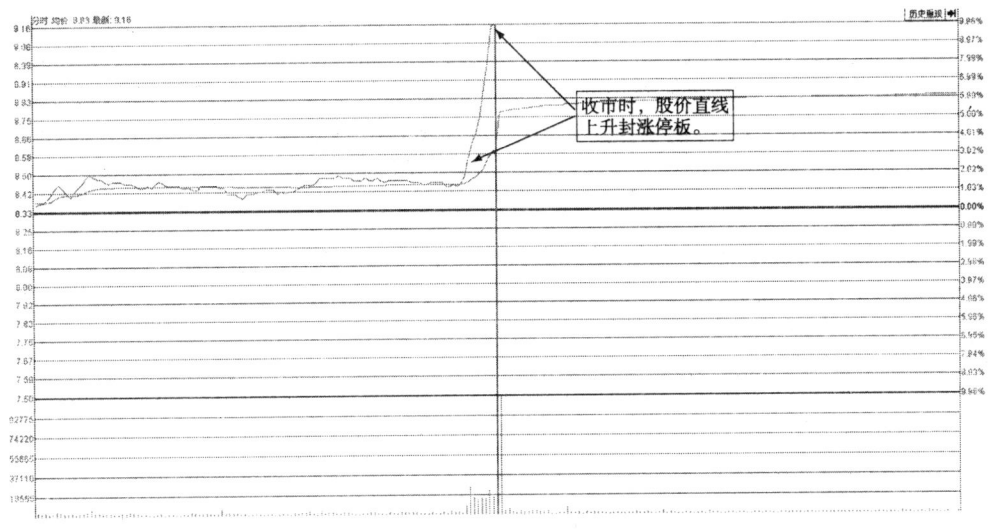

图1-25：红旗连锁（002697）分时图

如图1-25所示，在红旗连锁（002697）分时图中，股价在早盘阶段走势平稳。但在上午收市时，股价直线上升，飙升幅度巨大并牢封涨停，这是主力做多意愿的体现。在日K线图中，个股处于低位整理区的突破点，因而，这个午盘快速拉升涨停的形态可以看作是个股启动的标志。在实际操作中，投资者应选择在个股启动的第一时间追涨买入，分享主力的拉升成果。

（3）买入时点分析

如图1-26所示，在红旗连锁（002697）分时图中，该股的最佳买点是在午盘的11:22。不过由于股价的拉升非常迅速，投资者应对这类个股提前做好准备，以免错过最佳的买入时机。在实战操作中，投资者应关注此类个股是否有利好消息配合，若基本面缺乏利好，可在次日盘中寻找买点。这样可以规避冲板当日无法封涨停所带来的风险。

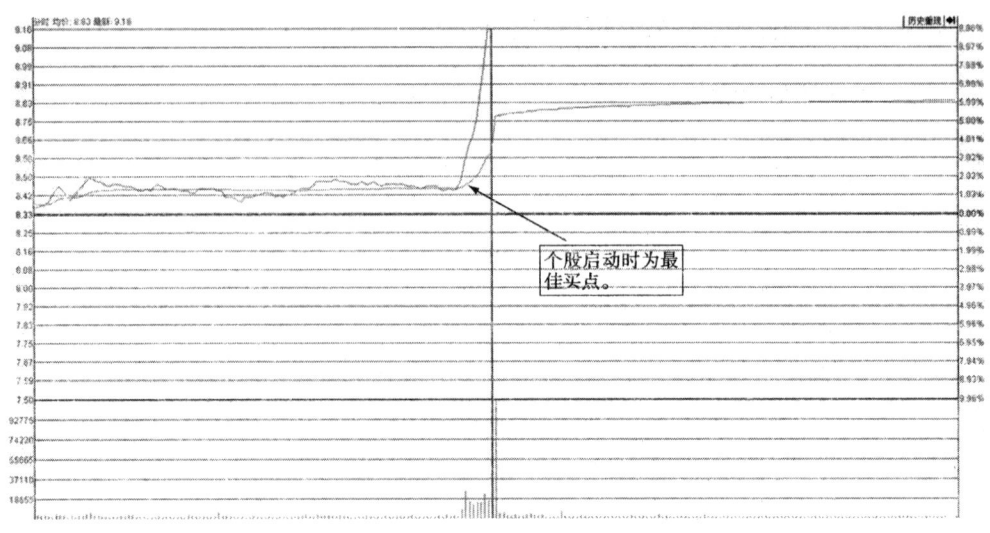

个股启动时为最佳买点。

图1-26：红旗连锁（002697）分时图

三、午盘爬升缓冲涨停

在分时图中，午盘爬升缓冲形态在冲击涨停板的过程中有一个明显的缓冲整理阶段。首先个股在盘中冲击涨停，但没有封板，之后是小幅的回落并横向整理。在短期（一般是十几分钟至几十分钟内）的横盘整理之后，再度拉升并牢封涨停。从分时走势来看，此种形态回落幅度较小，横向整理比较稳健，表明市场获利盘的抛压尚在主力承受能力之内。同时也证明主力实力较强，后市拉升涨停的可能性高。在实战操作中，若个股正处于启动初期，投资者可以积极参与。

下面是以润和软件（300339）为例，从日K线的位置、分时图形态以及买入时点三个方面来对午盘爬升缓冲形态中如何捕捉涨停进行实战说明。

1.润和软件（300339）

（1）日K线的位置分析

如图1-27所示，在润和软件（300339）日K线图中，该股的股价一直处于横盘整理状态。经过两次调整之后K线形成双底形态，预示后市股价将有一波上升行情。在涨停当日股价走出一根大阳线，突破了前期的价位高点。投资者若能在此时介入，将会获得短期收益。

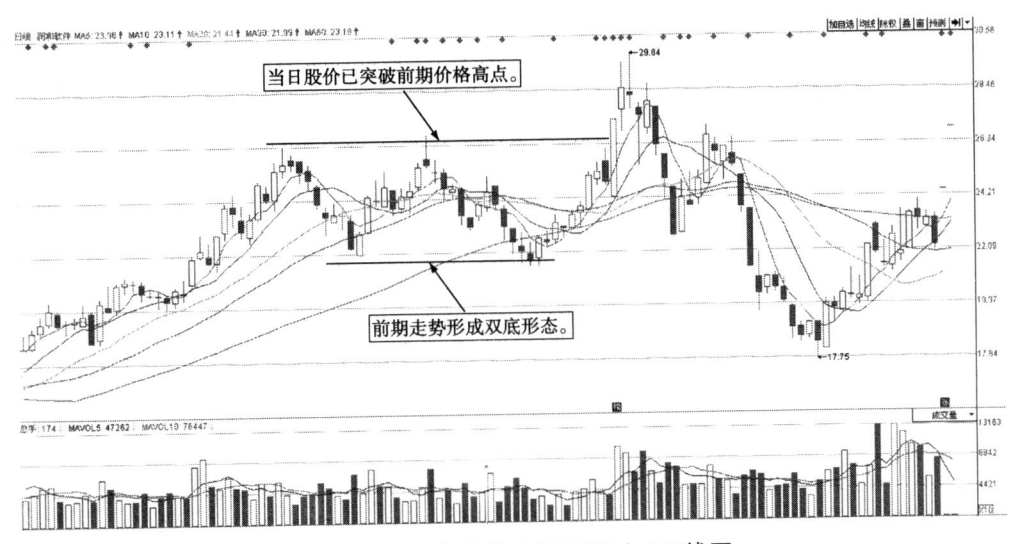

当日股价已突破前期价格高点。

前期走势形成双底形态。

图1-27：润和软件（300339）日K线图

（2）分时图形态分析

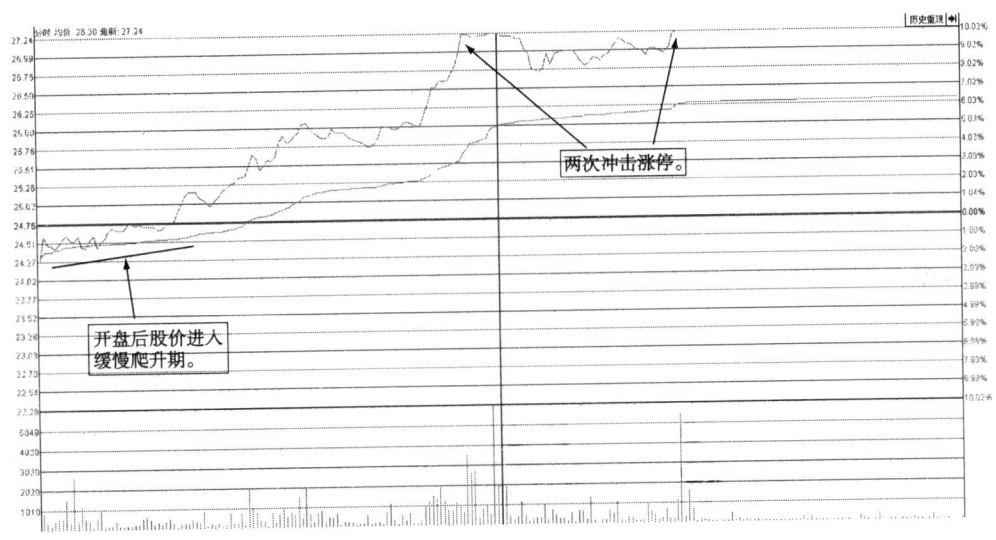

两次冲击涨停。

开盘后股价进入缓慢爬升期。

图1-28：润和软件（300339）分时图

如图1-28所示，在润和软件（300339）分时图中，股价在低开后开始了一段缓慢的爬升期。在10:40后横向运行，进入横盘整理阶段。这表明主力的操作节奏比较缓慢，并不急于拉升股价至涨停，为投资者追涨提供了充足的时机。随后，股价经过主力的又一次拉升之后封涨停。但下午开盘后，涨停板一度打开，在高位运行了一段时间后再度封涨停。结合该股的日K线位置，其突破形态十分优异，投资者可以考虑积极介入。

（3）买入时点分析

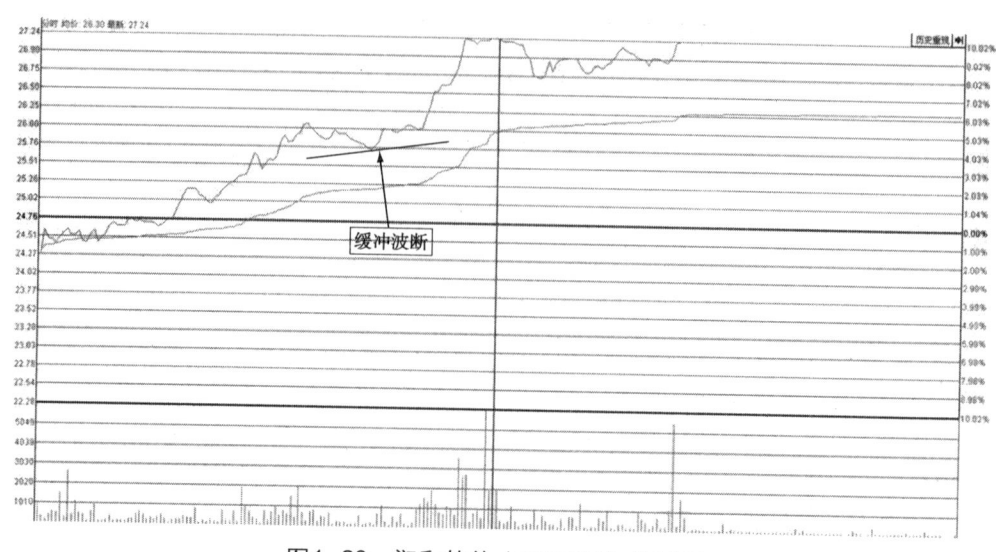

缓冲波断

图1-29：润和软件（300339）分时图

如图1-29所示，在润和软件（300339）分时图中，股价的走势有一个明显的缓冲波段。这个波段是我们判断个股走势，追涨买入的最佳时机。在此时介入，投资者的获利空间较大。下午开盘后的二度冲击涨停，也是介入的买点。但此时，由于股价已有了较大的涨幅，买入后要承担较高的风险。因此，投资者应该谨慎参与。

以上笔者通过三个实例来论述了如何在盘中捕捉涨停，我们看到，午盘高位企稳涨停、午盘急速拉升涨停和午盘爬升缓冲涨停都是在分析个股在午盘时的形态来帮助投资者进行决策，尽管它们的形态各异，但依然有相同的规律可循。无论是企稳还是拉升，在此阶段都存在不容投资者错失的介入时机。对此，希望投资者朋友们熟练掌握，灵活应用。

第四节 尾盘擒杀涨停

俗话说"善始善终"。尤其在中国这个传统文化博大精深的国度里，我们做任何事情都讲究有头有尾，这样才算是圆满。同理，我们在擒杀涨停的过程中也是有一个完整阶段的。在前面的论述中，笔者介绍了如何在开盘、午盘时擒杀涨停，下面将要介绍的便是尾盘擒杀涨停。

个股在尾盘涨停也是比较常见的一种走势，同样也值得投资者关注。现实交易中，强势个股一般都会在早盘或午盘放量拉升，并牢封涨停。尾盘拉升的股票多是主力实力不佳，或主力操盘计划中不打算过早封涨的个股。在尾盘涨停的个股中，投资者应尽量选择那些表现强势的股票来进行操作。这样在更容易获得投资回报的同时，也规避了弱势股所带来的风险。从分时图起势来进行分析，前期支撑形态良好，尾盘放量拉升的个股更容易实现涨停目标。下面笔者将结合实例，对在尾盘如何选择强势个股以及捕捉涨停来进行分析。

一、尾盘放量涨停

在分时图中，个股在尾盘放量涨停的现象也很普遍。投资者想要在尾盘股价急升之前发现这样的"黑马"，可以其观察成交量在日线中的放大情况。在当日收市之前，投资者可以依靠个股成交量所达到的程度，判断出日K线中将要出现的量能柱大小。若个股在当日有明显的放量，而股价并未随之拉升，则投资者自然可以判断出股价在尾盘会有良好的表现。如此，可提前布局相关个股，捕捉涨停也非难事。

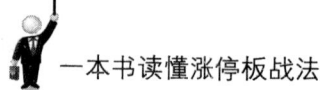

1.云维股份（600725）

（1）日K线的位置分析

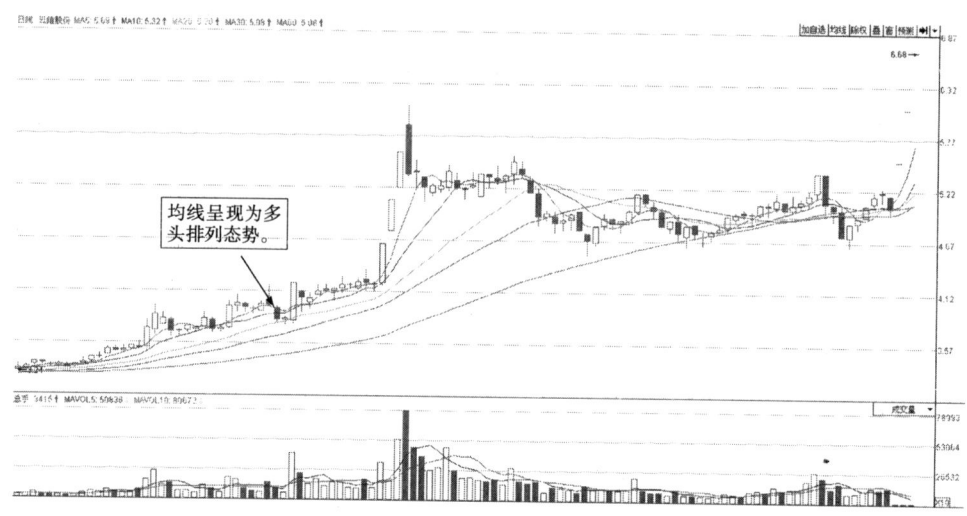

图1-30：云维股份（600725）日K线图

如图1-30所示，在云维股份（600725）日K线图中，股价高位涨停的情况出现在该股的缓慢爬升过程中，显示出主力做多的意愿很强。而均线系统也逐步呈现出多头排列，为股价的继续上行提供了一定的支持。从个股的短期走势来看，股价的涨停会催生出市场的做多热情，加速个股的上扬。即使这种拉升涨停没能促使股价继续上涨，但短线的追涨收益也值得投资者积极参与。

（2）分时图形态分析

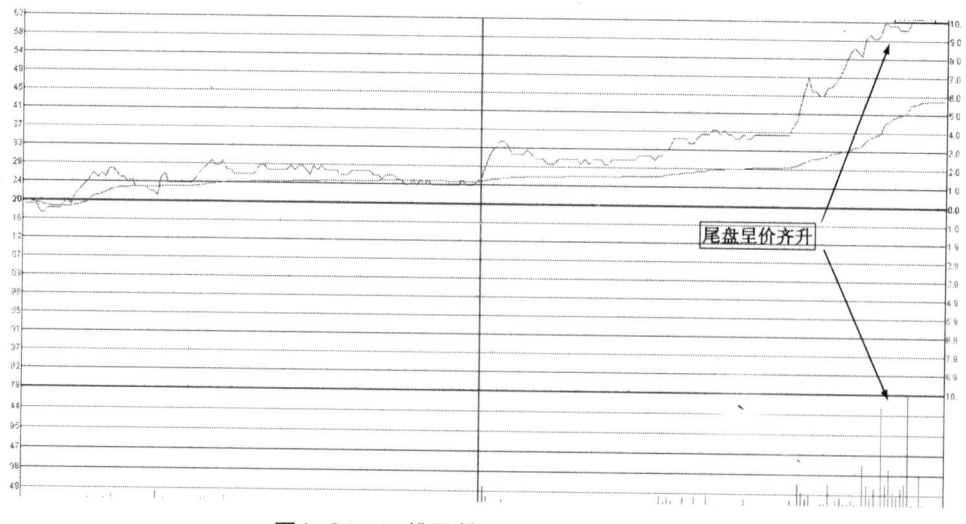

图1-31：云维股份（600725）分时图

如图1-31所示，在云维股份（600725）分时图中，该股股价在盘中的表现并不理想。虽然成交量有小幅放大的迹象，但不能支持股价上涨。尾盘该股价量齐升，表明这是主力尾盘介入操作的结果。主力尾盘拉升股价的过程，很难引起散户的注意，抛售压力同样也不会太大，如此很容易实现其操盘目的。这种走势显示主力很可能是短线介入，股价后市恐难有良好的表现。因此，投资者追涨价格不宜过高，否则易被主力诱多套牢。

（3）买入时点分析

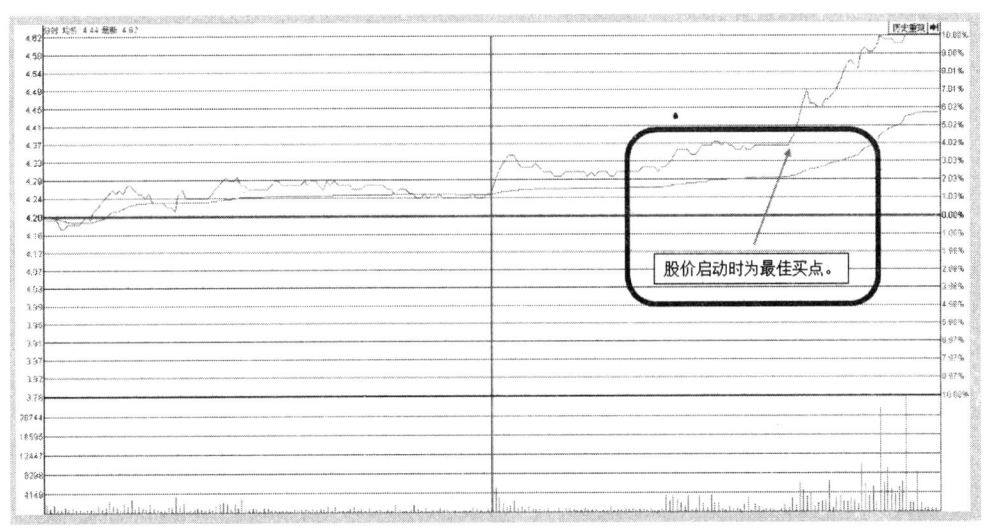

图1-32：云维股份（600725）分时图

如图1-32所示，在云维股份（600725）分时图中，该股股价在盘中表现平平，很难引起投资者的注意，但其在尾盘的放量涨停却值得关注。考虑到在主力拉升之前，股价的涨幅并不是很高，投资者还是有机会追涨介入的。主力尾盘拉升股价的阶段一般是个非常短暂的过程。投资者对这类个股应密切关注其尾盘的成交量情况，在其有启动迹象时，把握时机获得筹码，这样便可以分享主力介入的成果。

二、盘中放量尾盘涨停

在分时图中，尾盘放量涨停的个股不一定都是主力诱多的结果。现实交易中，个股在盘中维持强势震荡，尾盘时放量涨停也是很正常的现象。主力操作个股的手段不仅出现在早午盘，有时候会延续到尾盘。在盘中没有拉升股价的主力，有可能会在尾盘阶段操作股价以实现其操盘目的。投资者应提前布局盘中成交量有效放大并且股价在高位震荡的个股。此类个股往往有主力控盘，在尾盘会走出一波上升行情。如果投资者能追涨买入此类个股，第二天仍有机会获得较好的回报。下面笔者将结合实例，对如何利用此种形态捕捉涨停进行分析。

1.阳光城（000671）

（1）日K线的位置分析

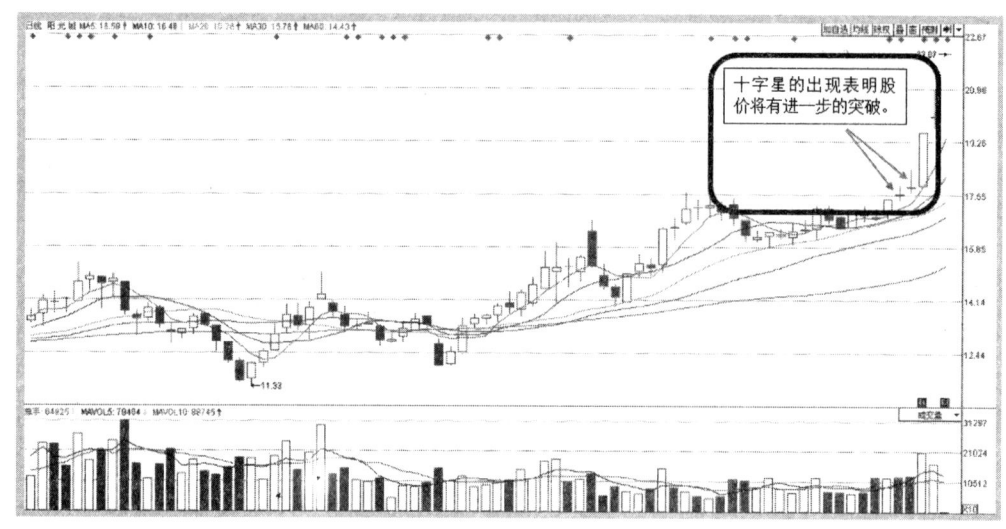

十字星的出现表明股价将有进一步的突破。

图1-33：阳光城（000671）日K线图

如图1-33所示，在阳光城（000671）日K线图中，经过前期的一波上涨之后，股价进入短期的横盘整理阶段。但其均线的多头排列并未受到严重的破坏，股价后期还会有良好的表现。在股价启动的位置上，出现两个"十字星"，但第二个"十字星"的位置和第一个相比较高。这表明虽然此时多空双方处于均势，但多方的实力略微雄厚，为之后出现的涨停阳线奠定了基础。投资者在进行短线操作时应注意分析个股的K线组合，以期能提前布局追涨。

（2）分时图形态分析

如图1-34所示，在阳光城（000671）分时图中，该股股价在盘中的表现还算良好，尾盘时价量齐升封住涨停。股价除在午盘时与等价线交织在一起，其余时段都运行在等价线之上。显示出主力的操作不限于一时，而是贯穿于整个交易

日。尾盘阶段股价在成交量的配合下拉升并且上封涨停，实现了主力的操盘目的。纵观该股的全天走势，盘中放量拉升的态势非常稳定。投资者即使在尾盘追涨买入，仍有可能获得不错的收益。

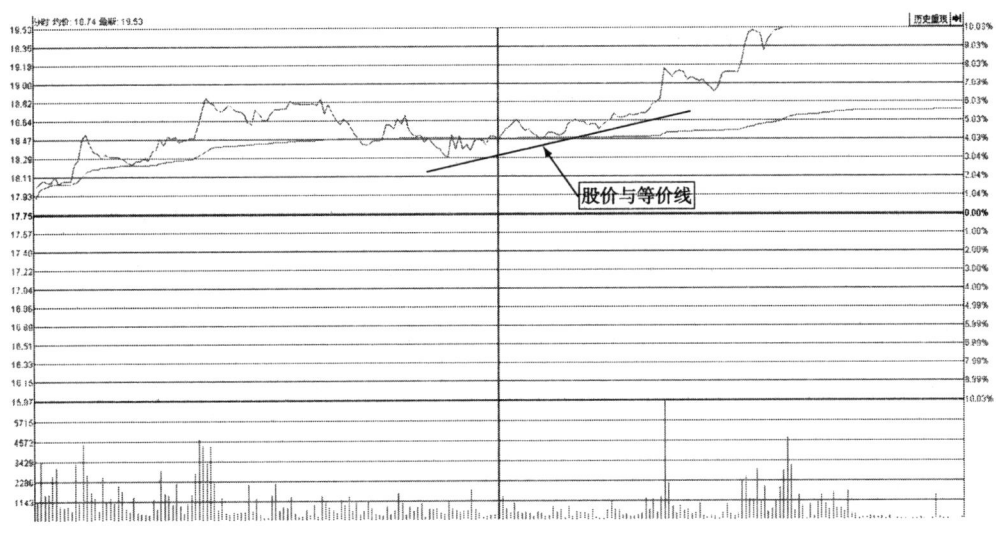

图1-34：阳光城（000671）分时图

（3）买入时点分析

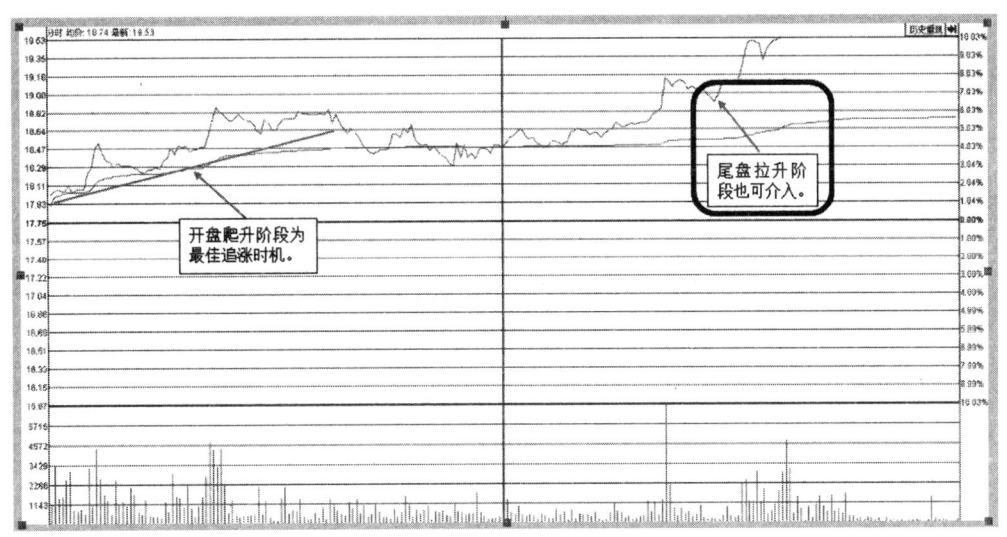

图1-35：阳光城（000671）分时图

如图1-35所示，在阳光城（000671）分时图中，在开盘后的一个小时内，股价的强势就得到了表现。随着个股强势表现的延续，尾盘股价拉升涨停也不会让人意外。主力操盘该股不仅体现在早盘阶段，同样也体现在尾盘阶段。最佳的追涨机会出现在早盘阶段，投资者若在此时介入会有较为丰厚的回报。尾盘的拉升阶段也是追涨的机会，但其获利空间较为狭小。

三、开盘强势尾盘涨停

在分时图中，股价有可能出现冲高回落的走势。但在市场追涨情绪浓厚的情况下，这种回落会以再一次的上涨而结束。表现出这种形态的个股，多头往往比较强势，其股价在尾盘一般都会有良好的表现。股价的表现一般遵循"强者恒强"的定律，其盘中的强势表现也会延续到盘尾。对于此类个股，即便是盘中个股涨幅较大，已处于接近涨停价区域，但其第二次放量拉升，也仍然是不错的介入机会。投资者应结合相关个股的日K线图，对股价的趋势作出比较准确的判断，从而抓住时机积极介入。下面笔者将结合实战案例，对在该形态中如何判断以及介入进行分析。

1. 华鹏飞（300350）

（1）日K线的位置分析

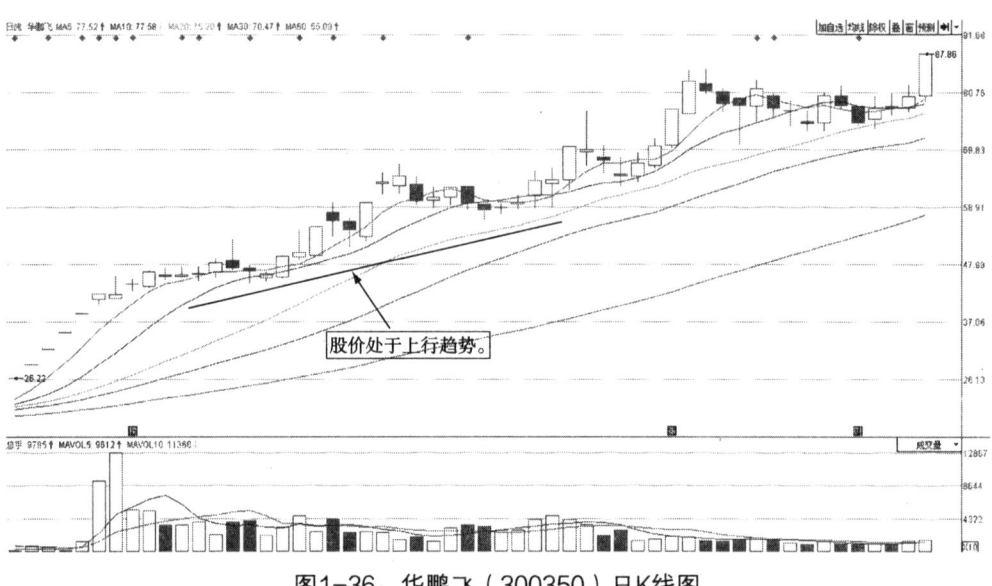

图1-36：华鹏飞（300350）日K线图

如图1-36所示，在华鹏飞（300350）日K线图中，该股的盘中表现值得投资者关注。该股处于上涨趋势当中，所面临的抛压并不严重。因此，股价惯性上涨的动力十足，短期内会延续上扬趋势。一般情况下，只要K线图中K线组合能支持股价上行，投资者在分时图中介入的做法就没有问题。在这样的走势中，股价出现涨停的概率更高；投资者可选择合适的时机追涨，在股价盘中冲高的时候做空获利。

（2）分时图形态分析

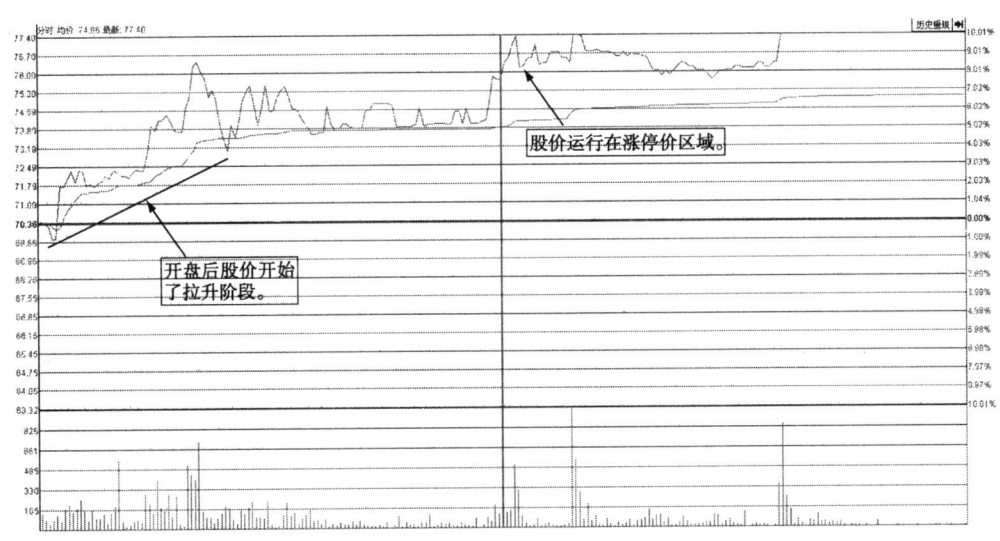

图1-37：华鹏飞（300350）分时图

如图1-37所示，在华鹏飞（300350）分时图中，开盘后的一小时内，该股就放量拉升，并且涨幅高达8%以上。随后股价出现了大幅的回调，但很快便企稳并进入到横盘整理阶段。前述走势表明该股的主力控盘能力较强，拉升该股至涨停的意愿浓厚。下午开盘后，股价运行到涨停价区域，在尾盘时放量封涨。两次放量拉升的过程为场外观望的投资者提供了介入机会。若能买入这样的强势个股，有望在该股惯性上涨的过程中获得投资回报。

（3）买入时点分析

如图1-38所示，在华鹏飞（300350）分时图中，股价开盘后不久便大幅拉升冲击涨停。之后股价在尾盘又出现了一次拉升，并成功封涨直至收市。从追涨的角度来看，在价格合理，股价涨幅不高的情况下，以少量资金介入还是可行的。该股开盘阶段和尾盘阶段的放量拉升，都是投资者买入筹码的时机。考虑到该股的日K线图中，股价处于上行趋势，投资者追涨买入之后不容易遭受损失。

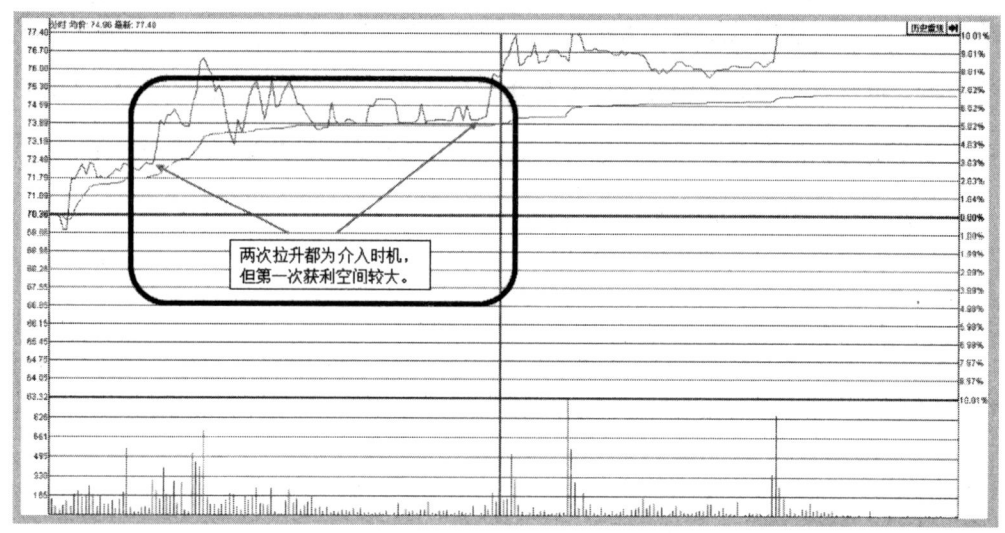

图1-38：华鹏飞（300350）分时图

以上便是如何利用分时图尾盘走势追击涨停的三种情况，需要注意的是，投资者除了关注早盘和午盘的拉升放量情况外，也要密切关注尾盘时的个股形态，以免错失良机。尾盘追击涨停，重要的一点是要学会从成交量和股价变化相互配合的角度发现"黑马"。另外，尾盘由于出现在每一个交易日的末尾，这时候不仅仅需要高超的操作技巧，更需要投资者良好的心理素质。其主要体现在静候时机的耐心和时机出现后的操作手法上。只有具备娴熟的技术与良好的心理，投资者才能在尾盘擒杀涨停中跟上节奏，踩对个股涨停的鼓点，发现"黑马"，或者趁势抛出，进而最大限度地把握获胜机会。

第五节　特殊形态擒杀涨停

成功追涨是多方面正确决策的综合效应，如通过对市场的观察和个股的分析，选择正确的目标个股；在正确的时机以合理的价位入手，搭上大市的顺风车最后获利出局。这一系列的正确决策缺一不可。投资者必须遵循成功追涨的方法和技巧，才能在合理规避投资风险的同时成功追涨。在前面的章节中，我们已经论述了就如何在不同的走势阶段中追涨的技巧，那么，除了这些阶段性的追击方法外，分时图还存在几种追击涨停的特殊情况。

在分时图中，由于强烈的买入需求，个股股价会出现"T"字、"一"字等特殊的涨停形态。这一现象表明主力吸筹的意愿非常强烈，为达到拉升股价的目的已不再考虑持仓成本。投资者在这种特殊的形态下追涨买入，不会承担很高的风险。"T"字形态中，由于股价回落的幅度较大，时间较长，在准确判断个股后市走势的基础上，投资者追涨的时点比较容易把握。但是，在"一"字形态中，由于股价基本上在整个交易日都牢封涨停板，投资者想要介入这样的强势股就显得非常困难。不过这并不意味着"一"字形态没有任何的买入机会。投资者想要达到介入"一"字涨停的目的，务必在集合竞价阶段就发现此类个股，并及时在涨停价追涨。

若在开盘阶段选择那些强势的个股来进行操作，会比较容易获得投资收益。投资者应尽量规避那些开盘涨停而买盘不足的个股，此类个股在多数情况下会在盘中打开涨停板，进而影响其后市上涨潜力。下面笔者就如何在这几种特殊形态中追涨和投资者进行讨论。

一、盘中回落"T"字涨停

股价在开盘时涨停，表明其向上的突破是有效的。而尾盘的再次拉升涨停则显示出主力做多的决心。以此为基础，完成"T"字形态的个股，其股价在接下来的交易日会表现得非常活跃。若该股的交易量能配合股价继续放大，那么其强势走势将会得到进一步延续。投资者在利用分时图的同时，再结合个股的交易量，选择合适的时机追涨，在短线内容易获得较好的回报。

下面笔者以中国一重（601106）为例，对如何在开盘涨停、盘中回落、尾盘再次封涨的"T"字形态中捕捉涨停进行分析。

1. 中国一重（601106）

（1）日K线的位置分析

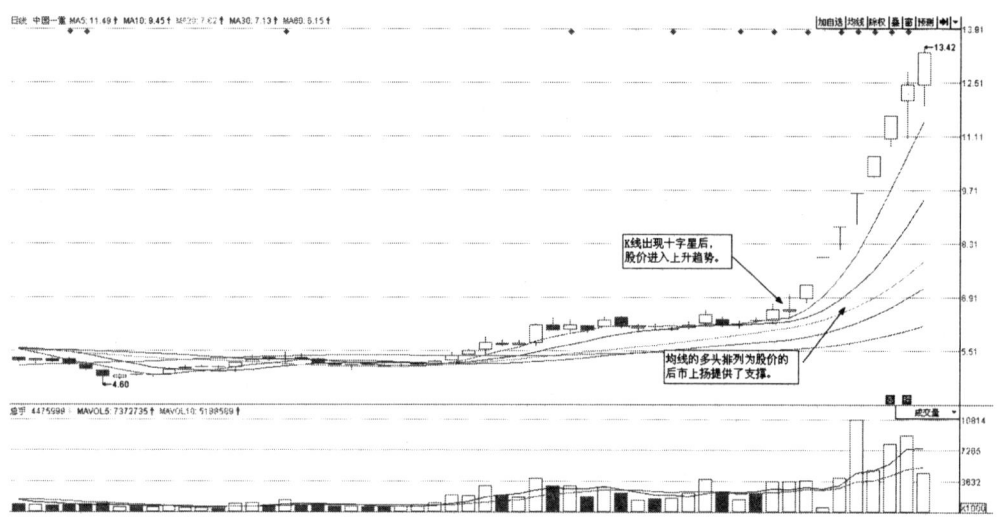

图1-39：中国一重（601106）日K线图

如图1-39所示，在中国一重（601106）日K线图中，股价在走出一个"十字星"形态之后，开始进入一波拉升行情。股价的强势涨停更是催化了市场的追涨情绪，使得"T"字形态连续出现在股价上扬的途中。再结合个股的均线系统，其呈现的多头排列态势为股价的强势延续提供了支撑。投资者在这种上升行情中，选择有利的点位介入，在短期内可获得丰厚的利润回报。

（2）分时图形态分析

如图1-40所示，在中国一重（601106）分时图中，股价在开盘阶段涨停并不意味着就能够牢封涨停直至收盘。该股开盘涨停的走势持续18分钟后，股价便跌

破了涨停价，并出现了大幅度的回调。随后，股价开始了盘中高位宽幅的震荡走势，并一直延续到尾盘。尾盘时，股价出现了一次急速拉升并且上封涨停。个股的再一次涨停显示出多方短线看涨的信心十足，而尾盘的拉升则为投资者提供了良好的介入机会。

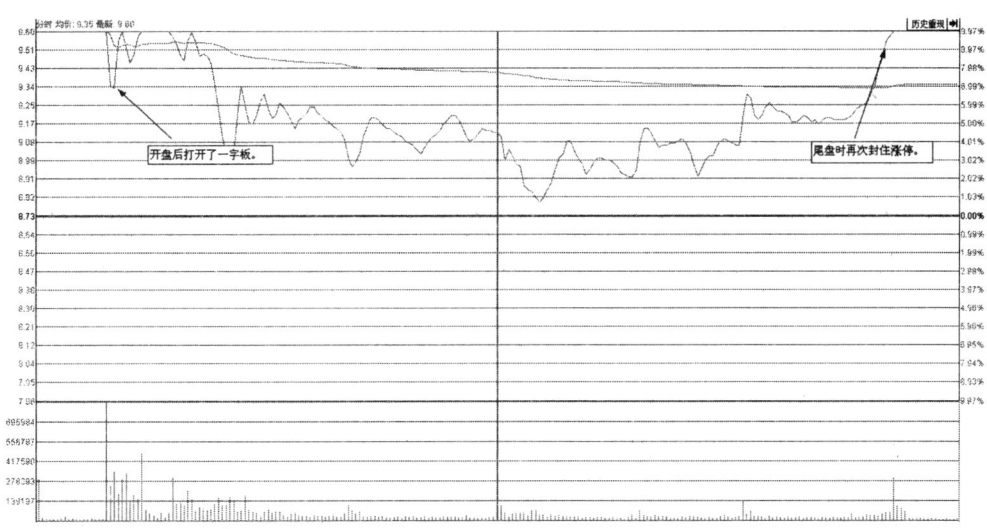

图1-40：中国一重（601106）分时图

（3）买入时点分析

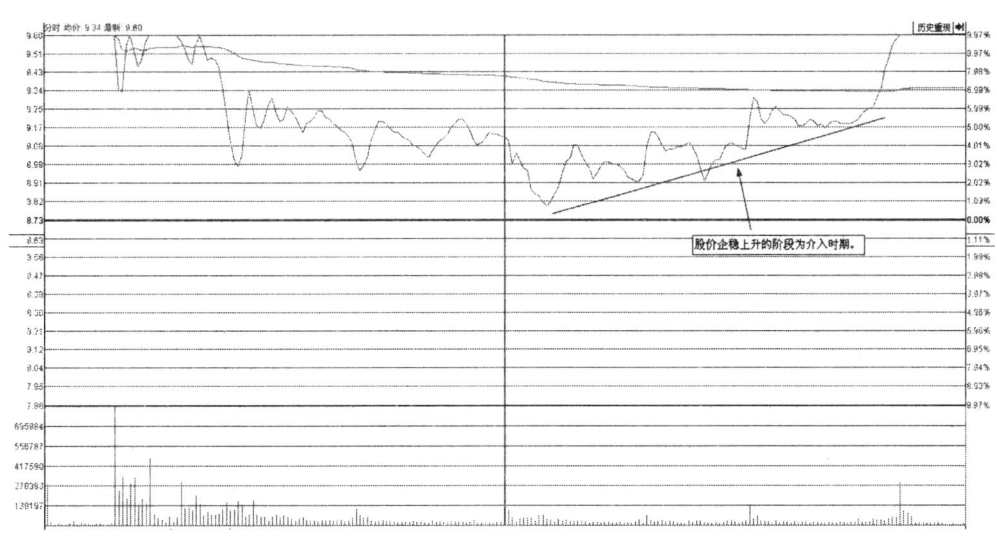

图1-41：中国一重（601106）分时图

如图1-41所示，在中国一重（601106）分时图中，该股虽然以涨停价开盘，但在9:48时打开了涨停板。之后，股价一路下探，在下午开盘时已接近上一个交易日的收盘价。随后，股价开始企稳回升，这一波段也是投资者介入的良好时机。此时，应该果断介入，切勿犹豫不决，盲目张望，以免错失良机。在投资者获得筹码之后，可以利用下一个交易日的股价高开来做空获利，或进行短期投资，以期获得短线收益。

二、开盘回落"T"字涨停

股价在开盘时已处于涨停板，而盘中股价立刻又从涨停价回落的情况，在分时图中也时有发生。为规避风险，投资者追涨的价位不宜过高。这种形态的个股往往是主力在集合竞价阶段就已经开始操控了，若后市股价未出现大幅上涨，那显然是主力利用拉升股价的时机来高位出货。投资者在判断这类个股的走势时，要密切关注股价在集合竞价时期的表现。在此基础上，选择股价的回调位置，买入筹码，便可在规避风险的同时获得利润。

下面笔者以中国远洋（601919）为例，对如何在集合竞价涨停、盘中回落、尾盘再次封涨的"T"字形态中捕捉涨停进行分析。

1. 中国远洋（601919）

（1）日K线的位置分析

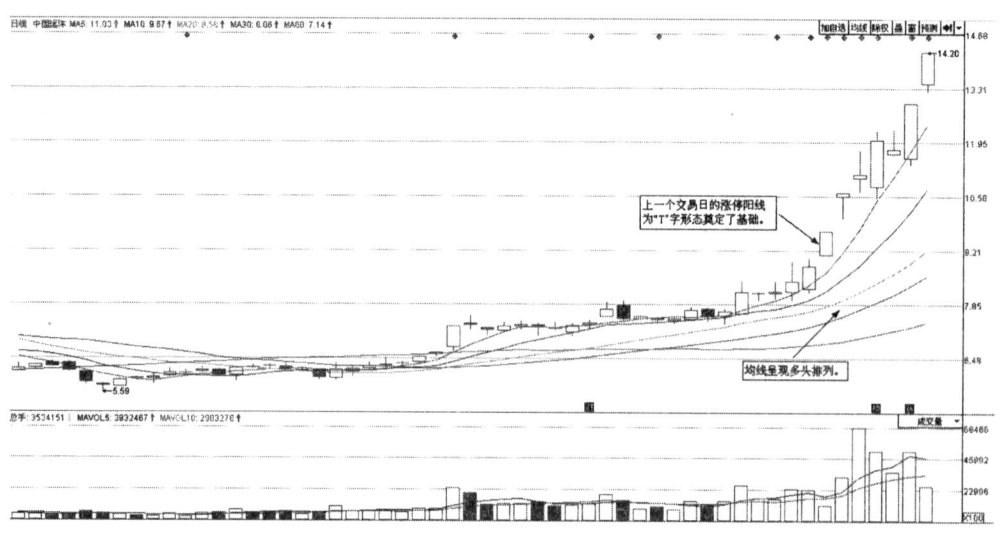

图1-42：中国远洋（601919）日K线图

如图1-42所示，在中国远洋（601919）日K线图中，股价在突破横盘整理的趋势之后，开始进入了一波上升行情。在上升行情中，个股的表现吸引了市场更多的关注，同时也吸引了更多的流动资金。再结合该股的均线系统，又为短期的多头提供了信心。在这一阶段，股价往往会出现涨停走势，所以投资者应该把更多的精力放在强势"黑马"上。再结合个股的均线系统、成交量情况等指标，选择恰当的时机介入，可以轻松获得追涨的收益。

（2）分时图形态分析

图1-43：中国远洋（601919）分时图

如图1-43所示，在中国远洋（601919）分时图中，股价在集合竞价时已经涨停，但在开盘后被大单的抛售压力打开。此时，投资者应特别注意，必须结合其他指标来综合判断主力的真正意图。该股在短暂回调后，再次拉升涨停，这显示出该股的主力在短期内仍以做多为主，投资者可以在低位介入，第二天股价高开或冲高时再反手做空，以期获得短期的追涨收益。

（3）买入时点分析

如图1-44所示，在中国远洋（601919）分时图中，该股的买点主要集中在早盘阶段。最佳的买点为开盘后股价的回调时段，但这一时段股价的变化比较迅速，若想要在此时介入，投资者必须具备敏锐的盘感以及熟练的操作技巧。投资者若在第二买点介入，由于其买入的价位较高，承担的追涨成本也高。若对股价的后市走势判断失误，将被高位套牢。因此，对于这一买点，投资者应谨慎介入。

图1-44：中国远洋（601919）分时图

三、盘中打开"一"字涨停

主力有时候会在集合竞价阶段拉升股价，这是股价上涨行情启动的标志，其表现在K线图中就是"一"字形态。当个股出现这种走势时，其股价后市一般都有一波不错的上升行情。在这种形态中，投资者追涨的难度较大，但并不是没有买入获得筹码的机会。若盘中出现较大的抛售压力，涨停板被打开的情况也是会发生的。投资者若能把握这种机会，追涨买入获得筹码，在后市股价冲高后做空，便可在短期获得不错的收益。

下面笔者以吉电股份（000875）为例，对如何在盘中短暂打开的"一"字形态中捕捉涨停进行分析。

1.吉电股份（000875）

（1）日K线的位置分析

如图1-45所示，在吉电股份（000875）日K线图中，股价处在阶段性的上涨过程中。在这种走势中，每一阶段的拉升过程，股价都比较容易出现较大的涨

幅，甚至会走出涨停板。投资者在这种形态中，应多注意K线的组合形态。在适当的时候介入追涨，进行波段操作，可以在短期内获得不错的收益。

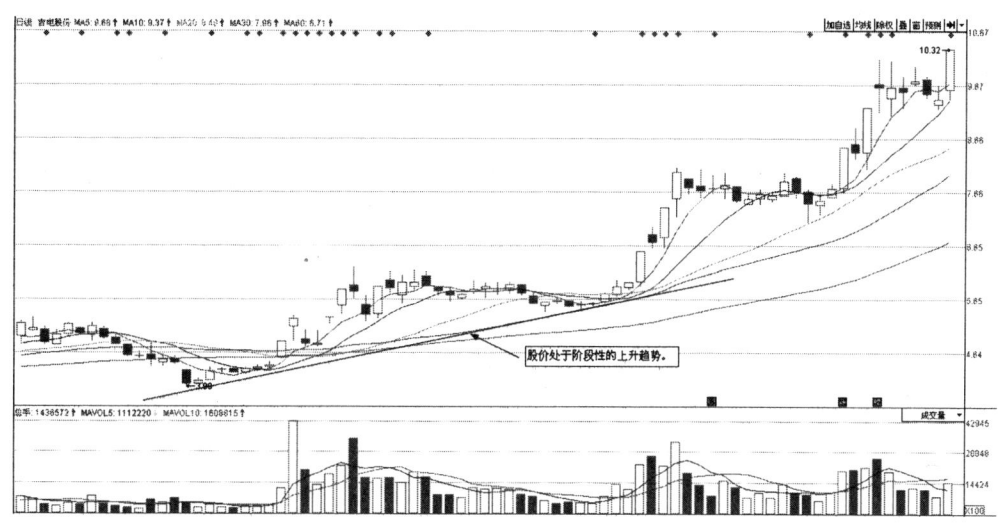

图1-45：吉电股份（000875）日K线图

（2）分时图形态分析

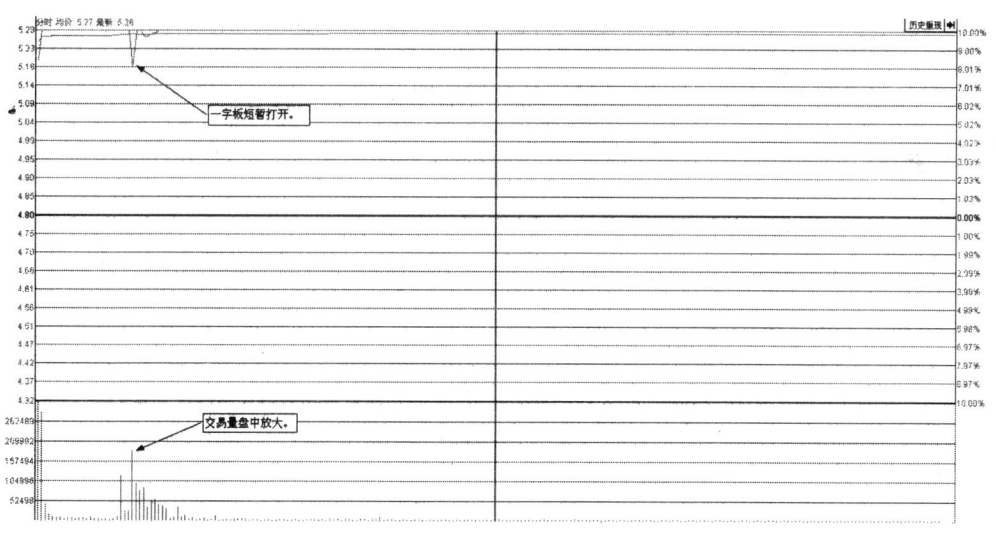

图1-46：吉电股份（000875）分时图

如图1-46所示，在吉电股份（000875）分时图中，该股开盘便涨停，盘中出现短暂的回落后又迅速上封涨停板。可见，该股在开盘涨停的情况下，买盘其实已经非常强大。投资者如果不是提前在集合竞价阶段以涨停价买入股票，几乎不

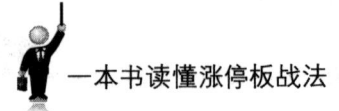

可能获得筹码。不过,盘中涨停板短暂打开的缺口成了投资者追涨的机会。这样一来,追涨的投资者只能在尽可能短的时间里追涨,才有希望获得筹码。

(3)买入时点分析

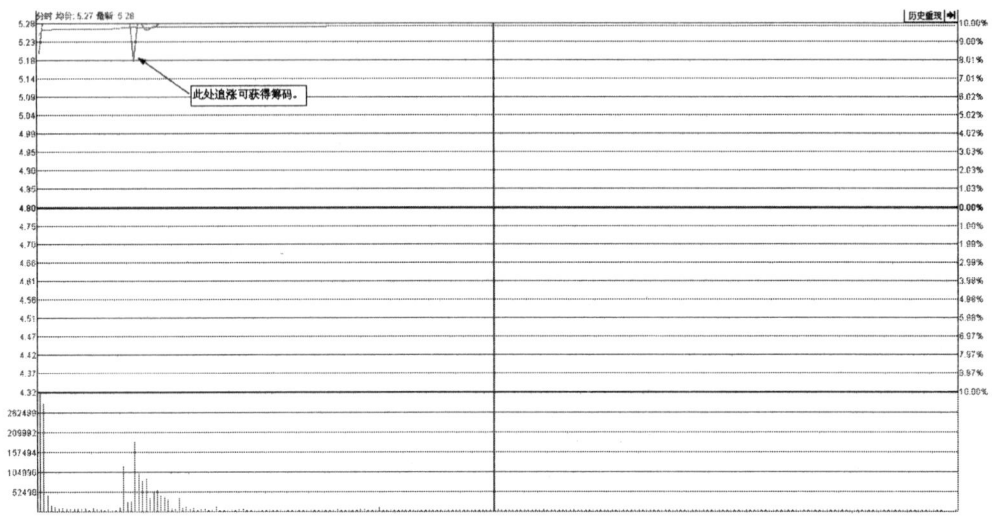

图1-47:吉电股份(000875)分时图

如图1-47所示,在吉电股份(000875)分时图中,出现此种形态后,若投资者想要获得筹码,必须在集合竞价阶段就开始操作。在集合竞价过程中,投资者应选择在较高的价位上买入该股,才可能获得可观的筹码。盘中涨停板打开的位置也是投资者追涨的机会,但投资者必须迅速操作才可介入。"一"字形态的个股后期表现都非常活跃,投资者可以获得不错的追涨收益。

选择恰当的时机擒杀涨停是寻求快速赢利的投资者梦寐以求的幸事。因为投资者避免了追涨高收益时受到高风险的威胁,从而享受到涨停板追涨时获得的巨大利润。这也就是几种特殊形态下我们擒杀涨停的关键,无论是"T"字形态还是"一"字形态,都有适合投资者介入追涨的时机。两者的区别在于,"T"字形态较"一"字形态更容易把握。通过上述对"一"字形态的分析,涨停板被打开时,投资者可以借势追击。

当然,对追涨时机的把握,简而言之,就是买在行情启动初期。追涨操作中买卖点的确定决定了追涨的盈利空间和所面临的风险大小,投资者若能在相对低

位的价格介入、在见顶之前果断出局就能保证追涨赢利空间的最大化。这就需要投资者准确研判个股所处的市场阶段，一旦行情出现波动和转机就快速作出正确的介入和出局的决策，才能确保追涨的顺利进行。这个原则贯穿于捕捉涨停的整个过程和任何一个阶段，无论是开盘、盘中、尾盘擒杀涨停，还是本节所探讨的这几种特殊形态。

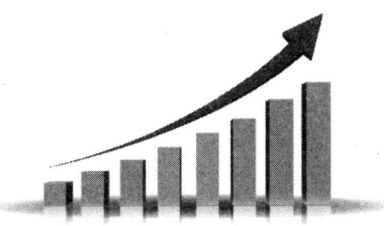

第二章

成交量擒杀涨停技法

提起成交量，投资者便有很多的话要说。股市在某段时期为什么强势上扬，而在某段时期为什么又连续下挫？探寻其最根本的原因，便是来自市场的供求关系。如果买入股票的投资者的数量多于卖出股票的投资者，指数及个股就会上涨；若卖出股票的投资者的数量多于买入的投资者，指数及个股就会下跌。道理虽然简单，却一针见血地道出了股票市场中成交量与价格的关系。而事实上，很多投资者却往往容易忽略这浅显理论的存在及其价值。

美国著名的投资专家格兰威尔在其所著的《股票市场指标》中指出："成交量是股市的元气，股价只不过是它的表征而已，成交量的变化是股价变化的前兆。"这一说法精辟论述了成交量与股价之间的密切关系。

对于成交量与股价之间的关系的分析，在股市里最常用、最重要的分析方法就是量价分析法。量价分析法，是股市里面的经典分析系统，它是指数和个股上涨和下跌的重要参数。股市中常有"量价配合，量在价先"之说。投资者通过对量价关系的分析，不仅可以研判指数的趋势，同时也可以研判个股的变动方向。通过分析量价关系能让投资者对股市趋势和个股形态有更明确的认识，如此便可以提高捕捉个股涨停板的成功率。这对投资者追涨，获得短期收益有非常重要的意义。

　　本章立足于成交量擒杀涨停，但在我们讨论如何利用成交量捕捉涨停板之前，笔者先来对这一指标进行简单的介绍。

第一节　成交量名片

成交量是指在某一交易时段内指数或个股具体的交易数。广义的成交量包括成交股数、成交金额、换手率；狭义的成交量仅指成交股数。成交量是判断股票走势的重要依据，投资者对成交量异常波动的股票应当密切关注。一般情况下，成交量逐步放大且个股价格上涨的股票，后市趋势向好；成交量持续低迷且个股价格表现平平的股票，后市股价看跌。

下面，我们来通过几个方面来了解成交量的基本信息。

一、基本形态

股票市场是多空力量相互作用的场所。虽然成交量有时会出现假象，控盘主力常常利用广大散户对技术分析的一知半解而在成交量上自买自卖，但其仍是研判股价走势最客观的要素之一。下面简要介绍几种成交量的基本形态。

1.缩量形态

顾名思义，缩量形态其含义是指市场交投极为清淡，大部分投资者对市场后期走势基本认同，意见一致。这时又分两种情况：一是市场上的投资者都十分看淡后市，只有卖出，却没有买入，因此成交量急剧萎缩；二是市场上的投资者都对后市看好，只有买入，却没有卖出，所以又造成成交量急剧萎缩。

缩量形态一般发生在股价趋势的中期，投资者都对后市走势十分认同。当碰到下跌缩量这种情况时，投资者就应坚决出局。等量缩达到一定程度，股价开始放量上攻时再积极买入。同样，当投资者碰到上涨缩量这种情况时，就应坚决介入，坐等获利。等股价出现上冲乏力，有巨量放出的时候再卖出离场。

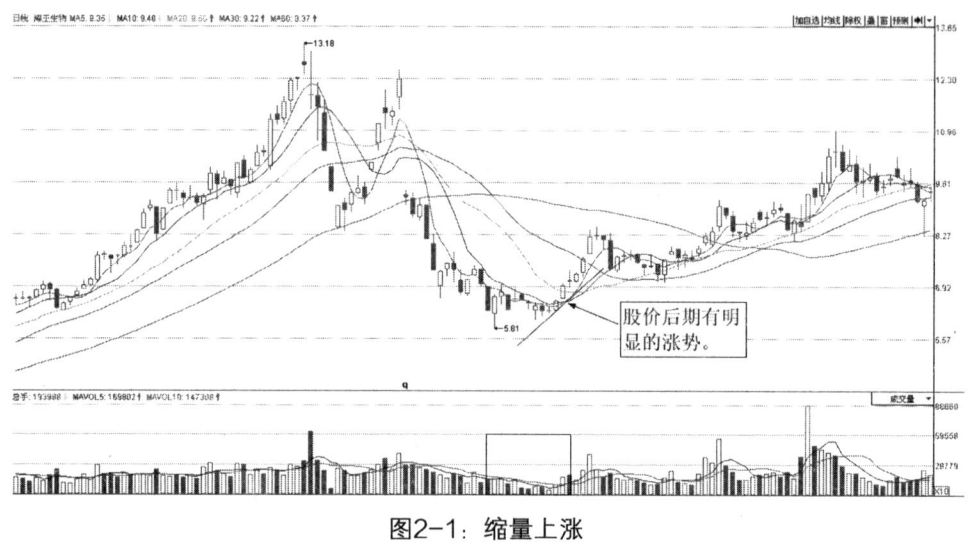

图2-1：缩量上涨

图2-2：缩量下跌

2.放量形态

放量形态一般发生在市场趋势的转折点处。此时，市场上各方力量对后市预期的分歧逐渐加大，差距悬殊，在一部分投资者坚决看空后市时，另一部分投资者却对后市坚决看好。当一部分投资者纷纷抛售时，另一部分投资者却在大笔吸筹，如此便造成了成交量的逐步放大。

相对于缩量形态来讲，放量形态有很大的虚假成分。控盘主力利用手中的筹码大笔对倒，以此放出天量，是件非常简单的事。因此，在出现放量形态时，投

资者应多方观察，分析主力的真正用意，然后作出正确的操作决策。

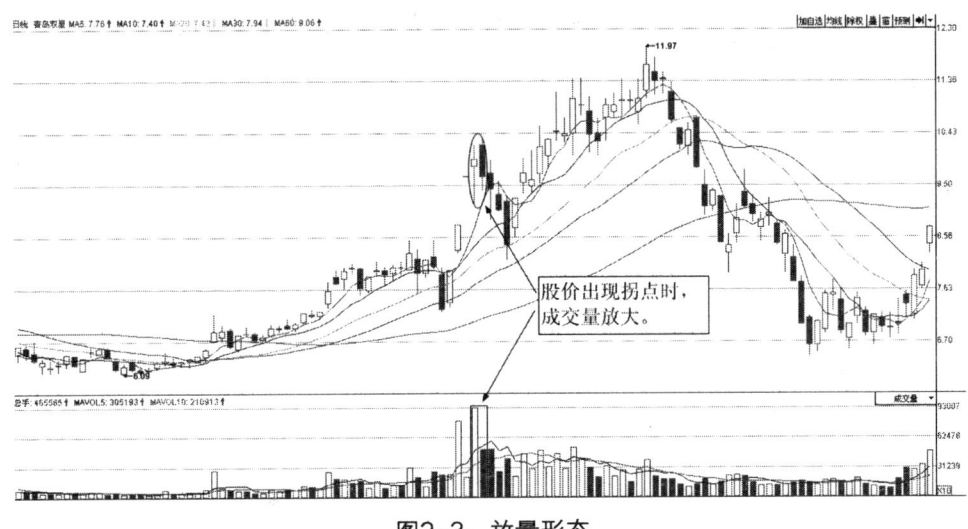

图2-3：放量形态

3.堆量形态

每当主力意欲拉升股价时，常常会在成交量上做文章。一般以几日或几周为一周期，操作成交量缓慢放大，股价慢慢推高。其反映在K线图上，便形成了一个形状类似土堆的形态。堆量形态若出现在低位，股价后市就越有可能产生大的上升行情。相反，堆量形态在高位出现，则表明主力有大举出货之嫌，投资者应迅速离场避险。

图2-4：堆量形态

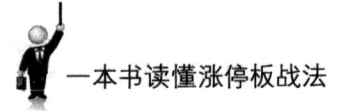

4.量不规则性放大缩小形态

量不规则性放大缩小形态一般是在没有突发利好或大局基本稳定的前提下，妖庄所为。在市场风平浪静时，个股突然放出历史巨量，随后又没了后音，这种情况一般是实力较弱的庄家为吸引市场关注，以便出货所进行的操作。

图2-5：量不规则性放大缩小形态

二、成交量变化"八阶律"

在前文我们探讨了成交量的一般形态，在实战中，我们也会提到成交量变化的几种情况，简称为成交量变化"八阶律"。

1.量增价平，转阳信号

股价经过持续的下跌之后，在低位区出现成交量增加、股价企稳现象。此时，一般成交量的阳柱线明显多于阴柱线，凸凹量差比较明显，说明底部多头在积聚上涨动力，可以适量买进筹码，持股待涨。有时"量增价平"也会在上升趋势中途出现，则说明股价上行趋势暂时受挫，只要上升趋势未破，一般整理后仍会有行情。

2.量增价升，买入信号

成交量持续增长，股价也转为上升趋势，这是短中线最佳的买入信号。"量增价升"是最常见的多头进攻模式，投资者应积极进场买入。

3. 量平价升，持续买入

成交量保持等量水平，股价持续上升，投资者可以在此期间适时适量地介入。

4. 量减价升，继续持有

成交量逐步减少，股价仍在继续上升，适宜投资者继续持股，即使锁筹现象较好，也只能是小资金短线参与，因为此时股价已经有了一定的涨幅，接近了上涨的末期。

5. 量减价平，警戒信号

成交量显著减少，股价经过长期大幅上涨之后，进行横盘整理阶段，不再爬升，此为警戒出货的信号。

6. 量减价跌，卖出信号

成交量继续减少，股价趋势开始转为向下，为卖出信号。此为无量阴跌，底部遥遥无期，所谓"多头不死，跌势不止"。这种情况下，价格会一直跌到多头彻底丧失信心斩仓认赔，爆出大的成交量，跌势才会停止，所以在操作上，只要趋势逆转，投资者应及时止损出局。

7. 量平价跌，继续卖出

成交量停止减少，股价急速滑落，此阶段投资者应继续坚持趁早卖出的方针。

8. 量增价跌，弃卖观望

股价经过长期大幅下跌之后，成交量出现增加态势，即使股价仍在下挫，也要慎重对待极度恐慌的"杀跌"，所以此阶段的操作原则是放弃卖出空仓观望。低价区的增量说明有资金接盘，而且说明后期有望形成底部或产生反弹，投资者应适宜关注。有时若在趋势逆转跌势的初期出现"量增价跌"，那么投资者更应果断地清仓出局。

作为股市中判断个股走势，从而帮助投资者有效决策的一项重要指标，成交量不仅仅简单地反映一个或一个时期的市场交易量，它更多的是体现个股走势背后多方因素相互作用的实质。任何一个单一因素都和其他因素发生或大或小的联系，这就要求我们在实战中做个有心人，仔细分析，谨慎研判，综合考虑多种因素来减少任何一种决策所隐藏的风险。

　　拿成交量来说，虽然量为价先，但成交量和股价之间的关系不是谁比谁更重要，而是互为因果，共同作用于交易市场。利用成交量来擒杀涨停就需要交易者在关注成交量形态的同时，熟记成交量变化"八阶律"，在实战中加以灵活运用，把握介入与出局的时机，如此可在股市中稳操胜券。

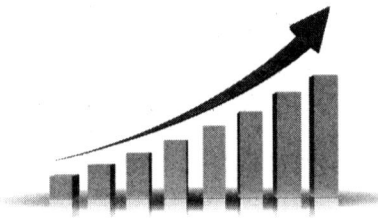

第二节 5日均量线擒杀涨停

成交量中的均量线是一种反映一定时期内股票市场平均成交情况的技术性指标，同时它也是表明交易量后市趋势的指标。根据不同的交易时间，可以将均量线分为不同的周期均量线，而不同的周期均量线又往往代表了不同的含义。投资者可根据不同的周期均量线的组合所发出的交易指示信号来进行交易。

一般的交易软件中会给出5日、10日、30日和135日的均量线指标，投资者也可以根据自己的需求设定均量线指标的周期。

在实战运用过程中，均量线一般都遵循如下规则：

在个股的上涨行情中，均量线一般会先于股价的上涨而作出反应。当股价上涨到一定的价位后，均量线会慢慢变得迟滞，甚至呈现出下跌走势。这时，投资者应注意后市股价走势，其上涨的趋势可能终结，开始进入下跌行情。

在个股的下跌行情中，均量线一般会先于股价的下跌而下行。当股价下跌到一定的价位后，均量线会拐头向上或者走势趋于平行。这意味着股价的下跌已经到了谷底，投资者应注意后市股价走势，股价有可能企稳反弹。

均量线的运行方向无论是向上还是向下，都意味着个股行情可能会出现转向。

一、形态特征

从短期成交量来讲，5日均量线是重要的参考线。同样，30日均量线也反映了中期成交量变化的趋势。当5日均量线回靠与突破30日均量线时，股价都会发生重要的变化。此时，投资者应利用5日均量线与30日均量线所形成的形态追击个股的涨停板。

当个股的成交量出现萎缩状态时，5日均量线会逐渐向30日均量线靠拢。当5日均量线上穿30日均量线后，成交量突然呈放大态势，并且成交量突破了5日均量线，这意味着股价很快就要上涨，投资者可以迅速跟进买入股票。5日均量线回靠30日均量线的过程中，跌破了30日均量线并不影响形态的成立。

二、案例分析

下面，我们通过几个案例来对5日均量线这种指标抓涨停进行深入了解。

1. 永新股份（002014）

（1）5日均量线回靠分析

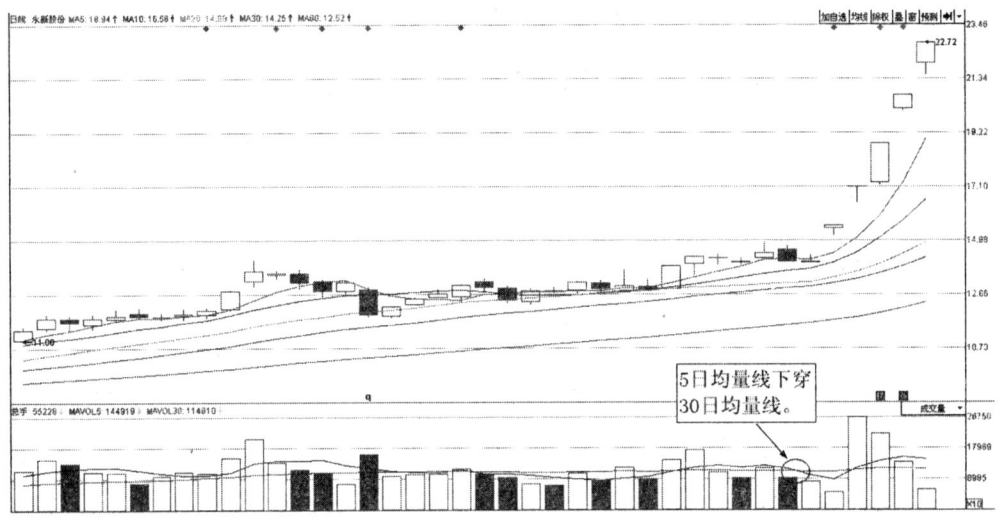

图2-6：永新股份（002014）K线图

如图2-6所示，在永新股份（002014）日K线图中，该股股价在经过前期的上涨之后开始进入横盘整理的状态。同时，观察该股的成交量，其量能也出现了同步的萎缩。2015年5月18日，该股的5日均量线下穿30日均量线，预示着股价还将进一步下跌。在出现这种形态后，投资者应暂时离场进行观望，待成交量指标出现买入信号后，再积极介入。

（2）5日均量线突破分析

如图2-7所示，在永新股份（002014）日K线图中，该股股价在经过短期的整理之后，日K线出现"十字星"形态，表明股价后市将会出现突破。2015年5月20日，该股的5日均量线上穿30日均量线，预示着股价将会出现上涨的趋势。并且当日的成交量突破5日均量线，这就确认了买入信号的准确性。投资者可在分时图中寻找介入时点，积极追涨，以期获得短期收益。

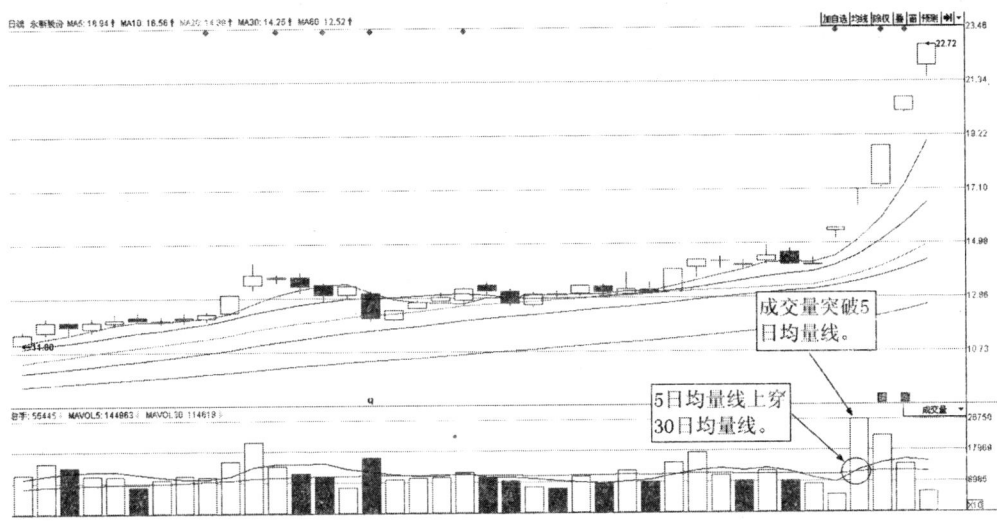

图2-7：永新股份（002014）日K线图

（3）买入时点分时

图2-8：永新股份（002014）分时图

如图2-8所示，在永新股份（002014）分时图中，股价以涨停价开盘，之后便出现了回调。但股价的回调并没有持续多久，上午10:14股价便向上拉升并上封了涨停。这一走势为投资者买入股票获得筹码提供了有利的时机。投资者在借助成交量确认了买入信号之后，应积极追涨获得筹码，在接下来的交易日形成获利空

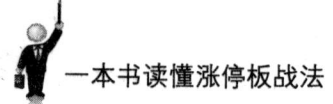

间之后，再卖出筹码获取收益。

2.国脉科技（002093）

（1）5日均量线回靠分析

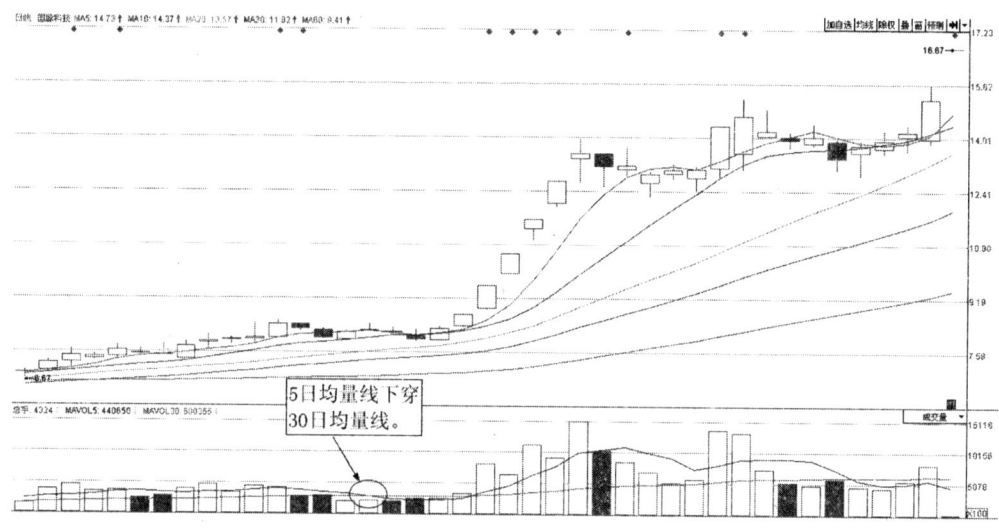

图2-9：国脉科技（002093）日K线图

如图2-9所示，在国脉科技（002093）日K线图中，该股股价在前期并没有良好的表现。从该股的成交量来看，其量能基本处于"地量"状态，并且还有逐渐萎缩的趋势，表明该股的交投并不活跃。2015年3月10日，该股的5日均量线下穿30日均量线，表明股价还有进一步下跌的可能。投资者在成交量形成买入信号之前，应暂时持币观望。

（2）5日均量线突破分析

如图2-10所示，在国脉科技（002093）日K线图中，该股的5日均量线欲下穿10日均量线，但在"死叉"形成之前，5日均量线又掉头向上，表明股价有向上突破的可能。再看该股的成交量指标，2015年3月17日，其5日均量线上穿30日均量线，预示着后市股价将会出现上升的走势。并且当日的成交量突破了5日均量线，加强了买入信号的准确性。由此判断股价将会加速上升，投资者宜此时跟进买入股票。

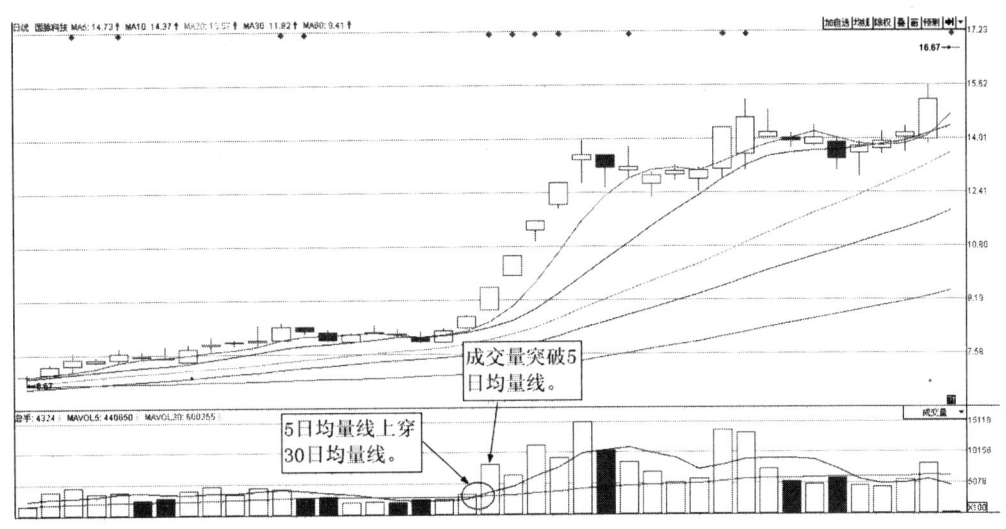

图2-10：国脉科技（002093）日K线图

（3）买入时点分时

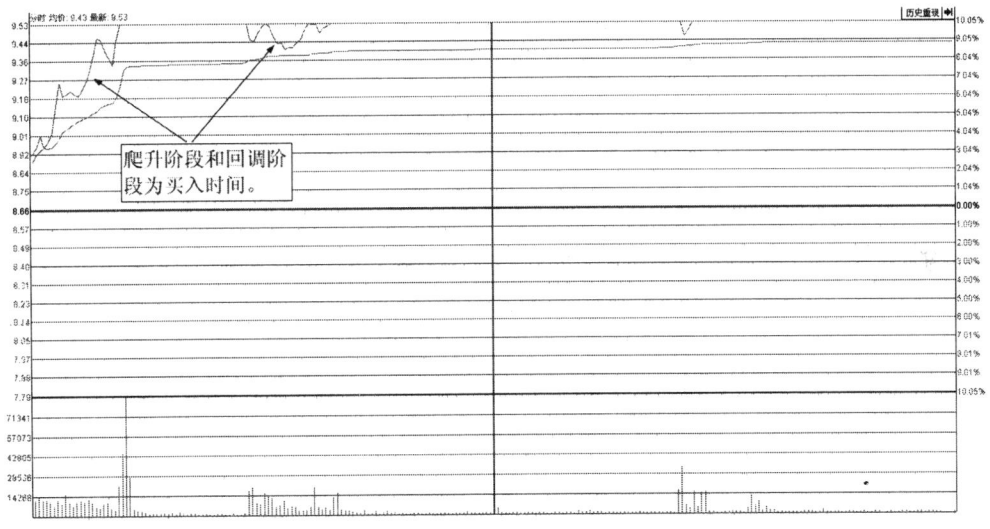

图2-11：国脉科技（002093）分时图

如图2-11所示，在国脉科技（002093）分时图中，该股股价在开盘后便开始了一波拉升行情。同时，在股价拉升的过程中伴随着成交量的不断放大，为股价涨停提供了充足的动力。由于投资者之前在成交量指标上已获得买入信号，此时应积极买入股票获得筹码。股价在上封涨停之后，盘中又出现短暂开板，此亦为投资者介入的良好时机。

5日均量线是主力启动线，根据它来研判行情，把握涨停时机是十分简单高效的，交易者应该在实战中仔细分析均量线形态。

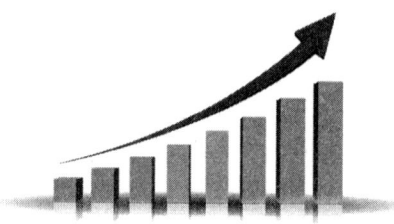

第三节　均量线三线交叉擒杀涨停

前一节中，我们和读者朋友们讨论的是如何利用5日均量线来捕捉涨停，而利用均量线抓涨停不止这一种方法。在本节中，笔者将为大家讲述如何利用均量线三线交叉抓涨停。

均量线三线交叉形态中的三条均量线可以设定为5日均量线、30日均量线和135日均量线。三条均量线形成金叉穿越后，其形态犹如喇叭花一样，故此又可称为"三线开花形态"。均量线三线交叉形态可以分为三种类型：一是并线三线交叉，二是顺向三线交叉，三是逆向三线交叉。这三种技术走势形态对预测股票价格的走势都十分有效，投资者应尽量掌握。

一、形态特征

1.并线三线交叉

并线三线交叉形态一般是由5日均量线、30日均量线和135日均量线构成的。其形态一般表现为30日均量线和135日均量线处于极度接近的平行状态，同时，5日均量线由下而上穿越这两条均量线，形成均量线的金叉穿越。

该形态的主要特征表现为：

（1）若个股出现上涨行情，其成交量呈现出逐步放大的趋势，则预示并线三线交叉形态成立，股价后市看涨。

（2）并线三线交叉形态要求5日均量线、30日均量线和135日均量线其运行方向向上。

2.顺向三线交叉

顺向三线交叉形态也是由5日均量线、30日均量线和135日均量线构成的。其形态一般表现为30日均量线与135日均量线顺向交叉，也就是30日均量线从下向上

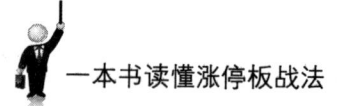

穿越135日均量线，形成"黄金交叉"。同时，5日均量线从下向上穿越这两条均量线的交叉点，并且5日均量线、30日均量线和135日均量线呈现多头排列形态。

该形态的主要特征表现为：

（1）若个股股价出现上涨行情，其成交量呈现出逐步放大的趋势，表明顺向三线交叉形态成立，股价后市看涨。

（2）顺向三线交叉形态中，5日均量线上穿30日均量线和135日均量线的交叉点是最好的买入时机。

3. 逆向三线交叉

逆向三线交叉形态由5日均量线、30日均量线和135日均量线构成。其形态一般表现为30日均量线与135日均量线逆向交叉，也就是30日均量线从上向下穿越135日均量线，形成"死亡交叉"。同时，5日均量线从下向上穿越这两条均量线的交叉点。

该形态的主要特征表现为：

（1）在5日均量线从下向上穿越30日均量线和135日均量线的交叉点时，其成交量应出现有效的放大，表明逆向三线交叉形态成立，股价后市看涨。

（2）当5日均量线从下向上穿越30日均量线和135日均量线的交叉点时，股价已上涨到一定的高位，预示着后市股价将会下跌，那么，此信号则成为卖出的信号。

二、案例分析

我们来看几个实例，通过不同的形态分析来对三线开花这种方法抓涨停有全面的认识。

1. 信维通信（300136）

（1）5日均量线第一次上穿分析

如图2-12所示，在信维通信（300136）日K线图中，该股股价在经过前期的爬升之后，逐渐进入到回调阶段，并且其成交量也开始逐步萎缩。该股的日均量线，5日均量线、30日均量线、135日均量线处于水平状态。2015年5月7日，日成

交量突破5日均量线表明该股交易活跃，后市看涨。同时，5日均量线上穿30日均量线再一次确认了这一信号，投资者可迅速跟进买入股票。

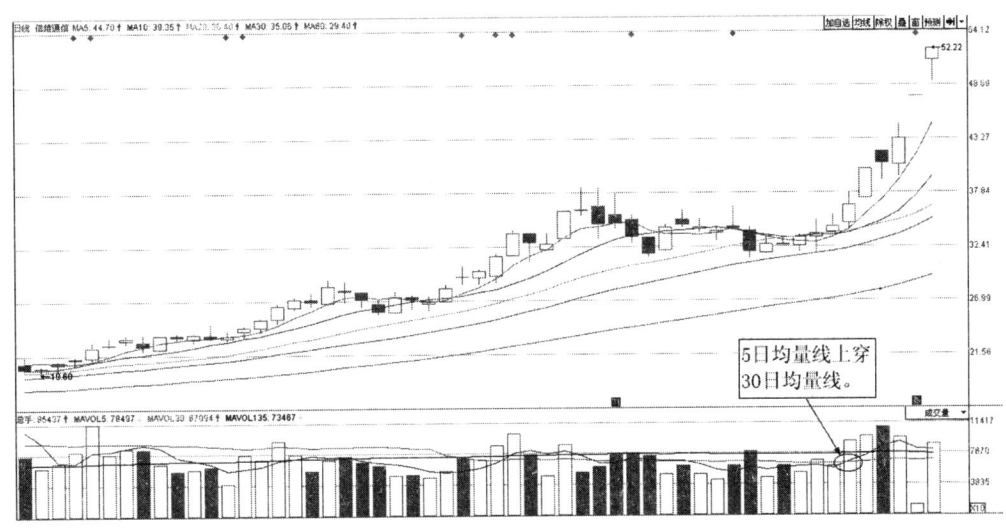

图2-12：信维通信（300136）日K线图

（2）5日均量线第二次上穿分析

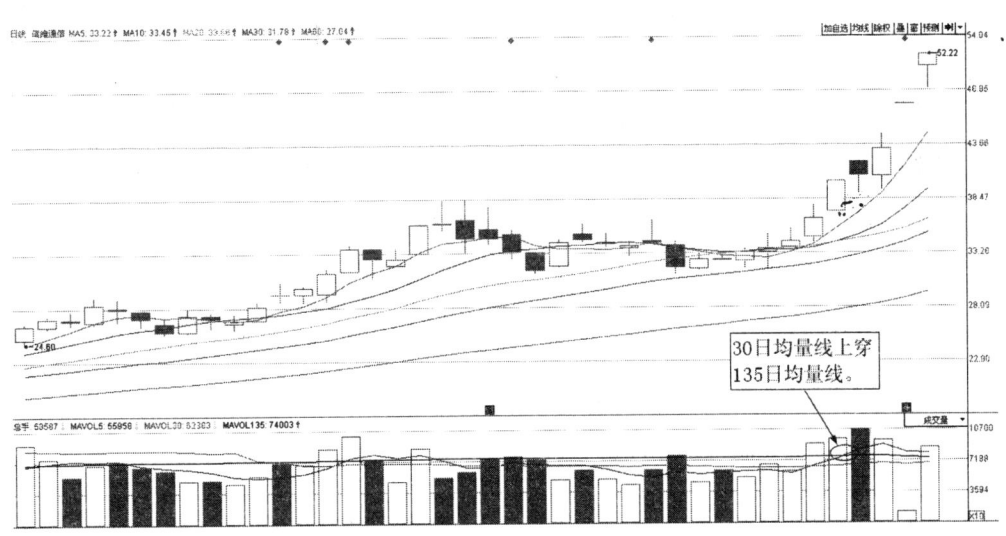

图2-13：信维通信（300136）日K线图

如图2-13所示，在信维通信（300136）日K线图中，该股股价出现小幅回调后，其成交量也开始萎缩，并且5日均量线、30日均量线、135日均量线呈现出空头排列状态。在5日均量线上穿30日均量线之后，2015年5月8日，5日均量线又上穿135日均量线，形成"三线交叉"形态。同时，其日成交量也开始逐步放大，如此一来，股价便具备了涨停的潜能，投资者在日均量线形成这种形态时，应积极介入，买入股票获取筹码。

（3）买入时点分时

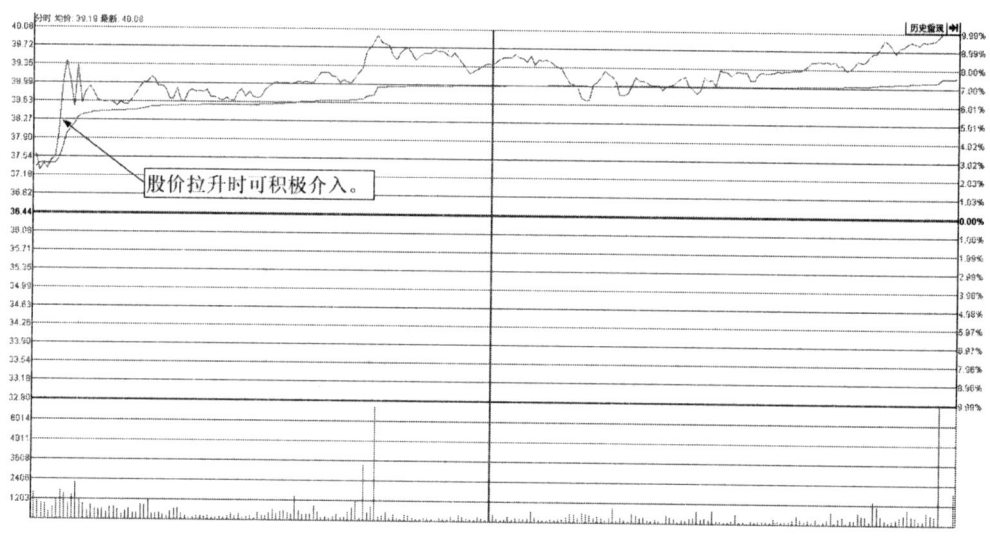

股价拉升时可积极介入。

图2-14：信维通信（300136）分时图

如图2-14所示，在信维通信（300136）分时图中，该股股价小幅高开之后，便出现了一波急速的拉升。不过该股主力并未一鼓作气将股价拉升至涨停，之后股价开始进入横盘整理的状态。投资者在日K线图中根据成交量的均量线所形成的"三线交叉"形态确认买入信号之后，应在拉升阶段积极介入。在这一阶段买入股票，可降低投资者的持仓成本，形成更大的获利空间。

2.艾派克（002180）

（1）5日均量线第一次上穿分析

如图2-15所示，在艾派克（002180）日K线图中，该股股价在前期基本上处于一种楔形整理状态，从技术形态上看，具有向上突破的可能。再结合该股成交量的日均量线来进行观察，2014年9月2日，5日均量线上穿30日均量线形成"三线交叉"形态的先兆，预示着股价后期将会出现上涨的行情。投资者在该信号出现之后应积极布局，获得追涨的筹码。

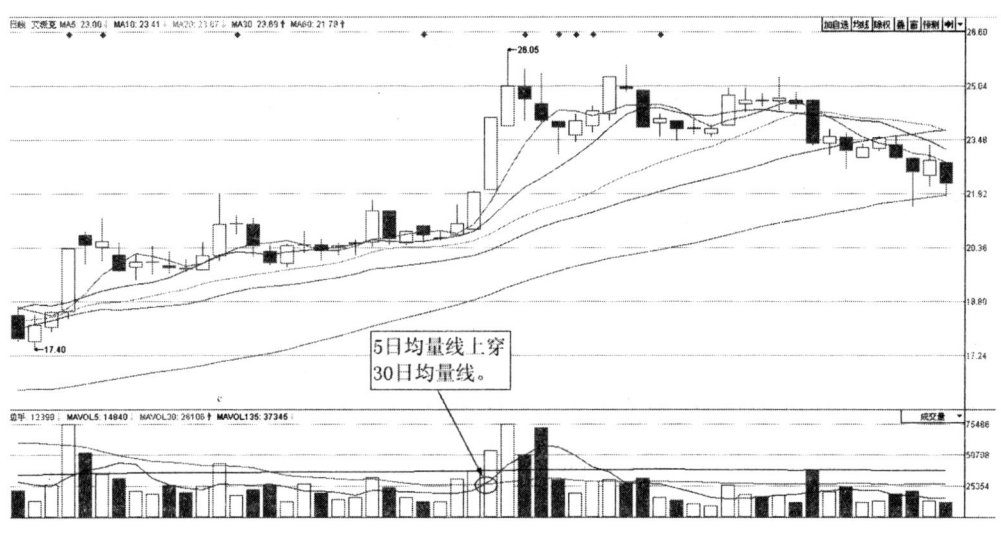

图2-15：艾派克（002180）日K线图

（2）5日均量线第二次上穿分析

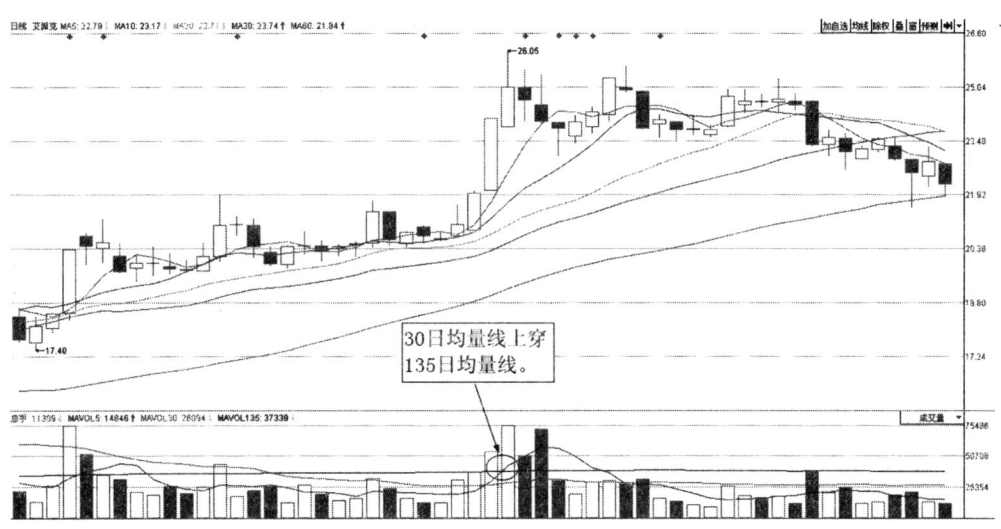

图2-16：艾派克（002180）日K线图

如图2-16所示，在艾派克（002180）日K线图中，该股的成交量在出现"地量"之后，其量能开始逐渐放大，表明市场人气逐步回升，该股交投趋向活跃。再观察其成交量的日均量线，在5日均量线上穿30日均量线的当日，5日均量线又上穿了135日均量线，形成完整的"三线交叉"形态。此形态表明股价后市将会加速上涨，在形态确认之后，投资者应积极跟进买入股票。

（3）买入时点分析

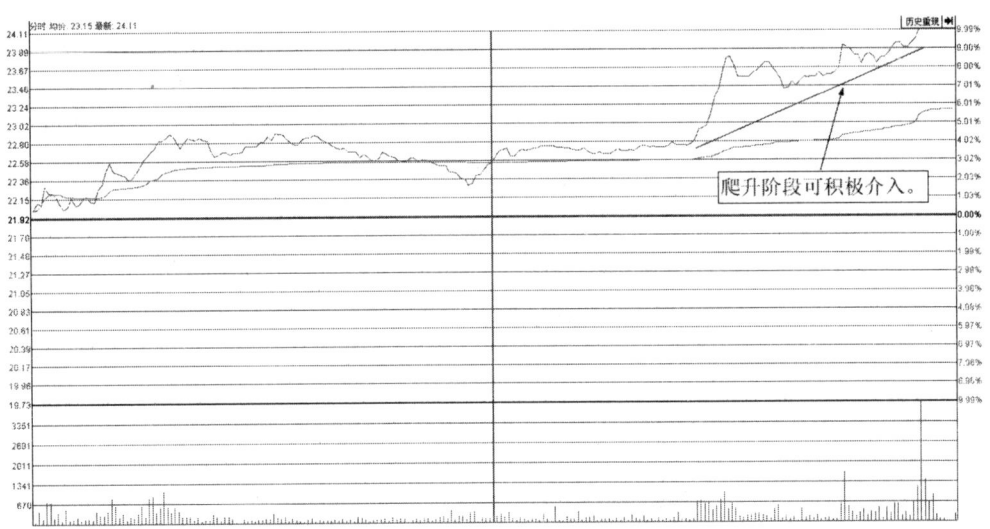

图2-17: 艾派克（002180）分时图

如图2-17所示，在艾派克（002180）分时图中，股价开盘之后出现了一波缓慢的爬升，之后便进入横盘整理的阶段。在这一过程中，股价表现平平，很难引起市场的注意。不过，投资者在获得日均量线所形成的"三线交叉"形态所确认的买入信号之后，应在股价横盘阶段买入筹码。尾盘时的放量拉升阶段也是投资者买入股票的良好时机，追涨之后可在形成利润空间时卖出股票，以期获取追涨的短期收益。

除了上述几种研判形态外，我们还可以在"三线交叉"的基础上，结合其他技术指标所发出的买进信号，从侧面进一步证明"三线开花"的有效性，以提高研判的准确概率。

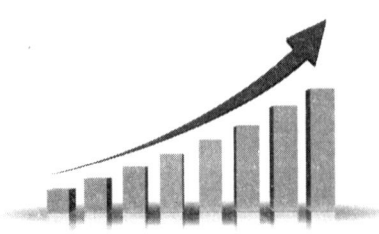

第四节　均量线二次金叉擒杀涨停

均量线形成的不同形态，是投资者研判行情的有力暗示。前一节中，我们提到均量线的"三线开花"形态，那么，本节笔者将展开对另外一种形态进行探讨，即二次金叉。

在成交量图中，可以看出均量线在成交量的柱形图之间来回穿梭波动，指示着股价变动的趋向。在市场上涨行情初期，均量线随股价不断创出新高，显示市场人气的聚集过程。当市场行情进入尾声时，尽管股价再创新高，但均量线已衰退疲软，形成价量分离，此时市场追高意愿发生变化，股价也接近顶部，后市将出现反转。

在市场的下跌行情之初，均量线一般随股价持续下跌，显示市场人气的涣散。当下跌趋势接近尾声时，即使股价不断创出新低，但均量线也多已走平，或企稳上升，这时表明股价已经见底，投资者可以考虑借机介入。

在实际的股票交易中，投资者利用均量线所形成的"黄金交叉"来寻找买点是一种非常行之有效的方法。均量线二次"黄金交叉"更是表明了股价上涨的动力十足。同时，在量能的有效配合下，股价往往会出现涨停。投资者可在均量线出现二次"黄金交叉"之后积极买入股票，追击涨停获取收益。

一、形态特征

在个股行情启动初期，短期均量线自下而上穿越中长期均量线所形成的交叉叫做"黄金交叉"。均量线的二次"黄金交叉"形态一般情况下是指5日均量线上穿30日均量线所形成的交叉，30日均量线上穿135日均量线所形成的交叉。在个股成交量的均量线出现两次金叉之后，预示着股价后市会出现一波上涨的行情，在成交量有效配合的情况下，股价会出现涨停走势。因此，投资者可利用这种形态

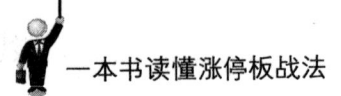

追击个股的涨停板，获取短期收益。

二次"黄金交叉"形态有以下操作要点：

当股价大幅下跌之后，短期、中期、长期三根均量线出现"黄金交叉"形态，预示着股价后市看涨，投资者可根据这种形态买入股票。

在均量线形成"黄金交叉"之后，短期、中期、长期三根均量线应呈现多头排列，也就是短期均量线位于最上方，中期均量线位于中间，长期均量线位于最下方。

当短期均量线上穿中期均量线且中期均量线上穿长期均量线时，若成交量能有效放大，将确认买入信号的准确度。

二、案例分析

笔者将在此通过几个实例来验证上述几个操作要点。

1.航天通信（600677）

（1）5日均量线上穿分析

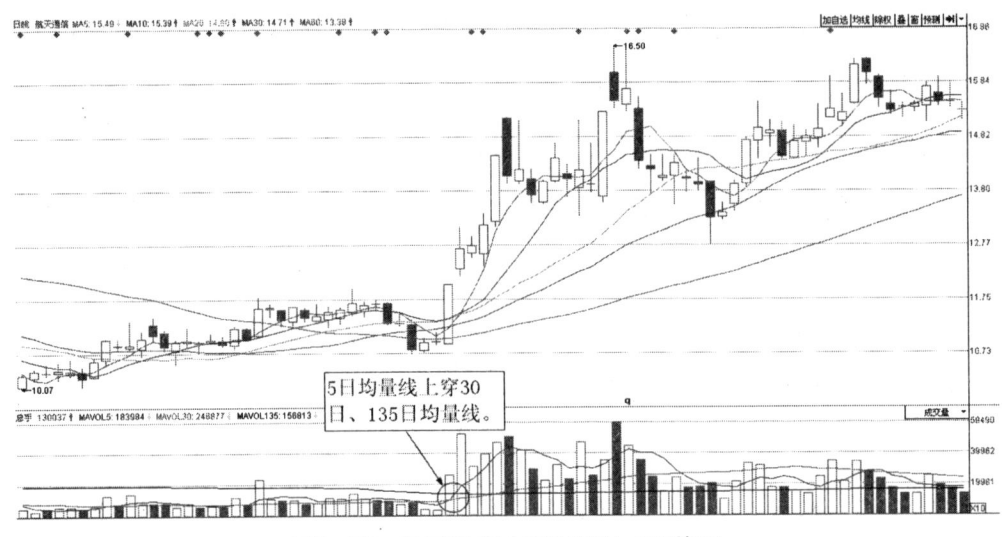

图2-18：航天通信（600677）日K线图

如图2-18所示，在航天通信（600677）日K线图中，该股股价在经过前期的小幅爬升之后，开始出现了短暂的回调。同时，其成交量也逐渐萎缩，甚至出现了地量。2014年6月24日，5日均量线上穿30日均量线和135日均量线，形成第一

次"黄金交叉"，预示着股价后市将结束回调态势。并且当日的量能出现有效放大，突破了5日均量线，也为股价的上涨提供了又一证明。在出现这种形态时，投资者应积极关注股价的后市走势，寻找买入时机。

（2）30日均量线上穿分析

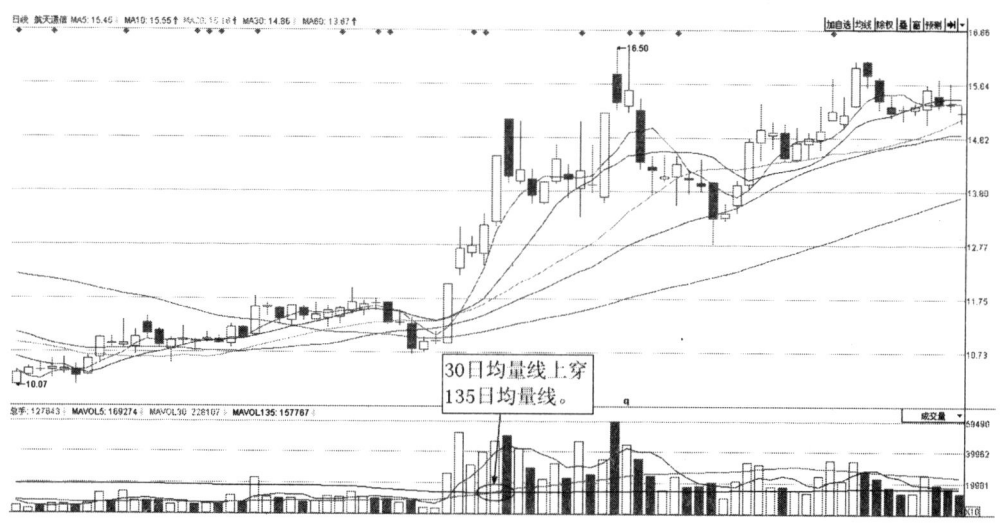

图2-19：航天通信（600677）日K线图

如图2-19所示，在航天通信（600677）日K线图中，该股股价在结束回调走势之后，出现了强势反转。"十字星"之后出现的光头光脚阳线突破了前期的价格高点，表明股价上涨动能强劲，后市仍有上行空间。2014年6月30日，30日均量线上穿135日均量线，形成均量线的第二个金叉。此时，两次金叉形态完成，在成交量的有效配合下股价上封涨停。投资者可在第二个金叉形成时积极介入，追击买入获得筹码，以期获得短期回报。

（3）买入时点分析

如图2-20所示，在航天通信（600677）分时图中，股价在开盘之后就开始了一波向上爬升的行情，同时，其成交量也出现了有效放大。根据均量线两次金叉所发出的买入信号，投资者可积极介入获取筹码。股价在经历一段横盘走势之后，在上午收市前急剧拉升，并且上封涨停。投资者也可在此处买入获取筹码，待股价在下一个交易日冲高形成获利空间后再卖出股票，以获取短期收益。

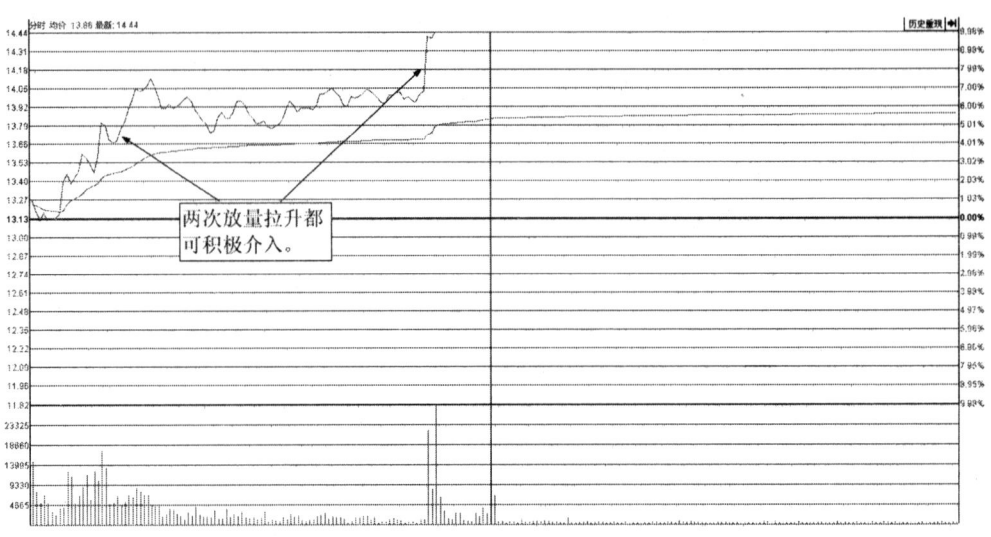

图2-20：航天通信（600677）分时图

2. 华星创业（300025）

（1）5日均量线上穿分析

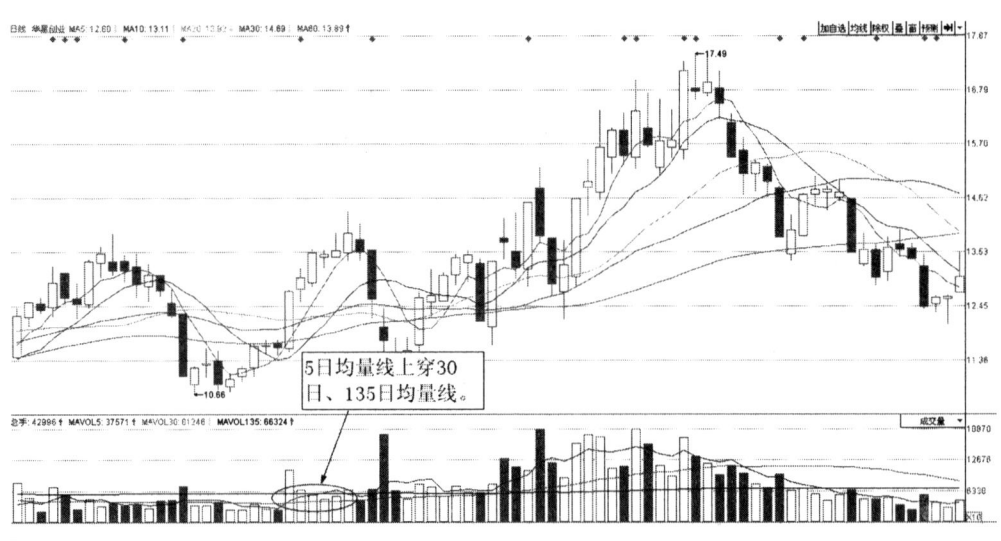

图2-21：华星创业（300025）日K线图

如图2-21所示，在华星创业（300025）日K线图中，该股股价在经过了前期的回调之后开始进入了爬升阶段。观察该股成交量指标的均量线，2014年1月17日，5日均量线上穿30日均量线；之后1月22日又上穿135日均量线，形成了第一次"黄金交叉"。投资者在第一次"黄金交叉"之后应密切关注股价的后期走势，

再结合其他指标寻找合理的介入时机。

（2）30日均量线上穿分析

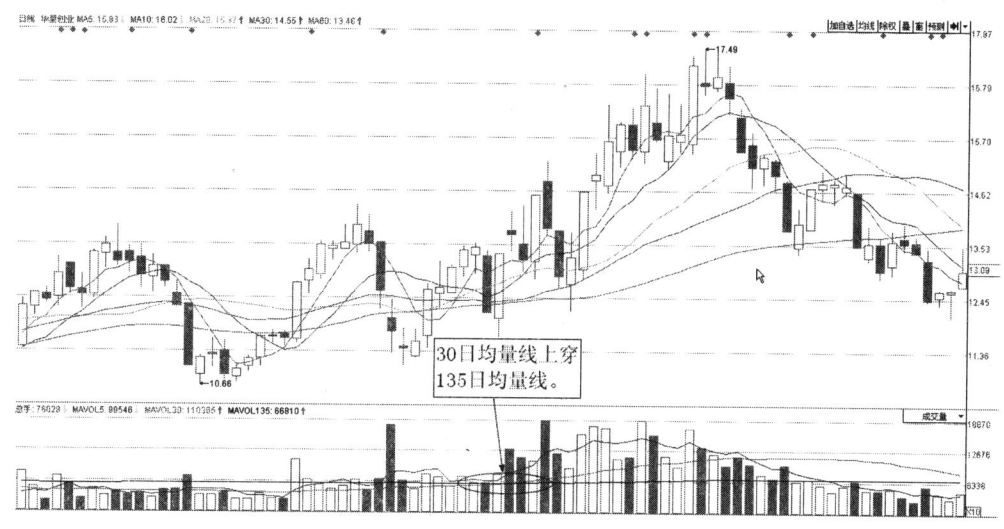

图2-22：华星创业（300025）日K线图

如图2-22所示，在华星创业（300025）日K线图中，股价在小幅上涨之后出现了急速的下跌，但当日K线走出"十字星"之后，股价又进入上升行情，可见这一回调可能是主力有意为之，为后市拉升股价创造条件。2014年3月26日，其30日均量线上穿135日均量线，形成了第二次"黄金交叉"。同时，其当日量能也出现有效放大并且上穿三条均量线，为股价的上涨提供了有力的支撑，投资者此时可积极追涨，以期获得短期收益。

（3）买入时点分析

如图2-23所示，在华星创业（300025）分时图中，该股股价小幅低开后，便开始向上爬升。同时，其成交量也出现了放大。之后股价便进入了小幅的回调。此时，因为股价表现并不强势，所以投资者很难作出判断并买入股票。经过小幅的回调，股价又重拾升势，并且出现急剧拉升状况，伴随成交量的有效放大，最终上封涨停板。根据均量线两次金叉所得出的买点，投资者在此时应迅速跟进获取筹码，如此才能获得追涨收益。

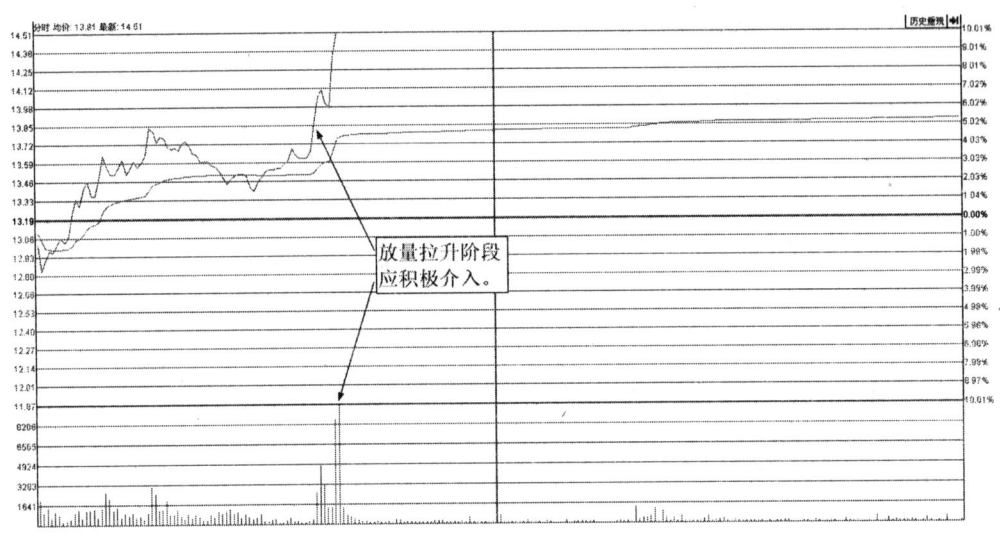

图2-23：华星创业（300025）分时图

由此观之，均量线二次金叉擒杀涨停需要投资者结合成交量和股价的变化，并时刻关注三条均量线所形成的形态，以此来谨慎分析、研判行情，做出有益于自己的操作。

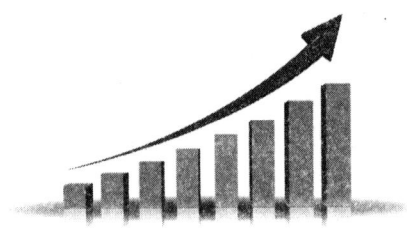

第五节　量比先抑后扬擒杀涨停

我们在前文中多次讲到，成交量对于股市操作的作用不可小觑，在不同的追涨技法中，多多少少都会提到成交量在中间所起的作用。那么，本节则从量比说起，讲述量比先抑后扬抓涨停的技巧。

量比在观察成交量方面，是非常有效的工具。它将某只股票在某个时点上的成交量与某一时期的成交量平均值进行比较，排除了股本差异所造成的影响，是投资者发现成交量异动的重要指标。在时间参数上，一般多使用10日平均量，但也有使用5日平均量的。在市场处于活跃的情况下，宜用较短期的时间参数，而在市场处于熊市或调整阶段时宜用较长的时间参数。

量比是指当天成交总手数与近期成交手数平均的比值，是衡量相对成交量的指标。它是指股市开市后平均每分钟的成交量与过去5个交易日平均每分钟成交量之比。其计算公式为：

量比=现成交总手÷[过去5个交易日平均每分钟成交量×当日累计开市时间（分）]

量比数值的不同，往往对交易有不同的指导含义，一般情况下有如下含义。

量比为0.8~1.5倍，则说明成交量处于正常水平。量比在1.5~2.5倍，则为温和放量，如果股价也处于缓升状态，则涨势相对健康，可继续持股；若股价处于下跌状态，则可判断跌势难以在短期内结束，投资者可考虑暂时离场。量比在2.5~5倍，则为明显放量，若股价相应地突破重要支撑或阻力位置，则突破有效的概率很高，投资者可进行相应操作。量比达5~10倍，则为剧烈放量，如果是在个股处于长期低位出现剧烈放量突破时，后市涨势的空间巨大。但是，如果是在个股已有巨大涨幅的情况下出现如此剧烈的放量，投资者应高度警惕。量比达到10倍以上，一般可以考虑反向操作。在涨势中出现这种情形，说明见顶的可能性较强，即使不是彻底反转，至少涨势会休整相当长一段时间。在股价阴跌的后期，突然出现巨大量比，说明该股在目前位置彻底释放了下跌动能。量比在0.5倍以下的缩量情形也需要投资者好好关注，严重缩量不仅显示了交易的不活跃，同时也暗藏着一定的市场机会。缩量创新高的股票多数是长庄股，庄家控盘程度相当高，而且可以排除拉高出货的可能。缩量调整的股票，特别是放量突破某个重要阻力位之后缩量回调的个股，常常是市场上的买入对象。涨停板时量比在1倍以下的股票，上涨空间无可限量，第二天开盘即封涨停的可能性极高。在跌停板的情况下，量比越小则说明杀跌动能未能得到有效释放，后市仍有巨大的下行空间。当量比大于1时，说明当日每分钟的平均成交量大于过去5日的平均值，交易比过去5日活跃；当量比小于1时，说明当日成交量小于过去5日的平均值。

一、形态特征

在实际交易中，"量比先抑后扬"形态一般表现为当个股经过长期的横盘整理之后，量比变小，股价也会走低。若在这个过程中，量比突然扩大，股价也迅速拉升，则意味着股价后市将会出现一波上涨行情。

其有以下操作要点：

个股在经过长时间的横盘整理，其量能配合合理，即量价关系呈现出量增价升，量减价跌的走势。在横盘整理的尾端，主力运用缩量洗盘的方法，使股价出现下跌。经过一段时间的下跌之后，股价企稳拉升，量比也急剧扩大，出现量增价涨的态势。当股价上涨到横盘整理一线时，往往会被大幅拉升，此时，个股的涨停板常常会出现在股价的上涨过程中。

二、案例分析

下面，跟随笔者一起来看几个实例，通过案例对"量比先抑后扬"形态捕捉涨停形成直观认识。

1. 和顺电气（300141）

（1）横盘整理分析

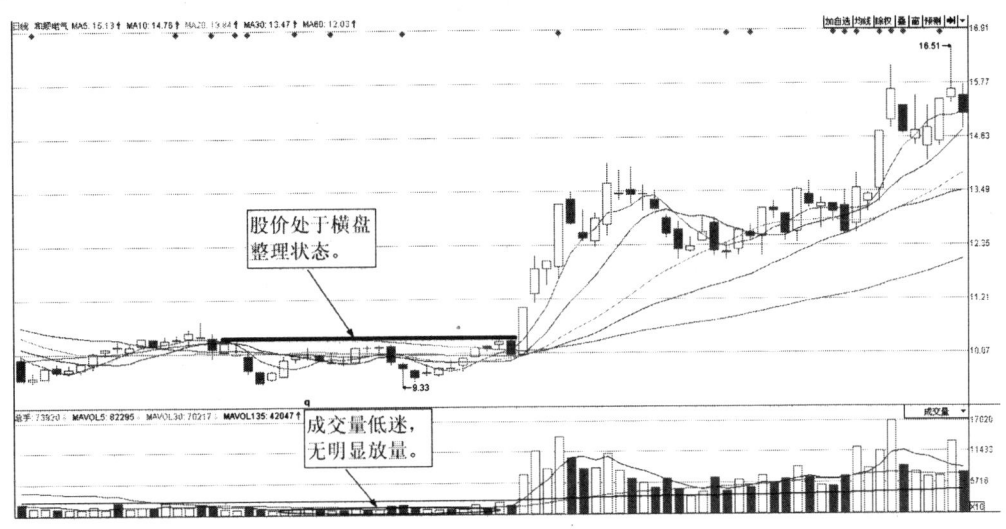

图2-24：和顺电气（300141）日K线图

如图2-24所示，在和顺电气（300141）日K线图中，该股前期走势一直处于横盘整理的态势，股价在一定的幅度内上下波动。观察该股的成交量指标，其成交量基本上处于"地量"状态，并未出现有效放大。这一形态表明该股的交投比较平淡，市场人气并不旺盛，对该股的后市走势并不看好。投资者在遇到此类个股时，应留心观察其成交量的变化，以免错过最佳的买入时机。

（2）量比分析

如图2-25所示，在和顺电气（300141）日K线图中，该股股价在经过前期的盘整之后，出现了小幅的下跌并且创出了新的低点。之后，股价并未延续前期的走势，而是开始企稳反弹。可见，此处是主力控盘有意为之，为后期拉升股价创造条件。在横盘整理位时，股价冲破多条均线并走出了涨停阳线。同时，成交量也出现了有效放大，量比不断扩大，形成了"量比先抑后扬"形态。投资者若在此时积极介入，可以获得不错的追涨收益。

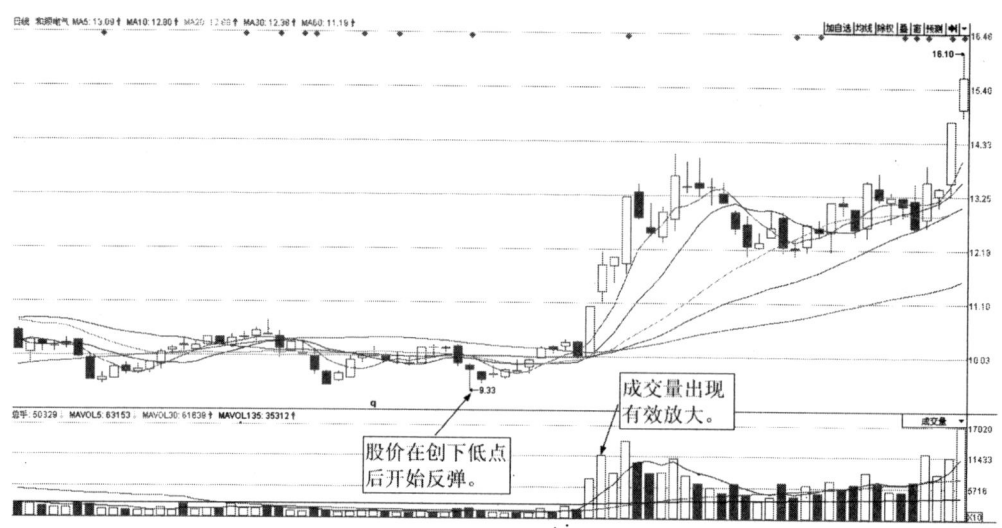

图2-25：和顺电气（300141）日K线图

（3）买入时点分析

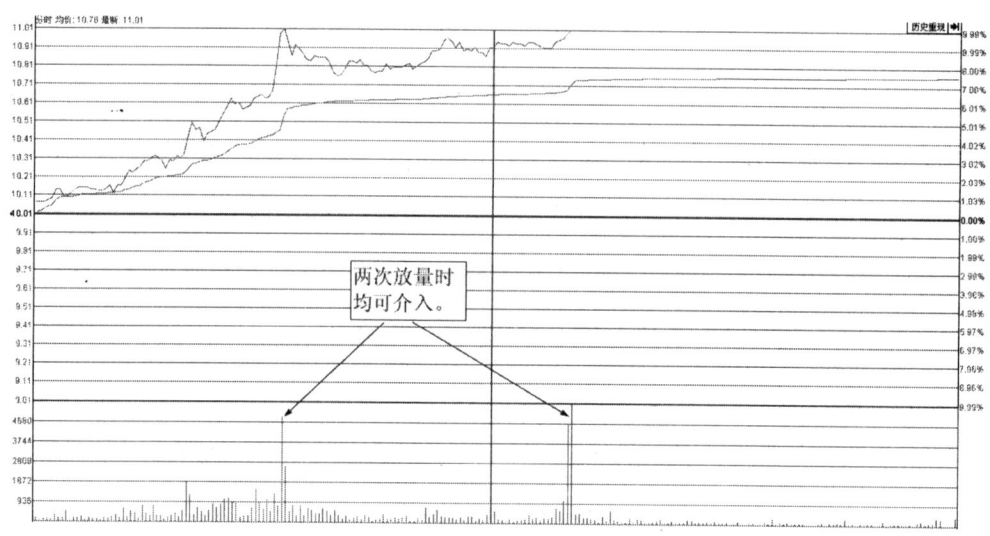

图2-26：和顺电气（300141）分时图

　　如图2-26所示，在和顺电气（300141）分时图中，该股股价小幅高开之后，开始进入向上爬升的阶段。同时，在股价向上爬升的过程中，其成交量也逐步放大，呈现出量增价涨的态势。投资者根据股价前期所形成的"量比先抑后扬"形态，在股价爬升的过程中可以积极介入，获取追涨的筹码。在股价横盘之后的第二次拉升过程中，投资者也可介入，待股价在下一交易日冲高后卖出股票以获取

短期的追涨收益。

2. 中颖电子（300327）

（1）横盘整理分析

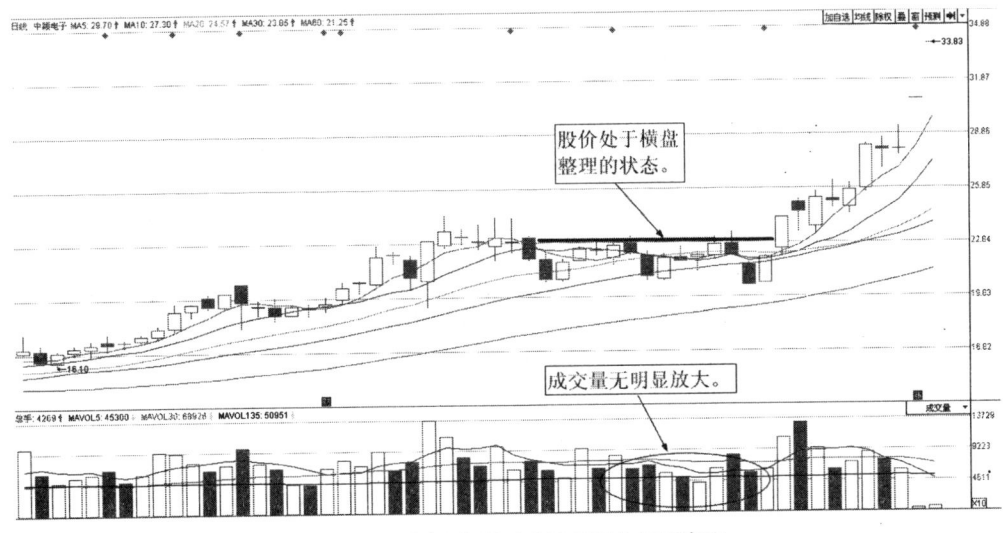

图2-27：中颖电子（300327）日K线图

如图2-27所示，在中颖电子（300327）日K线图中，该股股价经过前期的向上爬升之后，开始进入横盘整理阶段。同时，其成交量也开始出现逐渐萎缩的走势，量比也开始缩小。这一走势表明，该股的交投态势由活跃逐渐转向平淡。投资者在个股出现横盘整理走势时，可暂时离场，等到"量比先抑后扬"形态确认之后，再寻找合理时机介入追涨。

（2）量比分析

如图2-28所示，在中颖电子（300327）日K线图中，该股股价在横盘整理的过程中创下新的低点，之后股价没有延续之前的跌势，下一个交易日出现的光头光脚阳线使股价逐渐企稳。同时，该股的成交量也出现有效放大，量比逐步扩大，形成了"量比先抑后扬"形态。股价在突破横盘整理位后开始加速上涨，成功站上了5日均线。投资者可在此处积极介入，追击个股的涨停板，在股价形成一定利润空间后再卖出筹码获取利润。

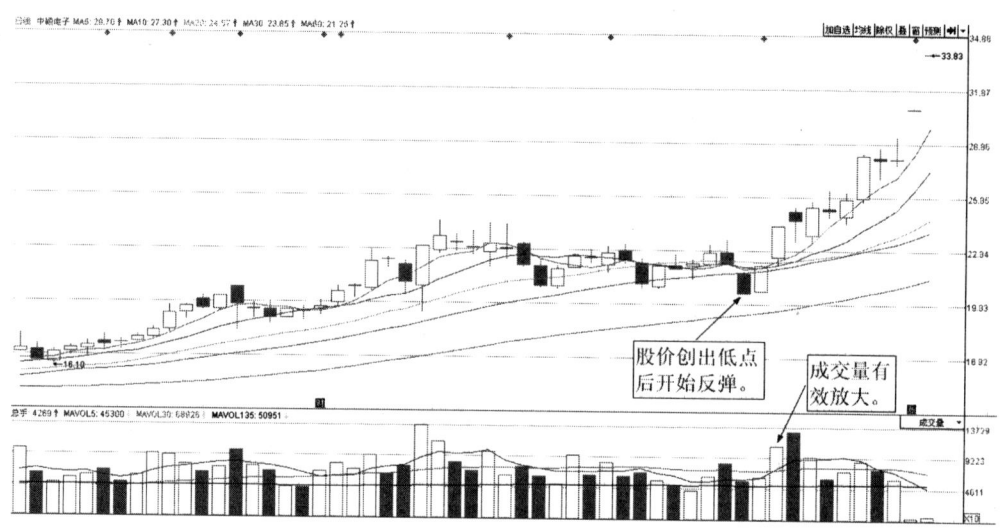

图2-28：中颖电子（300327）日K线图

（3）买入时点分析

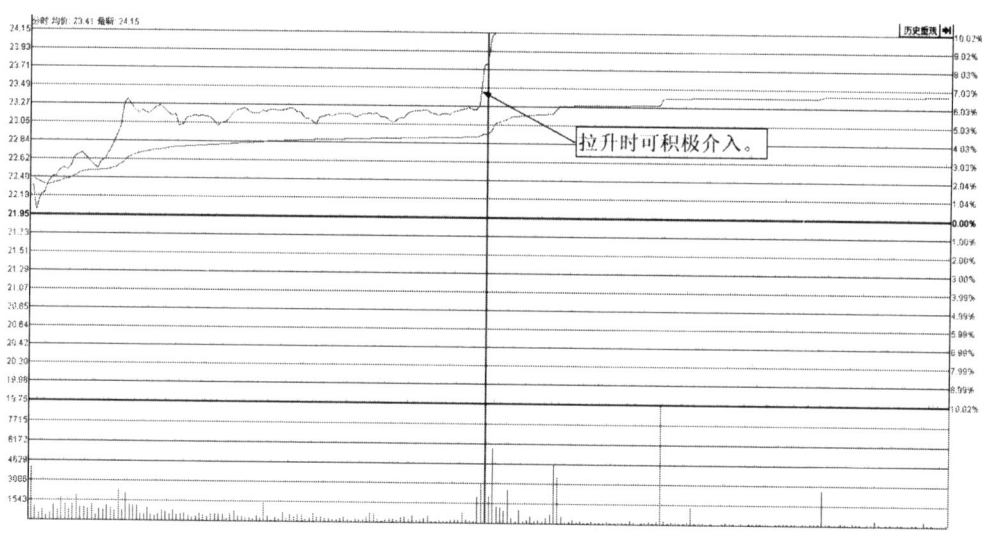

图2-29：中颖电子（300327）分时图

如图2-29所示，在中颖电子（300327）分时图中，该股股价小幅高开之后，开始向上拉升。之后，股价并没有一鼓作气直接拉升到涨停位，而是开始进入横盘整理阶段。由于个股所形成的"量比先抑后扬"形态已表明可以适时介入，投资者可在股价横盘整理阶段买入股票。同时，投资者也可在股价第二次拉升时买入股票，在股价冲高后再卖出筹码，获取短期追涨收益。

　　因此，最佳的追涨时机是当个股完成初涨期并调整回落，重新确认原来的底部过程后，投资者再选择时机积极介入，积极把握追涨的机会。在实战中，投资者需要掌握这种量比形态，一旦发现其具有"量比先抑后扬"形态，就应该抓住机会介入，积极捕捉涨停。

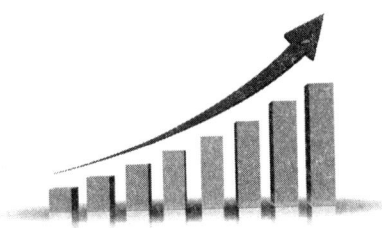

第三章

经典技术指标擒杀涨停技法

在日常生活中，我们进行身体健康检查时，总是选取身高、体重、视力、肺活量等等一系列指标来验证一个阶段身体是否出现异常。这些元素是检验我们的身体健康与否的重要指标，任何一项都可以代表我们身体的某个部位，或者整个身体的健康状况。因此，有了这些指标，就可以快速且比较准确地获知我们的身体状况。它们是一种信号，而在股市中，我们也可以通过不同的指标来帮助我们进行实战操作。

在股市投资中，技术指标是短线投资者经常使用的一类投资工具。其主要作用有两点：1. 通过分析技术指标可以在走势形态没有明显反转时，就提前发出反转的信号。2. 在依据形态理论判断走势反转或者持续时，技术指标可以起到印证的作用。

技术指标按原理不同可分为MACD、RSI、KDJ等数十个指标，每一种指标都有其独到的地方。投资者在研究追击涨停板的技法时也可借鉴使用技术指标提前发出的反转信号来提前布局，使投资者在捕捉涨停的战役中游刃有余。

第一节 经典技术指标全解析

做任何一件事都是从简单到复杂，这是一个循序渐进的过程。"不积跬步，无以至千里"，因此，要想取得满意的成果，必须一步一步夯实基础，只有把脚下的路走好，以后的路才可能是一马平川。股市操作中更是如此，在利用技术指标捕捉涨停时，我们首先要对各种技术指标有所了解，然后灵活运用它们擒杀涨停。

在股票市场中，技术指标泛指一切通过数学公式计算得出的股票数据集合。该类指标要考虑股票市场行为的各个方面，然后建立一个数学模型，给出数学上的计算公式，得到一个体现股票市场的某个方面内在实质的数字。这个数值就叫指标值。指标值的具体数值和相互间的关系,将会反映股市此刻所处的状态，为投资者的实战操作行为提供指导方向。同时，技术指标所反映的信息大多是投资者无法从行情报表中获取的信息。

技术指标分析方法，其实质是依据一定的数理统计方法，运用一些复杂的计算公式来判断股价走势的量化分析方法。由于用技术指标分析股价走势往往需要一定的电脑软件作为支持，所以对于个人投资者而言，只需掌握几类比较常用，较为经典的技术方法即可。

下面，笔者就对几种经典技术指标进行介绍。

1.换手率指标解析

"换手率"也称"周转率"，指在一定时间内市场中股票转手买卖的频率，是反映股票流通性强弱的指标之一。

一般情况下，市场上的个股每日换手率在1%～2.5%（不包括新上市的股票）。大约70%的个股换手率在3%以下，若一只股票的换手率在3%～7%之间时，表明该股交易处于相对活跃的状态。若个股的换手率在7%～10%之间时，则

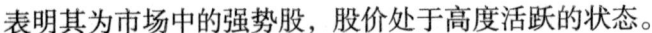

表明其为市场中的强势股，股价处于高度活跃的状态。

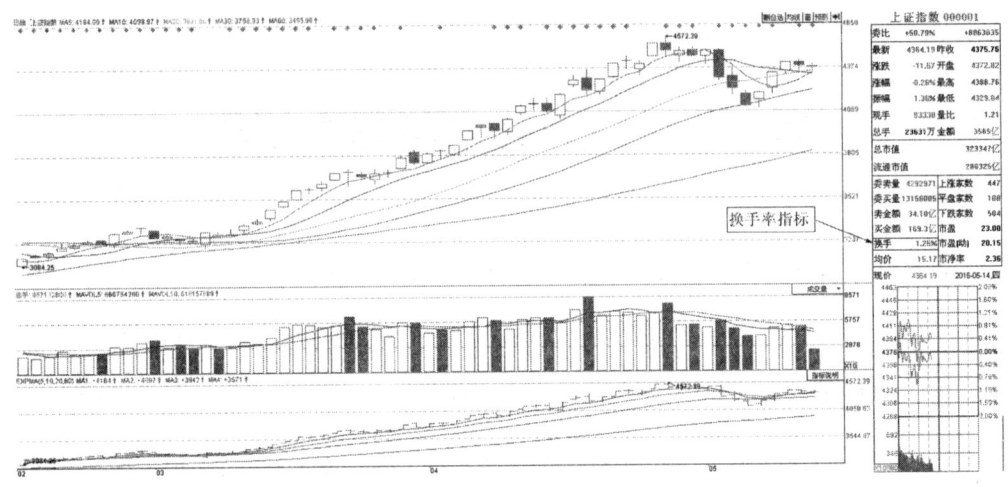

图3-1：换手率指标

若个股的换手率在10%～15%之间，或超过15%时，则表明该股可能有庄家介入，投资者应密切关注此类个股，其有可能就是市场中的下一只"黑马"，此时，投资者应把握时机，捕捉"黑马"股。

2.动向指标解析

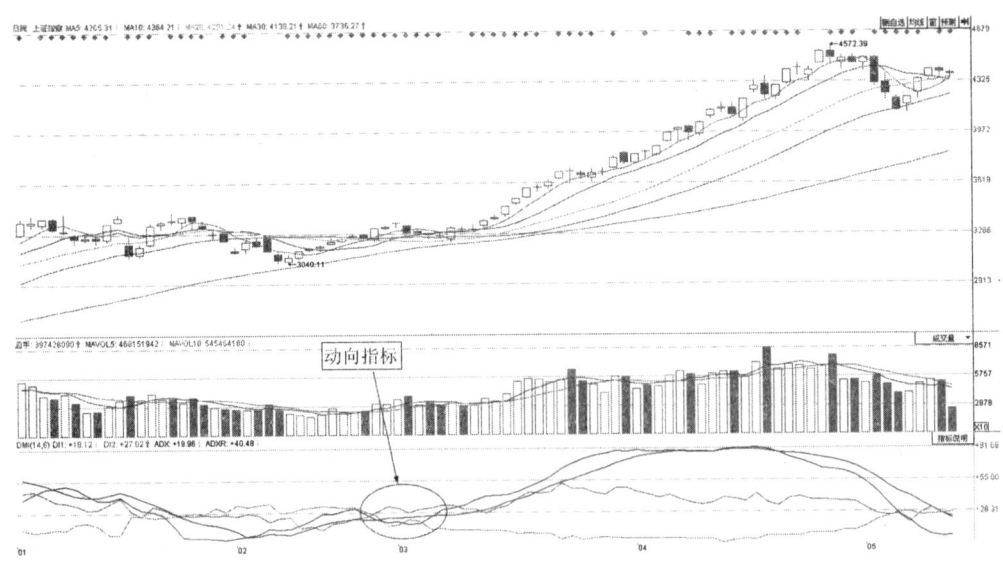

图3-2：动向指标

动向指标（DMI）又叫趋向指标，是由美国技术分析大师威尔斯·威尔德

（Wells Wilder）所创造的，其是通过分析个股价格在涨跌过程中买卖双方力量均衡点的变化情况，即多空双方的力量的变化受价格波动的影响而发生由均衡到失衡的循环过程，从而为投资者提供对股价趋势判断依据的一种技术指标。

动向指标的基本原理是在寻找股票价格涨跌过程中，股价借以创新高价或新低价的功能，研判多空力量，进而寻求买卖双方的均衡点及股价在双方互动下波动的循环过程。动向指标把每日的高低波动的幅度因素计算在内，从而更加准确地反映行情的走势及更好地预测行情未来的发展方向。

3.乖离率指标解析

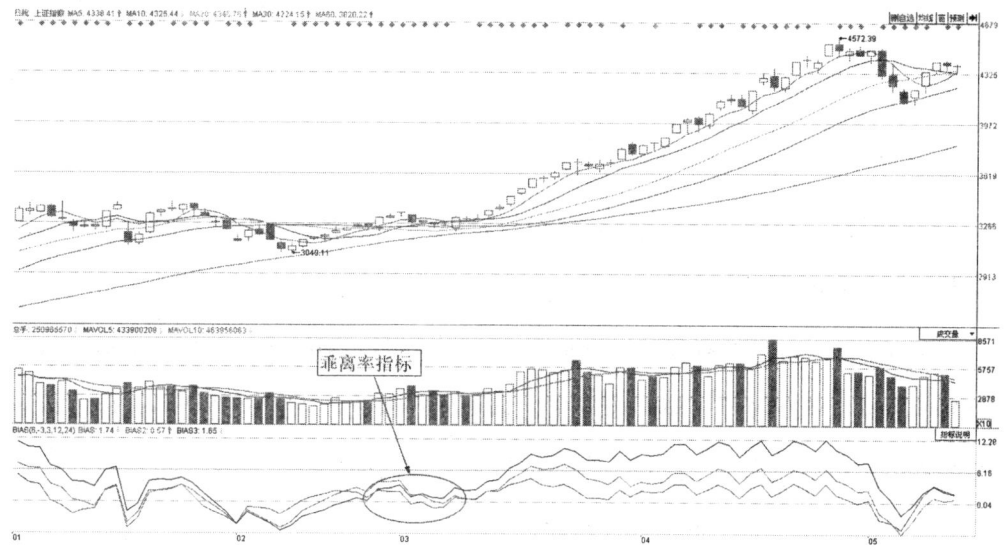

图3-3：乖离率指标

乖离率指标（BIAS），是测量股价偏离均线大小程度的指标。当股价偏离市场平均成本太大时，就会有一个回归的过程，即所谓的"物极必反"。

乖离率指标通过百分比的形式来表示股价与平均移动线之间的差距。如果股价在均线之上，则为正值；如果股价在均线之下，则为负值。它是一种简单而又有效的分析工具，但在使用过程中，基期的选择十分重要。因为如果基期太短，其对偏离程度的反应过于敏感；如果基期太长，其对偏离程度的反应又过于迟钝。

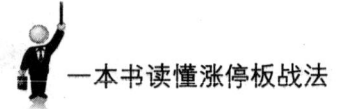

4.多空指标解析

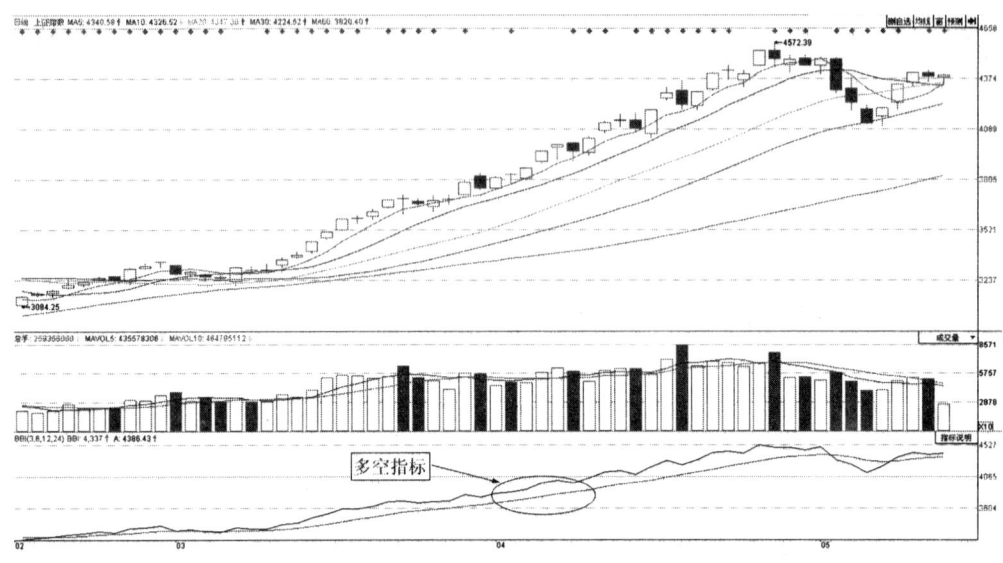

图3-4：多空指标

　　多空指标（BBI），是一种将不同日数移动平均线加权平均之后的综合指标，属于均线型指标。

　　多空指标本身是针对普通移动平均线MA指标的一种改进，它是通过将几条不同天数的移动平均线用加权平均方法计算出的一条移动平均线的综合指标。投资者在使用移动平均线时，往往对参数值选择有不同的偏好，而多空指标恰好解决了中短期移动平均线的期间长短合理性问题。

5.随机指标解析

　　随机指标（KDJ），是一种相当新颖、实用的技术分析指标，它最先用于期货市场的分析，后被广泛用于股市的中短期趋势分析，是期货和股票市场上最常用的技术分析工具之一。

　　随机指标是以最高价、最低价及收盘价为基本数据进行计算，得出的K值、D值和J值分别在指标的坐标上形成的一个点，连接无数个这样的点位，就形成一个完整的、能反映价格波动趋势的KDJ指标。其主要是利用价格波动的真实波幅来反映价格走势的强弱和超买超卖现象，在价格尚未上升或下降之前发出买卖信号

的一种技术工具。它在设计过程中主要是研究最高价、最低价和收盘价之间的关系，同时也融合了动量观念、强弱指标和移动平均线的一些优点，因此，能够比较迅速、快捷、直观地研判行情。

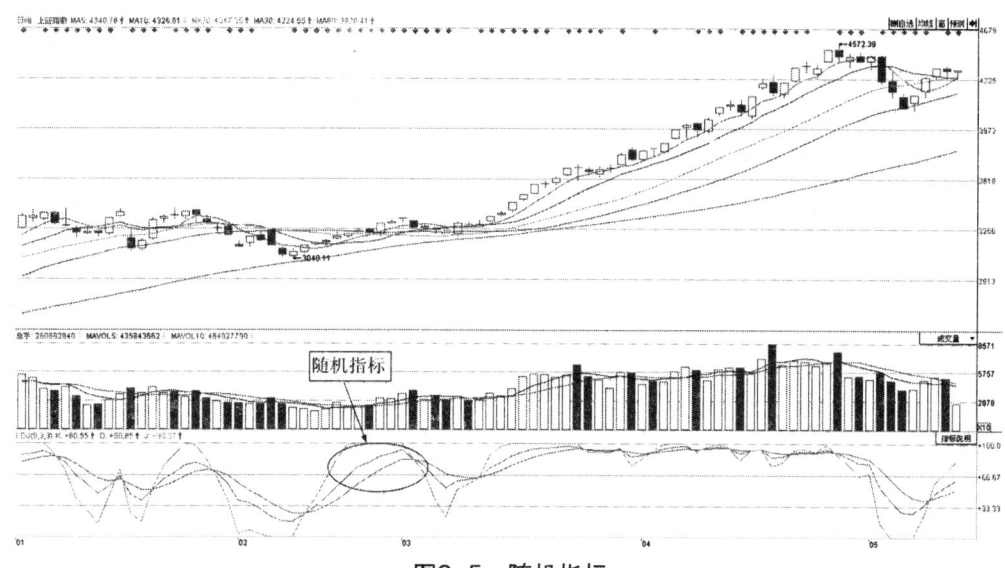

图3-5：随机指标

6.布林线指标解析

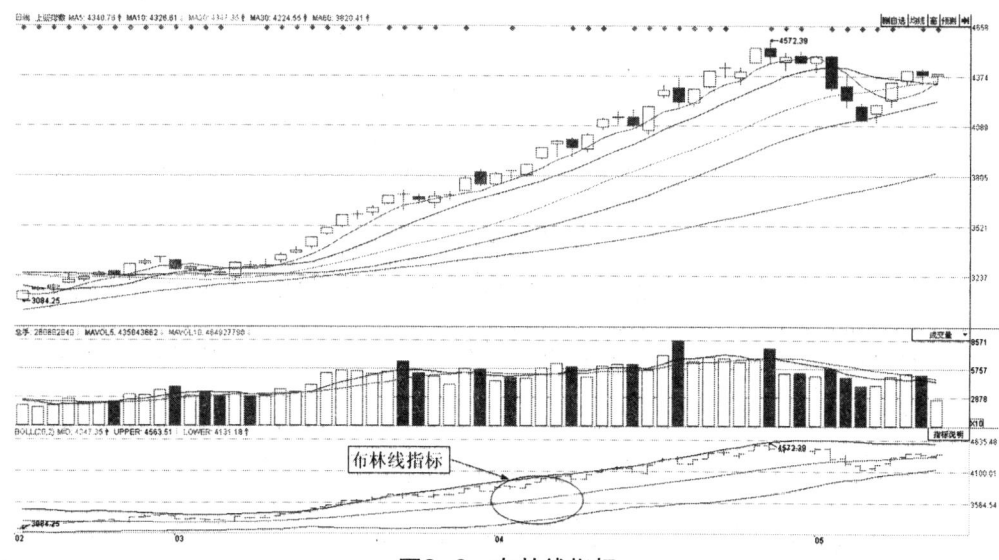

图3-6：布林线指标

布林线指标（BOLL），是由约翰·布林先生创造的一种技术分析指标，他利用统计学原理求出股价的标准差及其信赖区间，从而确定股价的波动范围及未来

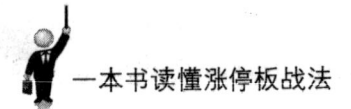

走势，利用波带显示股价的安全高低价位，因而也被称为布林带。其上下限范围一般不固定，会随股价的滚动而产生变化。

布林线指标和麦克指标一样同属路径指标，股价波动在上限和下限的区间之内。这条带状区的宽窄，会随着股价波动幅度的大小而变化。股价涨跌幅度加大时，带状区变宽；涨跌幅度狭小盘整时，带状区则变窄。

7. 指数平滑异同平均线指标解析

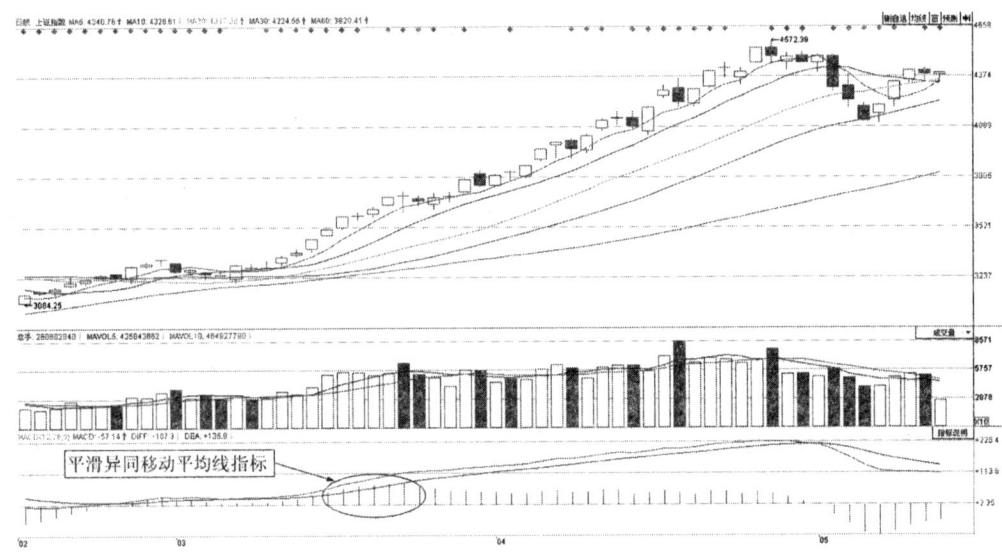

图3-7：指数平滑异同平均线指标

指数平滑异同平均线（MACD），是从双指数移动平均线发展而来的，由快的指数移动平均线（EMA）减去慢的指数移动平均线。

指数平滑异同平均线的意义和双移动平均线基本相同，但阅读起来更加方便。当MACD从负数转向正数，是买入的信号。当MACD从正数转向负数，是卖出的信号。当MACD以大角度变化，表示快的移动平均线和慢的移动平均线的差距非常迅速地拉开，代表了一个市场大趋势的转变。

以上便是几种较经典，也是常用的技术指标，对于一些常见的技术指标，投资者应熟练掌握。尽管技术指标会出现背离现象，但它在行情分析中还是起着不可替代的作用。同样，在实际追击涨停的过程中，需要用它来指导我们进行操作。

第二节 动向指标（DMI）捕捉涨停

DMI指标又叫动向指标或趋向指标，其全称叫"Directional Movement Index"，简称DMI，是由美国技术分析大师威尔斯·威尔德（WellsWilder）所创造的。DMI指标又叫移动方向指数或趋向指数。其基本原理是通过分析股票价格在上升及下跌过程中供需关系的均衡点，即供需关系受价格变动的影响而发生由均衡到失衡的循环过程，从而提供对行情判断的依据。

投资者在实际投资过程中，可以利用动向指标（DMI）把握个股和大盘的未来走势以提高追涨的成功率。在追涨的过程中，该指标能有效地将市场供求关系和股价波动结合起来，使投资者更清楚未来的投资方向，明确投资思路。若投资者能熟练地掌握动向指标，将其应用到实际交易过程的分析中，就能很好地把握指数和个股的未来趋势，为追击涨停板奠定良好的基础。

本节笔者就带大家来从其最基本的原理开始，了解何为动向指标（DMI）。

一、直击动向指标（DMI）

1.基本原理

动向指标是通过分析股票价格在涨跌过程中买卖双方力量均衡点的变化情况，即多空双方的力量的变化受价格波动的影响而发生由均衡到失衡的循环过程，从而为投资者提供对趋势判断依据的一种技术指标。

其基本原理是，市场存在使股价上升的买方力量，也存在令股价下跌的卖方力量。买方力量用正向指标(+DM)来衡量，卖方力量用负向指标（−DI）来衡量，将这两者与股价实际变动幅度TR(True Range)分别进行比较，就可以得出究竟哪种力量占有优势，进而判定出后期的市场走向。

动向指标由三条线构成：上升指标线、下降指标线和平均动向指标线。

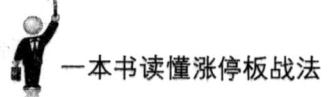

2. 分析要领

（1）DI上升下降的幅度均在0到100之间。+DI值放大并趋近100，股指后市可能会继续上升，表明多方实力较强；-DI值放大并趋近100，股指后市会继续下跌，表明空方实力较强。如果+DI值变小并趋近0，反映了多方实力减弱，后市股指止升；如果-DI值变小并趋于0，反映了空方实力减弱，后市股指止跌。

一般情况下，投资者可根据+DI、-DI的变化趋向，判断多空双方实力，择机而动。投资者一定要注意+DI值与-DI值在反映多空双方实力时所处的变化范围，以便更准确地研判后市走势。

（2）相对强弱分析。如果+DI大于-DI，表现在图形上则为+DI线从下向上穿破-DI线，显示出市场中多方力量增强，股价有可能走高；如果-DI大于+DI，表现在图形上则为-DI线从下向上穿破+DI线，显示出市场中空方力量增强，股价有可能走低；如果+DI和-DI线交叉且幅度不宽时，表明股价或进入盘整状态。

以上说明的+DI线与-DI线走向是很好地判断个股和大盘行情相对强弱的形象指标，在实际操作中，如果投资者能将其与其他指标结合使用，判断效果会更加良好。

3. 具体运用

（1）当ADX在+DI、-DI下方，特别是其值在20以下，表明市场处于无趋势之中；若ADX脱离20左右区间扬头向上，则表明一轮升势（或跌势）的开始；若ADX在+DI、-DI的上方，特别是其值在50以上，此时掉头向下，表明市场原有的趋势将发生改变（或逆转）。

ADX是判定市场趋势最重要的技术指标之一。若该指标显示市场趋势确立，则投资者可以顺应趋势进行交易，即市场处于爬升过程中，可依据其他买入信号积极介入。

（2）若+DI上穿-DI，则表明股价上涨动能不断增强，为投资者的买入信号；若-DI上穿+DI时，则表明股价下跌动能不断增强，为投资者的卖出信号。

在应用这条规则时，投资者需要注意两点：

第一，+DI和-DI交叉所产生的买卖信号要晚于其他指标发出的买卖信号。

第二，在无趋势的情况下，+DI、-DI可能会不断交叉。但这种交叉是没有任何投资指导意义的。只有在市场趋势明确的情况下，这种交叉才有实际意义。

由于+DI和-DI交叉所产生的买卖信号比其他指标发出的买卖信号要晚，所以要结合其他指标，对该指标发出的买卖信号进行提前确认，以便更准确地进行研判，达到预期目的。

动向指标对于追击涨停板的操作有着极其重要的指导意义，投资者如果能熟练地掌握以上关于动向指标的规则，那么，在做好趋势预判的同时，也可以轻松地提高追涨的成功率。

二、案例分析

前文我们详细介绍了动态指标（DMI）的基本原理，接下来，我们通过几个实例来具体分析其中的操作原理。

1.安居宝（300155）

（1）指标分析

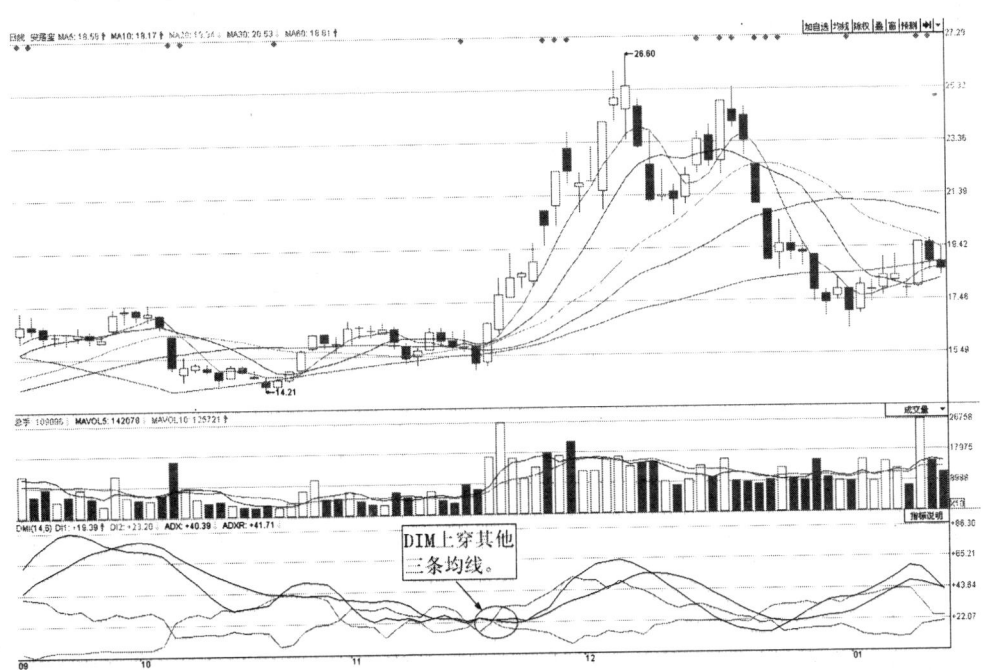

图3-8：安居宝（300155）日K线图

如图3-8所示，在安居宝（300155）日K线图中，该股股价前期一直处于横盘整理的过程中，动向指标（DMI）的各条线也呈现出相互缠绕的状态。+DI线虽然上下穿梭于各线之间，但股价并没有明确的趋势，所以也没有实际指导意义。之后，动向指标的DI1线上穿三条线，预示着股价向上将有所突破。同时，当日该股股价走出一根大阳线，结束了之前的横盘走势并带动股价冲高涨停。

（2）量能配合分析

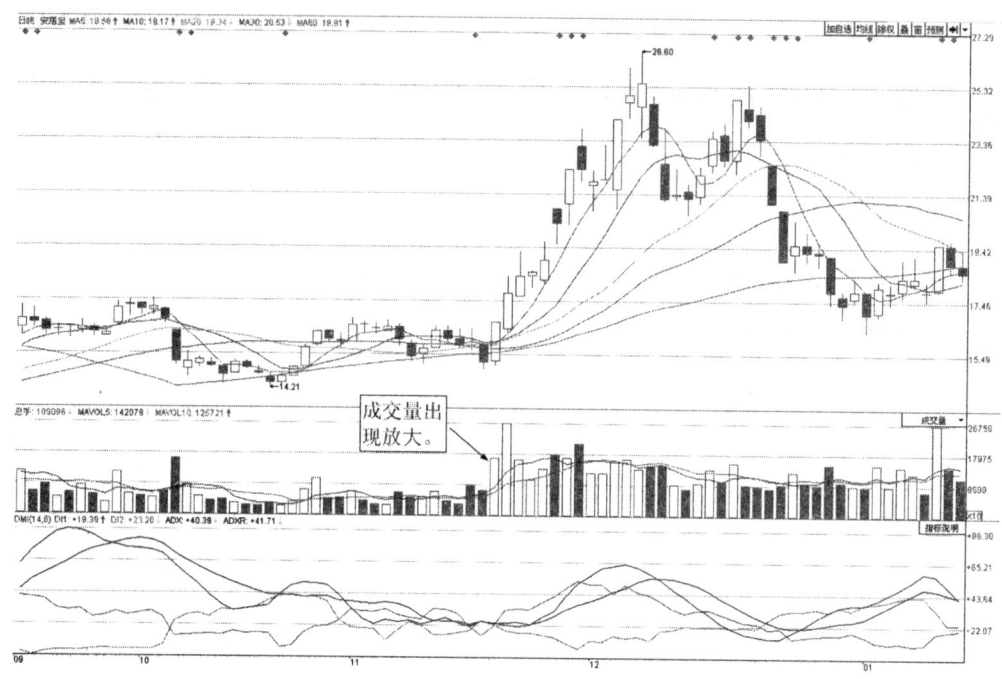

图3-9：安居宝（300155）日K线图

如图3-9所示，在安居宝（300155）日K线图中，在动向指标（DMI）的DI1线强力上穿其他三条线时，该股的成交量也呈现出有效放大的状态，其量能大约是上一个交易日的两倍，由此可以更加确定该股股价当日强势上涨的态势。投资者在使用动向指标时可以配合其他技术指标对预判的趋势加以确认，若其他指标也呈现多头趋势，在此情况下可积极买入追涨。

（3）分时买入分析

如图3-10所示，在安居宝（300155）分时图中，股价开盘后一直处于横盘

整理的态势，并没有特别良好的表现。在午盘时，股价才开始进入缓慢的爬升阶段。若动向指标（DMI）的买入信号可以确定，同时该股成交量也有效放大，则投资者可以利用分时图中这一爬升阶段积极买入以获得筹码。在股价下一个交易日冲高后，投资者可反手做空，从而获得短期收益。

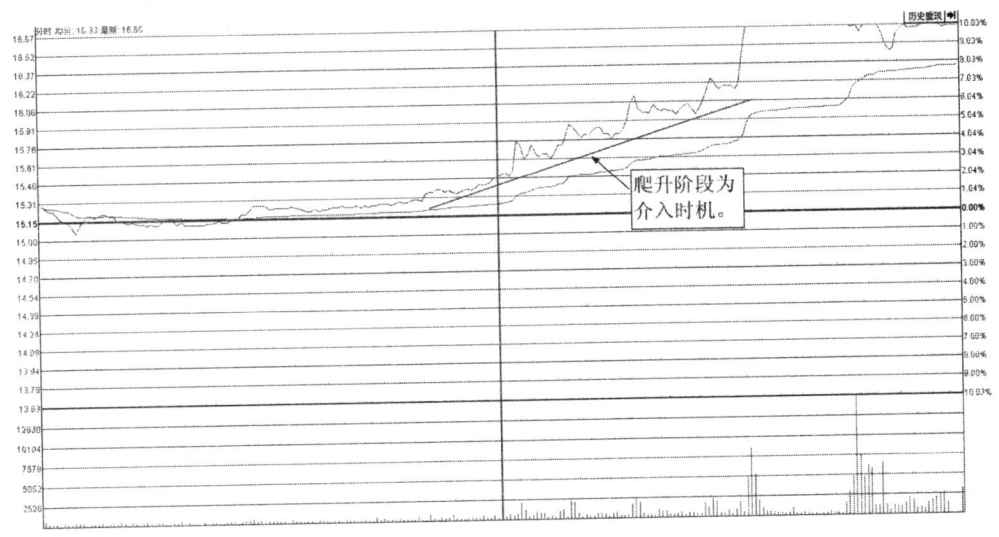

爬升阶段为介入时机。

图3-10：安居宝（300155）分时图

2. 锐奇股份（300126）

（1）指标分析

如图3-11所示，在锐奇股份（300126）日K线图中，该股股价在经过前期的回调之后，开始进入盘整阶段。在动向指标（DMI）中，DI1线强力上穿其他三条线，结束了各条线之间相互缠绕的状态，由此可以得出股价将结束横盘整理阶段，进入新一轮的向上爬升时期。当日，股价走出一根大阳线，收复了前期回调的所有区域，表明股价后市上行的动力十足，此种行情出现，投资者可积极参与，买入股票。

图3-11：锐奇股份（300126）日K线图

（2）量能配合分析

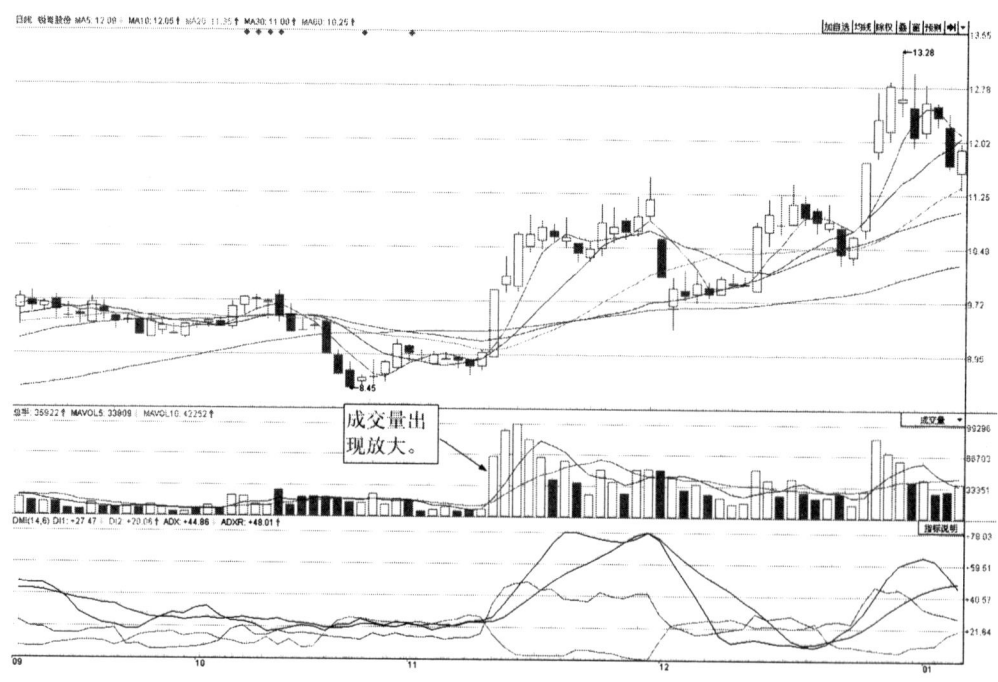

图3-12：锐奇股份（300126）日K线图

如图3-12所示，在锐奇股份（300126）日K线图中，该股动向指标（DMI）的DI1线强力上穿其他三条线的同时，其成交量也出现有效放大，几乎是前几个交易日的总和。表明市场对该股的后期走势多持有积极的预期，做多意愿强烈。成交量的放大，也确认了动向指标的买入信号。在这种情况下，投资者可以积极寻找有利的买点，以期后市能获得追涨收益。

（3）分时买入分析

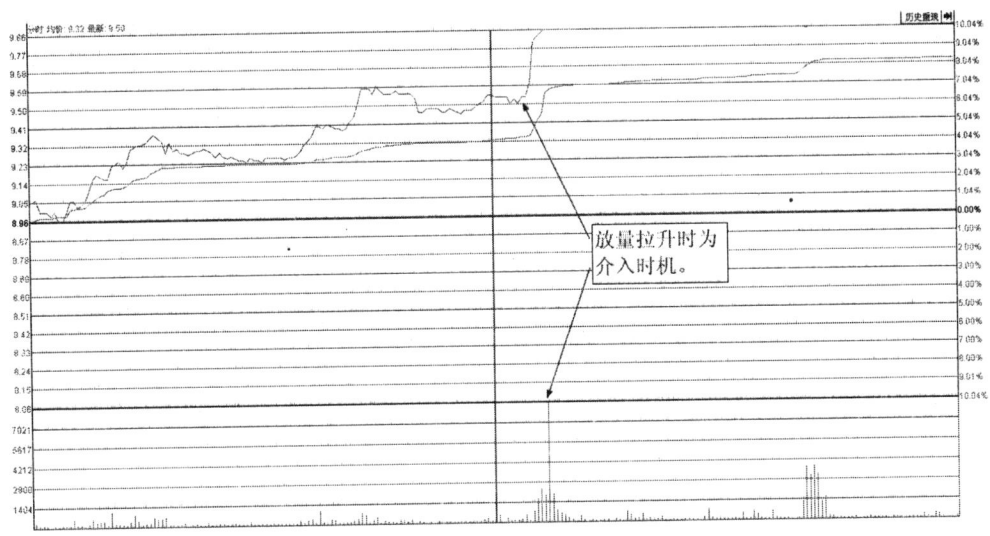

图3-13：锐奇股份（300126）分时图

如图3-13所示，在锐奇股份（300126）分时图中，股价开盘后经历了三个阶段的拉升过程。在这三个过程中，股价线一直运行在平均价格线上，显示出股价强势上行的状态。动向指标（DMI）的买入信号确定时，投资者可利用分时图积极寻找买点。其中，股价午盘的拉升阶段伴随了成交量的持续放大，投资者在这时应果断介入，追涨成功后，便可获得短期收益。

在本节的论述中我们讲到，DMI指标由四条线构成，它们分别是+DI、-DI、ADX、ADXR，当+DI从下向上运行突破-DI时，显示多方力量增加，为一般性买进信号；当而-DI从下向上运行突破+DI时，显示空方力量增加，为一般性卖出信号。

正确且高效地使用动向指标（DMI）是把依据±DI数值通过公式计算出的平

均线ADX、ADXR与+DI、–DI结合起来使用，如此才能快速且有效地捕捉涨停。这就是我们在本节中重点提到的具体操作方法，希望读者朋友们仔细分析，在实战中加以灵活运用。

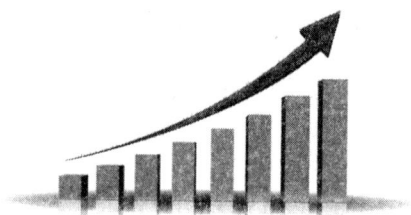

第三节　随机指标（KDJ）捕捉涨停

在基本的技术指标里，存在这样一种指标，其反应比较敏感快速，它就是KDJ指标。KDJ指标又叫随机指标，由美国的乔治·莱恩博士所创，其综合动量观念、强弱指标及移动平均线的优点，它起先用于期货市场的分析，后被广泛用于股市的中短期趋势分析，是期货和股票市场上最常用的技术分析工具之一。

随机指标（KDJ）最早是以KD指标的形式出现，而KD指标是在威廉指标的基础上发展而来的。不过KD指标只判断股票的超买超卖现象，而KDJ指标则融合了移动平均线速度上的观念，形成比较准确的买卖信号依据。在实践中，K线与D线配合J线组成KDJ指标来使用。

KDJ指标在设计过程中主要是研究最高价、最低价和收盘价之间的关系，同时也融合了动量观念、强弱指标和移动平均线的一些优点。因此，该指标能够比较迅速、快捷、直观地研判行情，是股票市场上最常用的技术分析工具之一。投资者可以利用该指标迅速、快捷、直观的特点来把握个股的中短期行情。

本节中，笔者就着重介绍随机指标（KDJ）的基本原理，并介绍如何在实战中运用这一指标。

一、直击随机指标（KDJ）

1.基本原理

随机指标（KDJ）是以最高价、最低价和收盘价为基本数据进行计算，得出的K值、D值和J值分别在指标的坐标上形成的一个点，连接无数个这样的点位，就形成一个完整的、能反映价格波动趋势的KDJ指标。

该指标主要是利用价格波动的幅度来反映价格走势的强弱以及超买超卖的现象，在价格上升或下降之前便发出买卖信号。在实践中，K线与D线配合J线组成

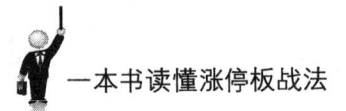

KDJ指标来使用。由于KDJ线本质上是一个随机波动的观念，故其对于掌握中短期行情走势比较准确。

2.分析要领

（1）随机指标（KDJ）的区间主要分为3小部分，即20以下、20～80之间和80以上。其中20以下的区间为超卖区；80以上的区域为超买区；20～80之间的区域为买卖平衡区。

（2）如果K、D、J值都大于50时，此时为多头市场，后市看涨；如果K、D、J值都小于50时，此时为空头市场，后市看空。

（3）随机指标（KDJ）中，J曲线运行速度最快，敏感度最高；K曲线运行速度其次，敏感度适中；D曲线运行速度最慢，敏感度也最低。

（4）当J线大于K线、K线大于D线时，即3条指标曲线呈多头排列时，表明当前市场为多头市场；当3条线呈现出"黄金交叉"时，此为买入信号。

（5）当J线小于K线、K线小于D线时，即3条指标曲线呈空头排列时，表明当前市场为空头市场；当3条线呈现出"死亡交叉"时，此为卖出信号。

（6）如果K线、D线交叉突破反复在50左右震荡，说明当前行情处在横盘整理阶段。此时要结合J值，观察K、D偏离的动态，再决定投资方向。

3.具体运用

（1）在实际操作中，一些短线投资者常用分钟指标来判断后市的买卖时机，交易规则为T+1时多用30分钟和60分钟KDJ来指导进出。其规律一般为：

①如果30分钟KDJ在20以下盘整时间较长，60分钟KDJ也将会如此，若30分钟K值上穿D值并越过20，则可能引发持续时间为2天以上的反弹行情；若日线KDJ指标也在低位发生交叉，则可能是一轮中级行情。需要注意的是K值与D值形成金叉后，其值只有K值大于D值20%以上，这种交叉才会有效。

②如果30分钟KDJ在80以上掉头向下，K线下穿D线并跌破80，而60分钟KDJ才刚刚越过20不到50，则说明行情将会出现回档，30分钟KDJ探底后，可能继续向上。

③如果30分钟和60分钟KDJ在80以上，盘整较长时间后K线同时向下交叉D线，则表明后市可能出现至少2天的下跌调整行情。

④如果30分钟KDJ跌至20以下掉头向上，而60分钟KDJ还在50以上，则要观察60分钟K线是否会有效上穿D线（K值大于D值20%），若有效则表明将开始一轮新的上升行情；若无效则表明仅是下跌过程中的反弹，反弹过后仍要继续下跌趋势。

⑤如果30分钟KDJ在50之前止跌，而60分钟KDJ才刚刚向上交叉，则说明行情可能会持续向上。

⑥30分钟或60分钟KDJ出现背离现象，也可作为研判大市顶底的依据。

⑦在市场中，30分钟KDJ可以达到90以上，而且在高位屡次发生无效交叉，此时要重点看60分钟KDJ，当60分钟KDJ出现向下交叉时，则可能引发短线较深的回调。

⑧在暴跌过程中，30分钟KDJ可以接近0值，而大势依然下跌不止，此时应看60分钟KDJ，当60分钟KDJ向上发生有效交叉时，会引发极强的反弹。

（2）当行情处在极强极弱单边市场中，日KDJ出现屡屡钝化，应改用MACD等中长指标；当股价短期波动剧烈时，日KDJ反应会滞后，应改用CCI，ROC等指标。

（3）KDJ在周线中参数一般用5，周KDJ指标见底和见顶有明显的提示作用，据此波段操作可以争取利润最大化。需要注意的是一般周J线在超卖区V形单底上升，说明只是反弹行情，形成双底才是可靠的中级行情；但J值在超买区单顶也会有大幅下跌的可能，所以应该提高警惕，此时投资者应结合其他指标进行综合研判；若股市处在牛市时，J值在超买区横盘一段时间后，股价仍会大幅上升。

二、案例分析

前文中我们讲述了关于随机指标（KDJ）的基本原理，并介绍了如何在实际操作中利用随机指标。下面，笔者就结合几个实例来帮大家更进一步了解如何在实际中利用随机指标追击涨停。

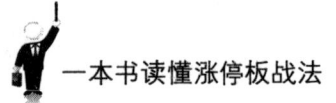

1. 江河创建（601886）

（1）指标分析

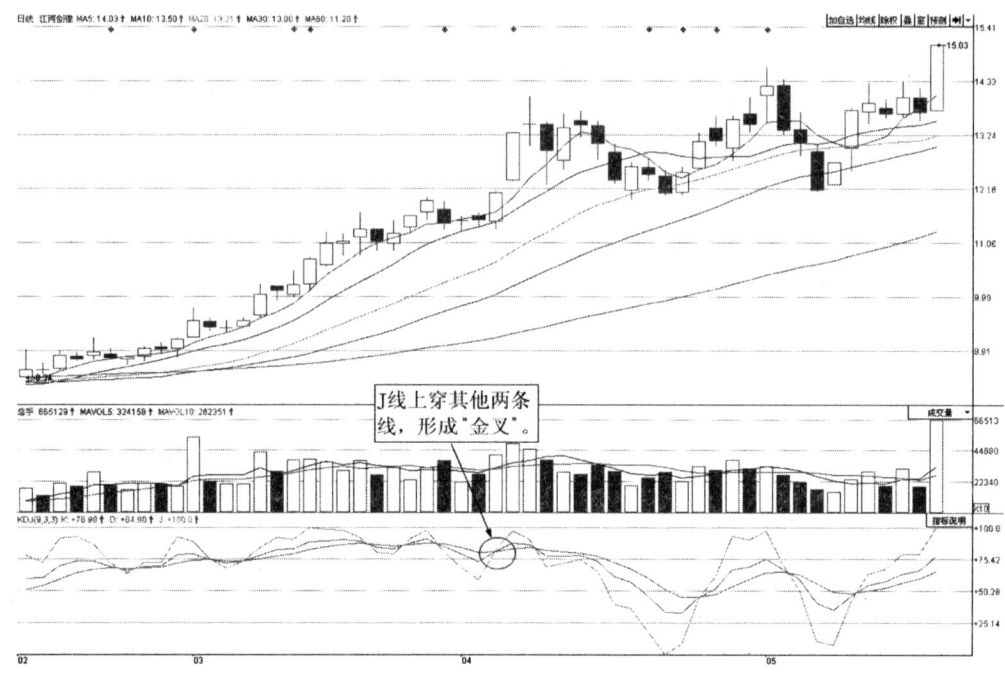

图3-14：江河创建（601886）日K线图

如图3-14所示，在江河创建（601886）日K线图中，该股股价在经过前一段时间的爬升之后，日K线出现了两个"十字星"。这预示着多空双方的力量处于均势状态，后市行情可能会对方向进行重新选择。不过从随机指标（KDJ）的形态来看，J线上穿K线和D线，形成"金叉"，表明股价后市仍会有上行的空间。个股在出现这种形态后，投资者应积极关注该股的后市表现，寻找有利的时机介入。

（2）量能配合分析

如图3-15所示，在江河创建（601886）日K线图中，该股的随机指标（KDJ）所形成的"金叉"，表明该股后市短期内上涨的动力强劲。同时，该股的成交量也呈现出一种逐步放大的态势，表明该股的交投比较活跃。此时，投资者应该结合均线系统的支撑作用，积极寻找买点，选择时机获取筹码，以期实现追涨获利的目标。

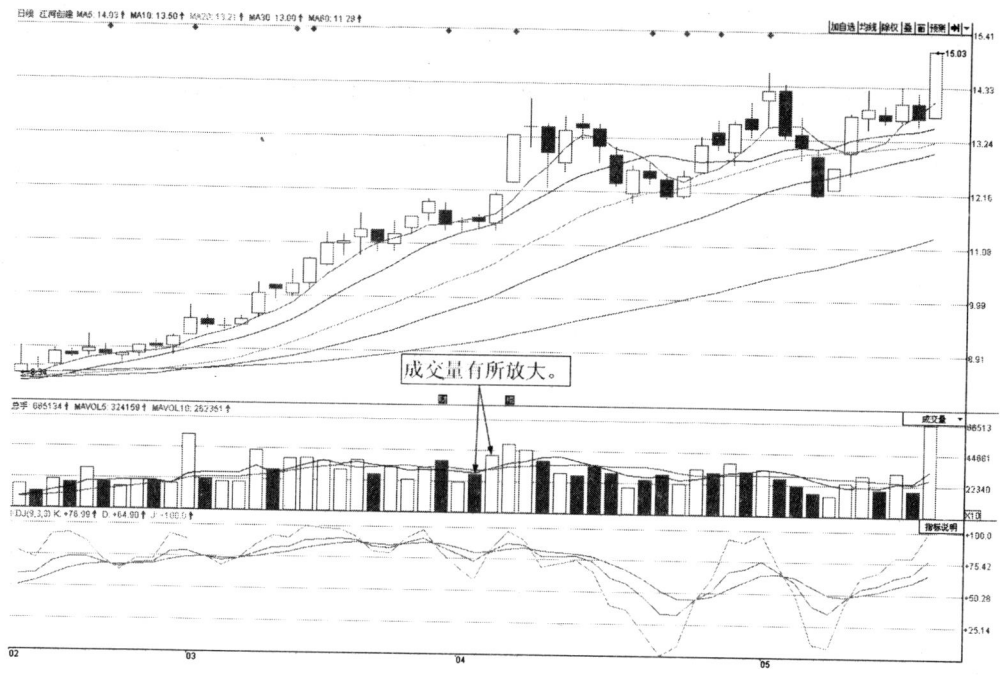

成交量有所放大。

图3-15：江河创建（601886）日K线图

（3）分时买入分析

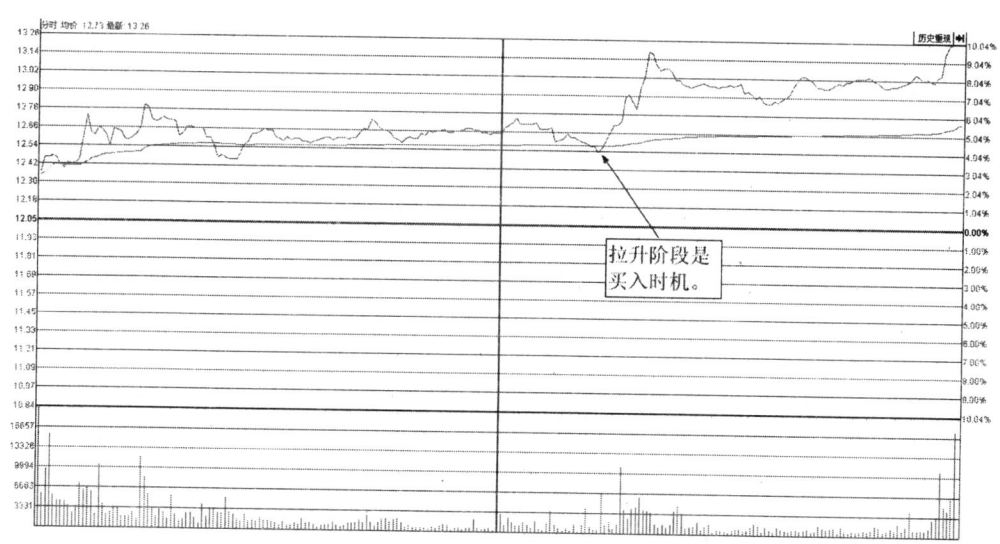

拉升阶段是买入时机。

图3-16：江河创建（601886）分时图

如图3-16所示，在江河创建（601886）分时图中，该股股价在高开之后，一直处于横盘整理的状态。但其股价线却一直运行在价格均线之上，表明股价还是

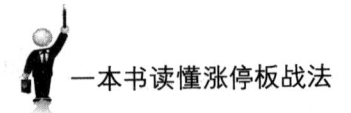

比较强势的。再结合该股的随机指标（KDJ）所形成的"金叉"，预示着股价将会有比较良好的表现。投资者可在股价第一次放量拉升阶段买入筹码，下一个交易日股价冲高之后就会形成一定的利润空间，届时卖出便可安全获利。

2.安利股份（300218）

（1）指标分析

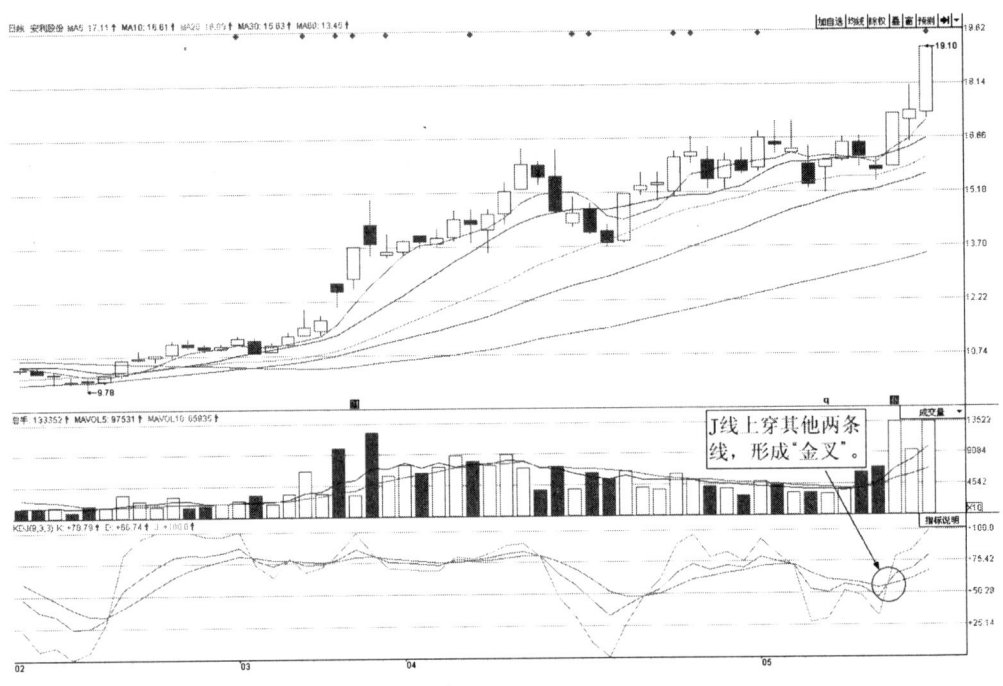

图3-17：安利股份（300218）日K线图

如图3-17所示，在安利股份（300218）日K线图中，该股股价前期一直处在横盘整理的阶段。之后，日K线出现一个"十字星"，表明其横盘状态有可能结束。结合该股随机指标（KDJ）来进行分析，可以看出，J线上穿K线和D线，形成"金叉"，预示着股价后市会展开一波上升的行情。此时，投资者应寻找合理的机会介入，追击涨停，获得收益。

（2）量能配合分析

如图3-18所示，在安利股份（300218）日K线图中，在该股的随机指标（KDJ）形成"金叉"之后，其成交量也出现了放大。其量能几乎是前一个交易

日的两倍，表明该股的交投非常活跃，具有涨停的基础。观察该股的均线系统，发现5日均线上穿10日均线，这也为股价的后市上涨提供了支撑。投资者可寻找有利的时机积极介入，以期追击涨停板，获得追涨收益。

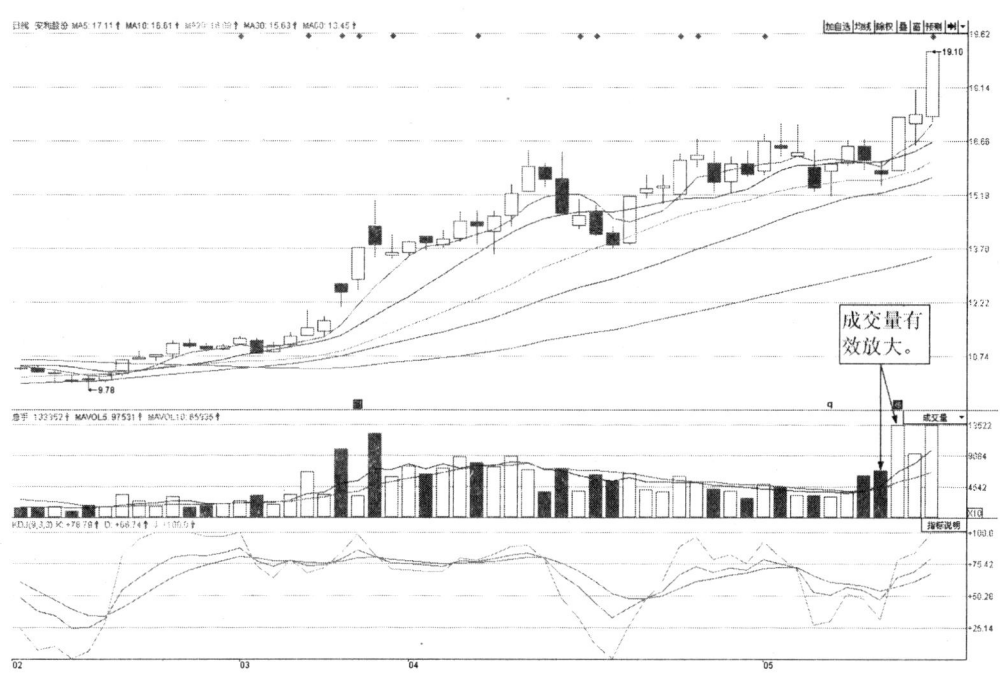

图3-18：安利股份（300218）日K线图

（3）分时买入分析

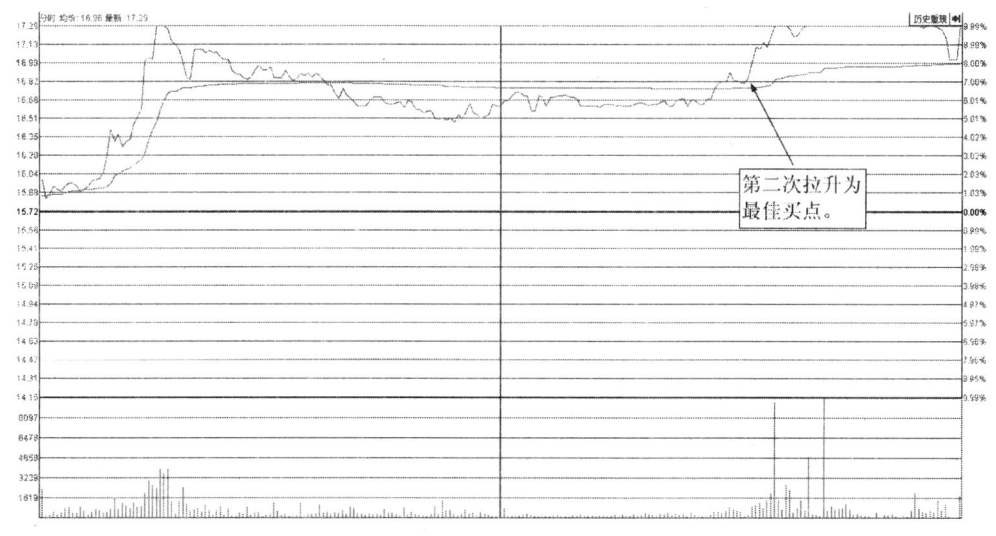

图3-19：安利股份（300218）分时图

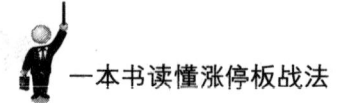

如图3-19所示，在安利股份（300218）分时图中，该股股价小幅低开之后，便开始了一波强势拉升。在上封涨停不久之后便打开了涨停板，表明该股的抛压还是比较强的，投资者应暂时进行观望。股价在第二次放量拉升时为最佳的买点，从该股的随机指标（KDJ）和成交量进行判断，后市股价仍会有一定的涨幅，投资者即使高位追涨，之后也会有一定的盈利空间。

以上便是随机指标（KDJ）在实际操作中的运用技巧分析，当然，这只是股市博弈中的冰山一角，希望读者朋友们根据自己的实战经验，多总结，多练习。

随着技术分析的广泛应用，技术指标的重要性已是不言而喻。作为众多技术指标中的一个指标，随机指标KDJ拥有自身的优点。KDJ指标是技术分析人员经常使用的一种指标，此种指标的优点在于反应敏感。但是，一些投资者往往会在指标运用过程中产生这样的疑惑：有时指标严重超买，价格却继续上涨；有时指标在超卖区稳定十几周而价格仍未止跌企稳。实际上，投资者在这里混淆了指标与价格的关系。指标不能决定市场的走向，价格本身才决定指标的运行状况。价格是因，指标是果，由因可推出果，由果来溯因则是本末倒置。

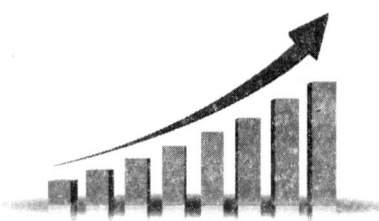

第四节 指数平滑异同平均线指标（MACD）捕捉涨停

在所有的技术指标里，有一种指标常被用来判断买卖时机，这就是MACD指标。它是从双移动平均线发展而来的，由快的移动平均线减去慢的移动平均线，MACD的意义和双移动平均线基本相同，但阅读起来更方便。当MACD从负数转向正数，是买的信号。当MACD从正数转向负数，是卖的信号。当MACD以大角度变化，表示快的移动平均线和慢的移动平均线的差距非常迅速地拉开，代表了一个市场大趋势的转变。

在股市投资中，MACD指标作为一种技术分析的手段，得到了广大投资人士的追捧。同样，我们在实战中可以利用MACD指标提供的有效信号来捕捉涨停。首先，我们来了解一下MACD的基本原理和基本运用技巧。

一、直击指数平滑异同平均线指标（MACD）

1.基本原理

指数平滑异同平均线指标（MACD）是基于均线的构造原理，对个股收盘价进行平滑处理（求出算术平均值）后的一种趋向类指标。该指标主要由两部分组成，即正负差（DIF）和异同平均数（DEA）。其中，正负差（DIF）是核心，异同平均数（DEA）是辅助。DIF是快速平滑移动平均线（EMA1）和慢速平滑移动平均线（EMA2）的差。一般的技术分析软件中，MACD常用参数是快速平滑移动平均线为12，慢速平滑移动平均线为26。此外，MACD还有一个辅助指标——柱状线（BAR）。在大多数技术分析软件中，柱状线是有颜色的，其在低于0轴以下是绿色，高于0轴以上是红色，前者代表趋势较弱，后者代表趋势较强。

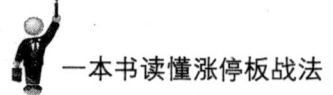

2.分析要领

MACD指标的一般研判标准主要是围绕两条均线及红、绿柱线状况和它们的形态展开。一般分析方法主要包括DIF指标和MACD值及它们所处的位置、DIF和MACD的交叉情况、红绿柱的收缩情况等方面。

（1）DIF和MACD的值及线的位置

①当DIF和MACD均大于0（即在图形上表示为它们处于零轴线以上）并向上移动时，一般表示为股市处于多头行情中。

②当DIF和MACD均小于0（即在图形上表示为它们处于零轴线以下）并向下移动时，一般表示为股市处于空头行情中。

③当DIF和MACD均大于0（即在图形上表示为它们处于零轴线以上）但都向下移动时，一般表示为股票行情处于回调阶段，股价将会下跌。

④当DIF和MACD均小于0（即在图形上表示为它们处于零轴线以下）但都向上移动时，一般表示为股票行情即将启动，股价将会上涨。

（2）DIF和MACD的交叉情况

①当DIF与MACD都在零轴线以上，而DIF向上突破MACD时，表明股市处于一种强势之中，股价将再次上涨，可以买进股票或持股待涨，这就是MACD指标"黄金交叉"的一种形式。

②当DIF和MACD都在零轴线以下，而DIF向上突破MACD时，表明股市即将转强，股价跌势已尽，将止跌上行，可以开始建仓或持股，这是MACD指标"黄金交叉"的另一种形式。

③当DIF与MACD都在零轴线以上，而DIF却向下突破MACD时，表明股市即将由强势转为弱势，股价将会下行，这时应减仓离场，这就是MACD指标的"死亡交叉"的一种形式。

④当DIF和MACD都在零轴线以下，而DIF却向下突破MACD时，表明股市将再次进入极度弱势，股价还将下跌，这时应离场或观望，这是MACD指标"死亡交叉"的另一种形式。

（3）MACD指标中的柱状图分析

①当红柱线持续放大时，表明股市处于牛市行情中，股价将继续上涨，这时应持股待涨或短线买入股票，直到红柱无法再放大时才考虑卖出股票。

②当绿柱线持续放大时，表明股市处于熊市行情中，股价将继续下跌，这时应持币观望或卖出股票，直到绿柱开始缩小时才可以考虑少量买入股票。

③当红柱线开始缩小时，表明股市牛市即将结束（或要进入调整期），股价将大幅下跌，这时应进行减仓操作。

④当绿柱线开始缩小时，表明股市的熊市行情即将结束，股价将止跌向上（或要进入调整期），这时可以少量进行长期战略性建仓。

⑤当红柱开始消失、绿柱开始放出时，这是股市反转信号之一，表明股市的上涨行情（或高位盘整行情）即将结束，股价将开始加速下跌，这时应开始卖出大部分股票。

⑥当绿柱开始消失、红柱开始放出时，这也是股市反转信号之一，表明股市的下跌行情（或低位盘整行情）已经结束，股价将开始加速上升，投资者这时应开始积极买入股票或持股待涨。

3.具体运用

本节一开始，笔者就着重提示，任何指标都不是万能的，关键是投资者要怎么去运用才是正确的。在众多技术指标当中，MACD指标非常独特，用该指标预测盘面准确率很高。

（1）MACD指标线

MACD指标中的MACD线(在股票软件中为黄颜色的线)，通常左右着后市的行进方向。而当该线经过较长时间的上涨之后，如出现上升角度变缓，甚至走平，则通常逢股指上涨时即是高抛良机。当该线经过较长时间的下跌勾头向上运行时，一旦股指回调至相对低点时即是低吸良机。如股指走出阴线下跌,但MACD红柱却依然放大，因此预测大盘在次日将会止跌继续上涨。

（2）研判净买量、净卖量之大小

伴随股价上升，如MACD指标红色柱状大幅度增高，超过前期股指相对高点时的红柱，而股指还未到达前期高点时，此时对短线后市应以看多为主。红柱增高表明净买量大，因此当短线上涨强度暂时受阻回落时，回调即是一个良好的买点，反之亦然。

（3）如果MACD线勾头向上运行

如果MACD线勾头向上运行,MACD红柱却较小，且股价也没有上涨，而只是横盘整理，则说明行情是假突破，此时，交易者应抛出手中股票。而当该线勾头向下，但绿柱较小，股价经过小幅下跌之后即止跌，则说明短线后市还有一个波段上扬行情会出现。

二、涨停形态之一

（一）形态构成

在实际交易中，投资者利用指数平滑异同平均线指标（MACD）形态之一捕捉个股的涨停板，一般除了要准确辨别DIFF线与0轴线所形成的"金叉"形态之外，还要注意观察该股当日的成交量状况以确定股价上冲涨停的概率。

其形态一般要满足以下条件：

DIFF线一直运行在0轴线以下的区域；

DIFF线上穿0轴线，形成"金叉"形态。

个股量能充沛，一般放出阶段性巨量，当天量比大于1，最好半日量等于上一个交易日的全部成交量。

（二）案例分析

下面，笔者通过几个实例来具体讲述如何利用MACD指标研判行情，并有效捕捉涨停。

1.鲁丰环保（002379）

（1）指标分析

如图3-20所示，在鲁丰环保（002379）日K线图中，该股股价之前处于横盘整理状态。从其指数平滑异同平均线指标（MACD）来观察，发现DIFF线首次上穿0轴线，数值变为正数，即DIFF线与0轴线形成"金叉"，预示着后市股价将会突破横盘整理状态，出现一波向上拉升的行情。此时，投资者应结合其他的技术指标进行分析，选择合理的买点，积极介入，从而获得可观的收益。

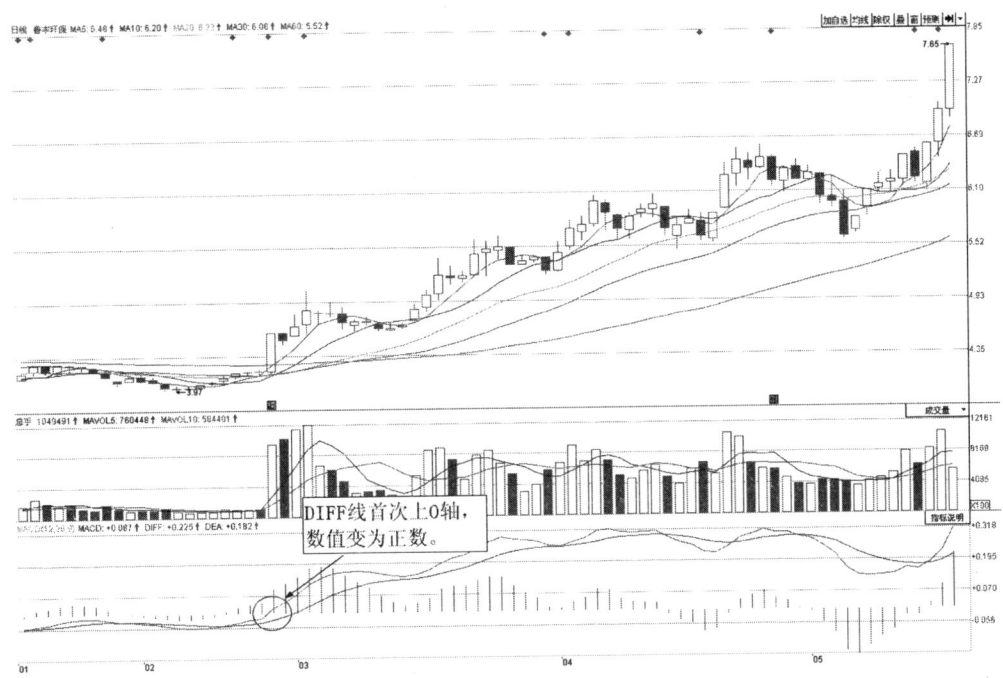

DIFF线首次上0轴，
数值变为正数。

图3-20：鲁丰环保（002379）日K线图

（2）量能配合分析

如图3-21所示，在鲁丰环保（002379）日K线图中，股价在横盘的过程中出现了"十字星"形态，预示股价将会打破均势状态，结束横盘整理的趋势。当日该股的成交量出现了巨量放大，表明市场对该股的后期走势多持积极的态度。再结合指数平滑异同平均线指标（MACD）中DIFF线与0轴线形成"金叉"来进行判断，表明当日股价的上涨动力十足。投资者在此种形态中，应积极布局，以期获得短期回报。

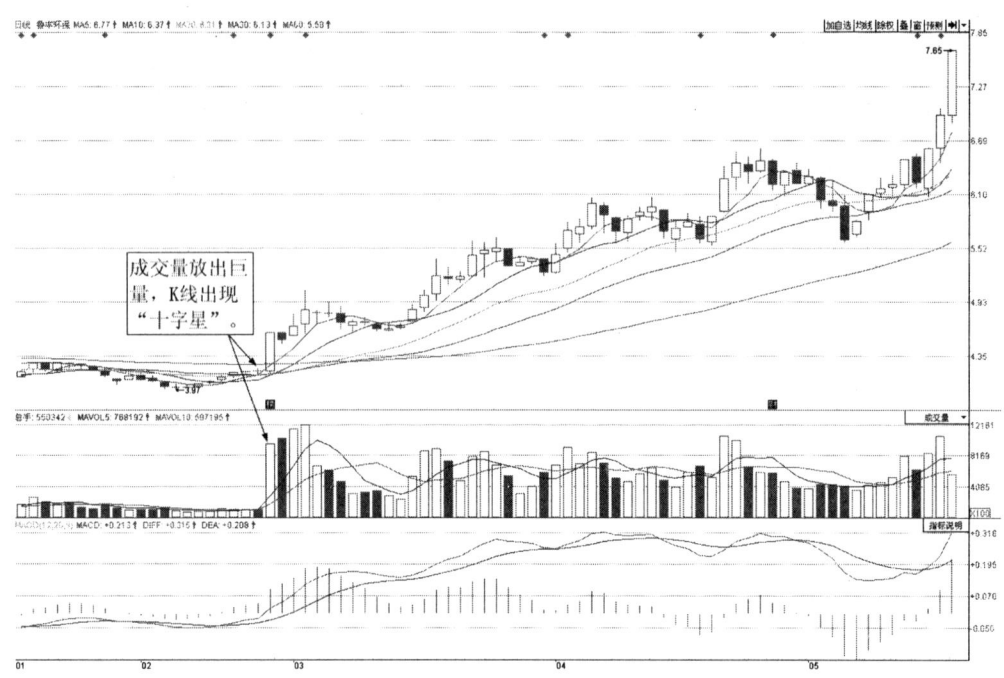

成交量放出巨量，K线出现"十字星"。

图3-21: 鲁丰环保（002379）日K线图

（3）分时买入分析

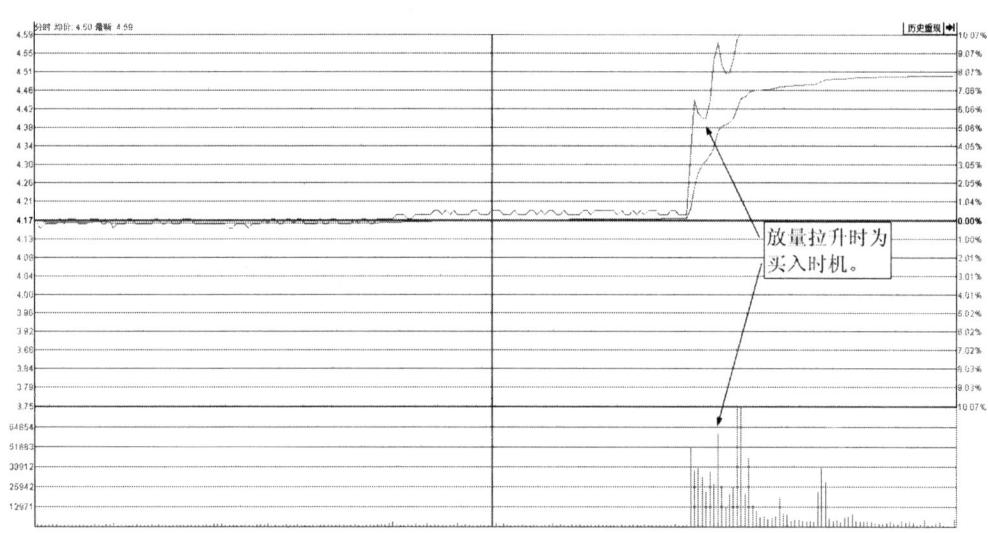

放量拉升时为买入时机。

图3-22: 鲁丰环保（002379）分时图

　　如图3-22所示，在鲁丰环保（002379）分时图中，股价在开盘之后一直处于横盘的状态，并没有良好的表现。在下午盘，股价突然出现直线拉升，并伴随

成交量的放大，但之后又出现了两次小幅的回调。由于指数平滑异同平均线指标（MACD）中DIFF线与0轴线已形成"金叉"，投资者应抓住两次回调的机会买入筹码，如此可以获得追涨的收益。

2. 盛达矿业（000603）

（1）指标分析

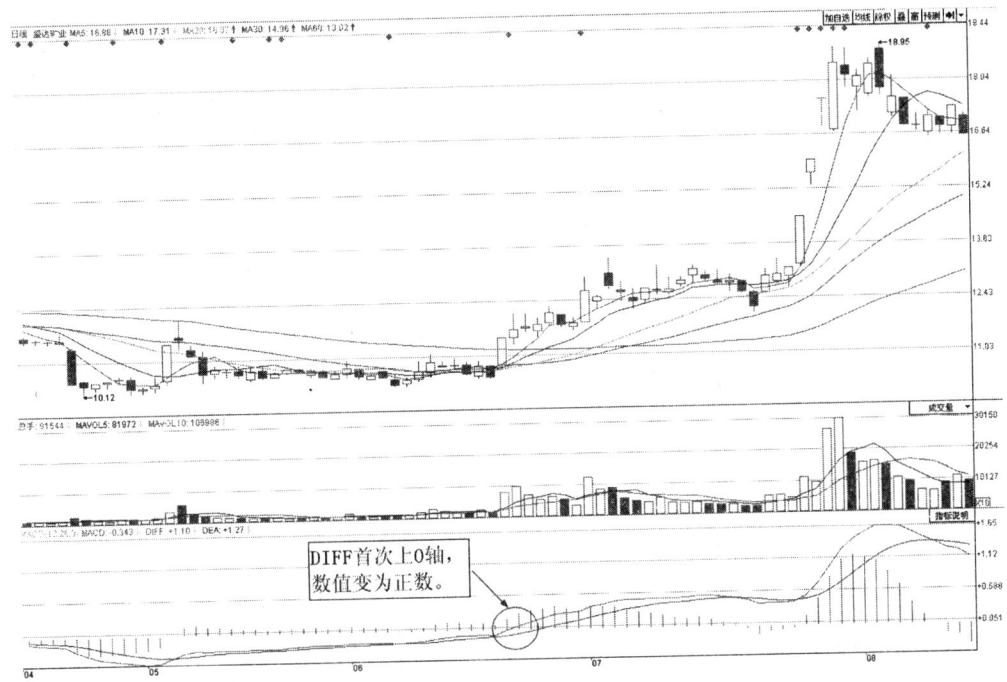

图3-23：盛达矿业（000603）日K线图

如图3-23所示，在盛达矿业（000603）日K线图中，从该股的指数平滑异同平均线指标（MACD）来进行观察，该指标的DIFF线上穿0轴线，与0轴线形成"金叉"。此形态预示着股价将会改变之前的横盘整理的趋势，后期股价会出现向上拉升的行情。在MACD出现这种形态时，短线投资者应结合其他技术指标，积极买入获得筹码，在未来可获得短期回报。

（2）量能配合分析

如图3-24所示，在盛达矿业（000603）日K线图中，该股股价前期一直处于横盘状态，同时，其成交量也一直处于"地量"。在该股的指数平滑异同平均线指标（MACD）的DIFF线上穿0轴线，形成"金叉"后，其成交量也出现了有效放大。这预示着股价将会突破横盘整理的态势，出现强劲的上涨趋势。投资者应把握这一形态所显示出的买入信号，积极获取筹码，以便获得追涨收益。

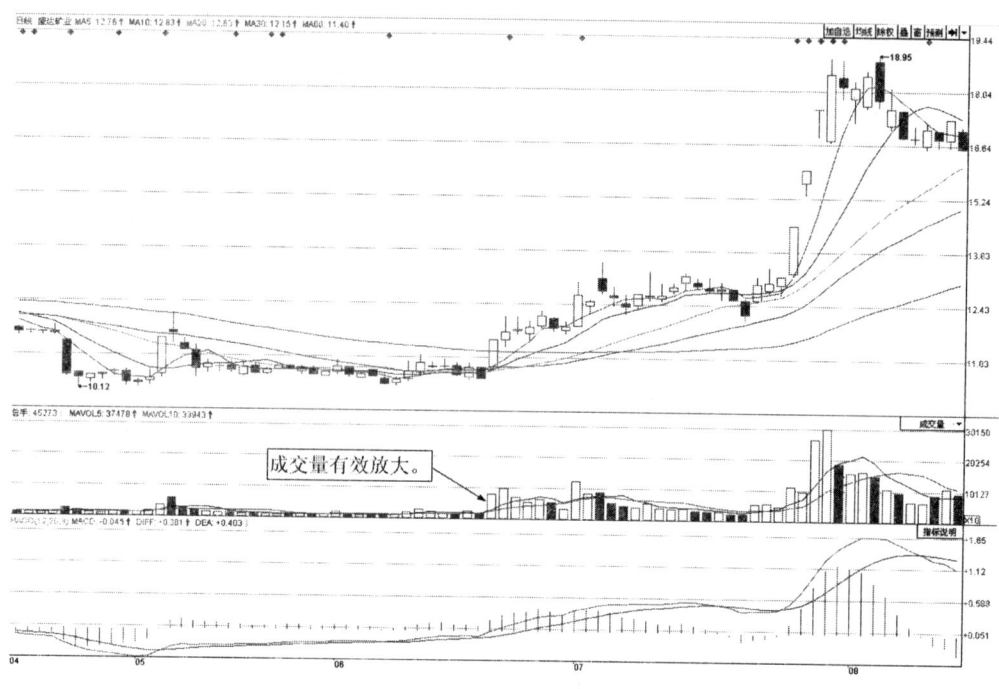

图3-24：盛达矿业（000603）日K线图

（3）分时买入分析

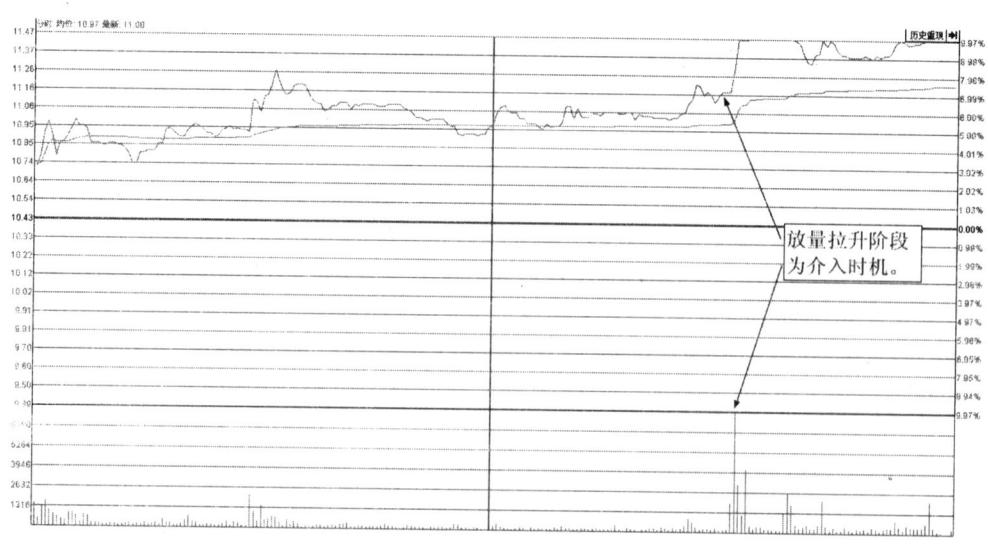

图3-25：盛达矿业（000603）分时图

如图3-25所示，在盛达矿业（000603）分时图中，该股股价在高开之后，一直强势横盘于高价位区，表明股价有强势突破之前横盘整理的意图。再结合该股的指数平滑异同平均线指标（MACD）中的"金叉"和该股的成交量形态，可以判断股价当天有涨停的可能。在下午盘，股价出现放量拉升并上封涨停。投资者应抓住放量拉升涨停的买点，积极获取筹码，以便获得追涨收益。

三、涨停形态之二

（一）形态构成

在实际交易中，利用指数平滑异同平均线指标（MACD）捕捉个股的涨停板，投资者一般除了要准确辨别DIFF线与DEA线所形成的形态之外，还要注意观察该股当日的成交量状况，以确定股价的上冲涨停的可能概率。

其形态一般要满足以下条件：

指数平滑异同平均线指标（MACD）中的DIFF线与DEA线都处于0轴线以上。

DIFF线下穿DEA线形成"死叉"，出现少量绿柱，DIFF线短暂下行之后上穿DEA线形成"金叉"。

个股量能充沛，一般放出阶段性巨量，当天量比大于1，最好半日量等于上一个交易日的全部成交量。

若满足以上条件，则为我们所讲的涨停形态。

（二）案例分析

在了解了基本的涨停形态后，我们通过几个实例来看看如何通过MACD指标进行涨停分析。

1.深华新（000010）

（1）指标分析

如图3-26所示，在深华新（000010）日K线图中，该股股价在前期处于小幅回调的状态。从该股的指数平滑异同平均线指标（MACD）可以观察出，DIFF线下穿DEA线形成"死叉"，在出现少量绿柱之后，DIFF线又上穿DEA线形成"金叉"，预示着股价后期将会出现反转上升的走势。在MACD出现这种形态时，投资者应密切观察当日股价走势，趁机捕捉涨停。

图3-26：深华新（000010）日K线图

（2）量能配合分析

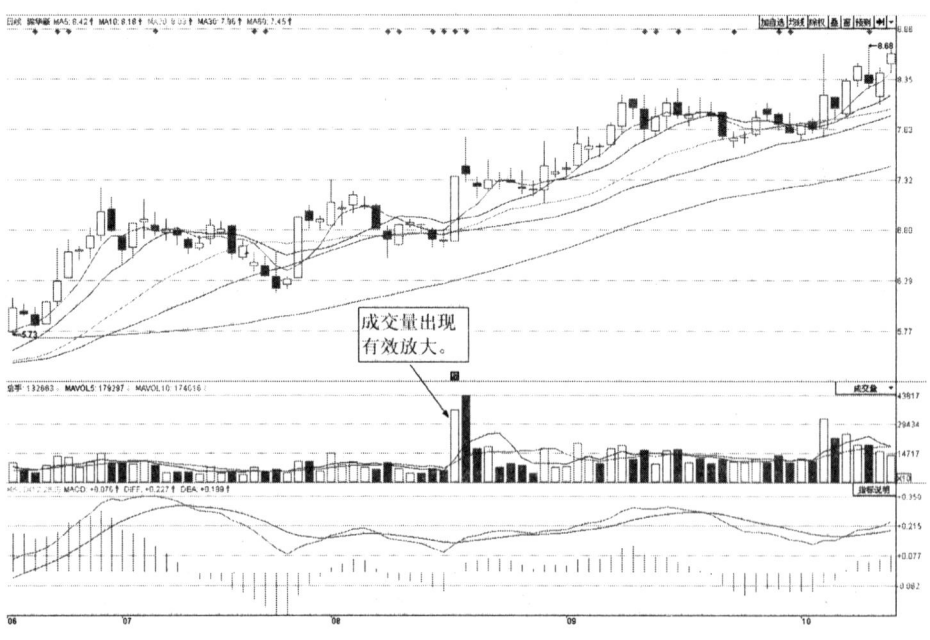

图3-27：深华新（000010）日K线图

如图3-27所示，在深华新（000010）日K线图中，从观察该股的成交量可以看出，其量能和前一段时间相比出现了有效放大。这表明该股的股价上涨动能强劲，具有涨停的潜力。再结合该股的日K线来进行分析，股价在回调的过程中出现了"十字星"形态，也表明多空双方的均势状态将被打破，投资者在遇到这种走势时，可以提前积极布局，捕捉个股的涨停板。

（3）分时买入分析

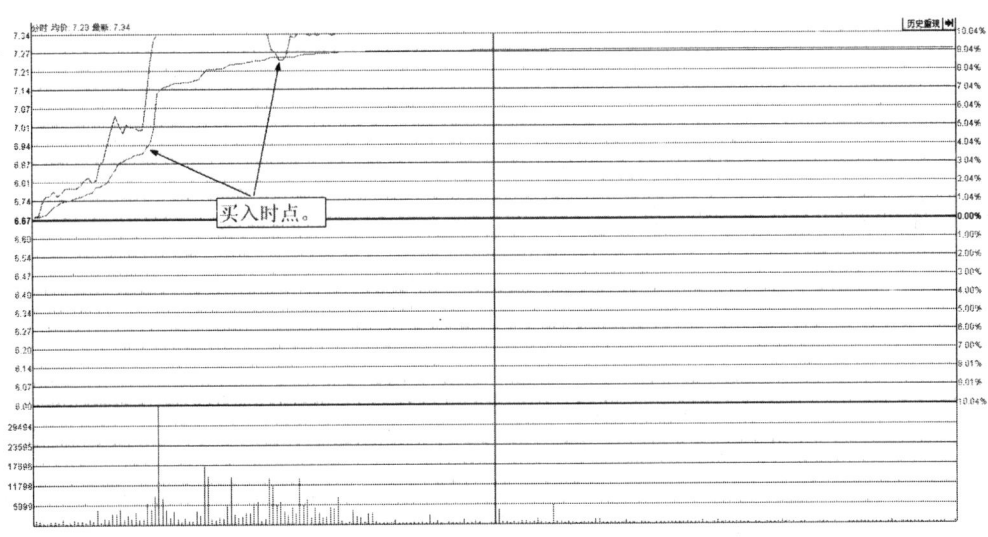

买入时点。

图3-28：深华新（000010）分时图

如图3-28所示，在深华新（000010）分时图中，该股股价在开盘之后便出现了一波拉升走势，不过在拉升过程中出现了小幅的回调，为投资者提供了介入的机会。结合该股的MACD指标以及成交量来进行分析，该股股价在后市还有继续上升的空间。激进的投资者可以在股价上封涨停不久后又在盘中打开的时候，买入股票吸取筹码，待下一个交易日卖出获利。

2.广宇集团（002133）

（1）指标分析

如图3-29所示，在广宇集团（002133）日K线图中，该股股价小幅上涨之后，开始进入横盘整理阶段。观察该股的指数平滑异同平均线指标（MACD），可以看出DIFF线下穿DEA线形成"死叉"，出现少量绿柱后，DIFF线又上穿DEA

线形成"金叉"，表明股价出现了突破上涨的信号。投资者可结合其他技术指标，选择合理的买入时机，获取筹码追击涨停。

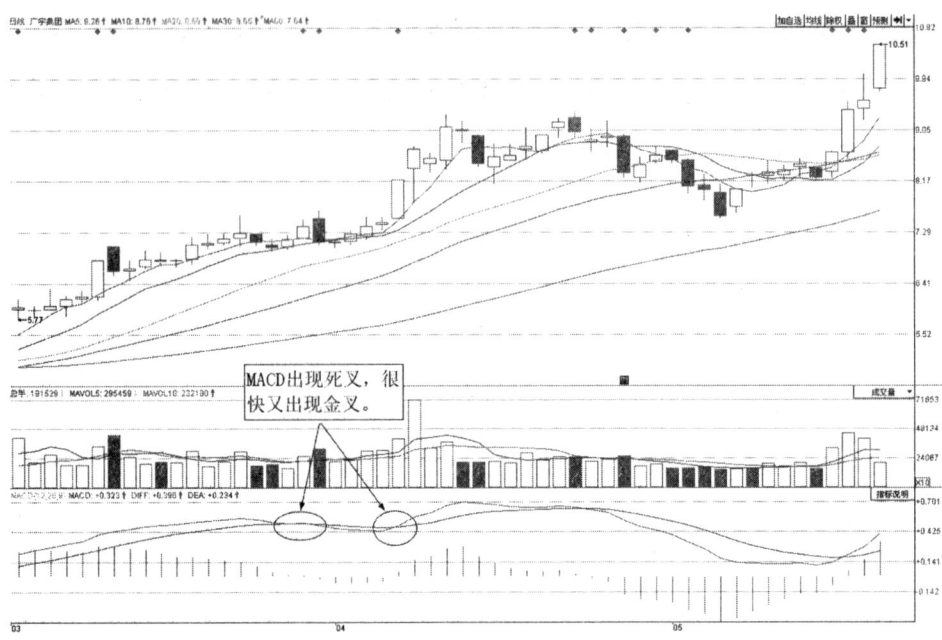

图3-29：广宇集团（002133）日K线图

（2）量能配合分析

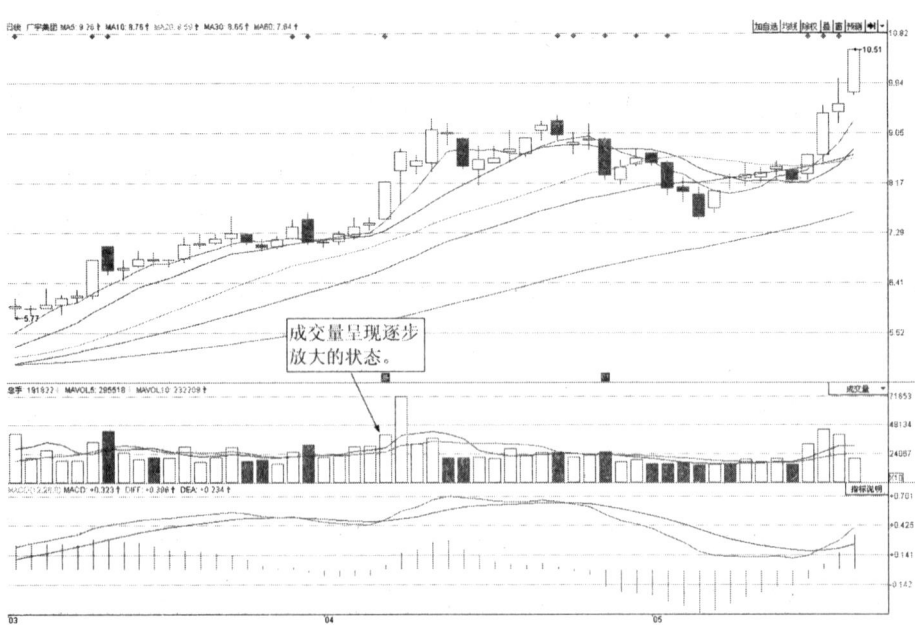

图3-30：广宇集团（002133）日K线图

如图3-30所示，在广宇集团（002133）日K线图中，从该股的成交量来进行观察，在股价出现有效突破之前，量能就已经出现了逐步放大的的势。再结合该股的日K线进行分析，"十字星"形态的出现，为判断股价的突破提供了证据。此时，投资者应在股价出现较大涨幅之前，密切观察股价的波动情况，以寻找有利的追涨时机，再积极介入，以期获得短期回报。

（3）分时买入分析

图3-31：广宇集团（002133）分时图

如图3-31所示，在广宇集团（002133）分时图中，股价在高开之后便迅速拉升，在开盘不到10分钟的时间里便上封涨停板。投资者结合该股的MACD指标以及成交量来进行分析，便可以提前布局，在开盘时追涨买入，也可以获得追涨的利益。而在盘中，该股的涨停板被打开一次，激进的投资者也可以在此介入，获得筹码，在股价下一个交易日冲高后卖出获利。

根据涨停形态的特殊性，投资者在利用MACD指标时，要格外注意DIFF线与DEA线的位置形态，还要时刻观察个股的成交量情况，综合考虑这两种元素。

四、涨停形态之三

（一）形态构成

在实际操作中，投资者利用指数平滑异同平均线指标（MACD）捕捉个股的

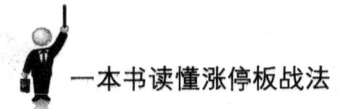
涨停板，应仔细辨别DIFF线与DEA线是否会形成交叉，以区别使用MACD的追涨形态。同时，该股当日的成交量状况也是确定股价上冲涨停概率的重要因素。投资者应将两者结合起来使用，以准确判断股价的后期走势。

其形态一般要满足以下条件：

指数平滑异同平均线指标（MACD）中的DIFF线与DEA线都处于0轴线以上；

DIFF线欲下穿DEA线形成"死叉"，在两线相交之后或即将相交时，DIFF线掉头向上运行；

个股量能充沛，成交量出现有效放大。

这种追涨形态虽也是利用MACD指标中的两条基本线来判断，但其与前文所述两种形态所需要具备的三个条件是有区别的。这是读者朋友们需要仔细区分的地方。

（二）案例分析

利用MACD指标研判追涨形态，重要的是在实战中加以运用。为此，可以通过实例来进行深入分析。

1. 波导股份（600130）

（1）指标分析

如图3-32所示，在波导股份（600130）日K线图中，该股股价在经过前期的小幅上涨之后，开始出现回调迹象。体现在该股的指数平滑异同平均线指标（MACD）上，表现为DIFF线欲下穿DEA线形成"死叉"，但在"死叉"形成之前，DIFF线掉头向上运行。这一形态表明股价在后市仍有上涨的动力，回调的趋势即将结束。投资者可在这种形态出现之后积极介入，追击涨停。

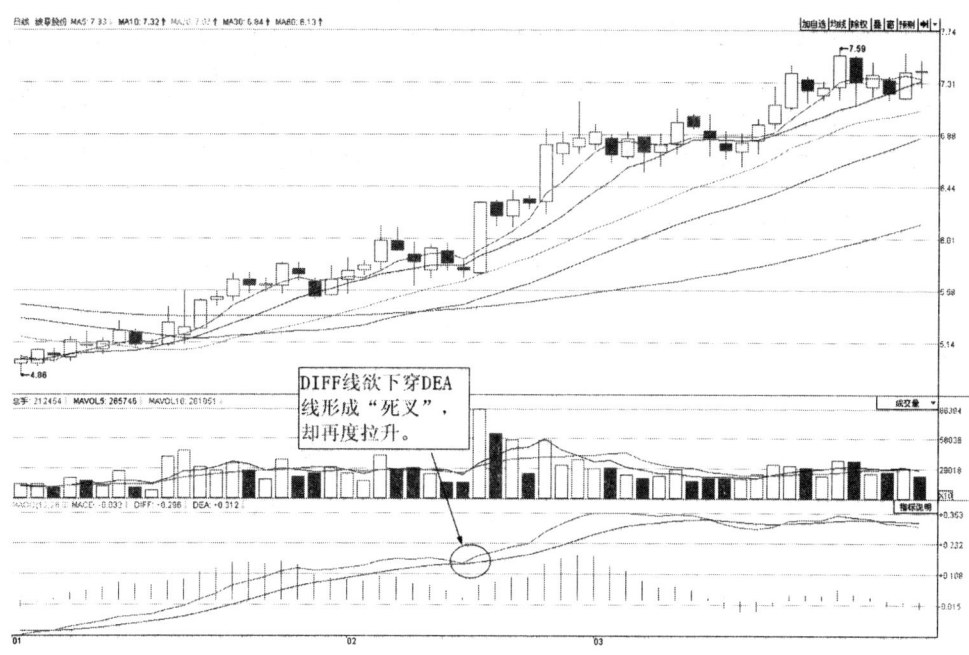

图3-32：波导股份（600130）日K线图

（2）量能配合分析

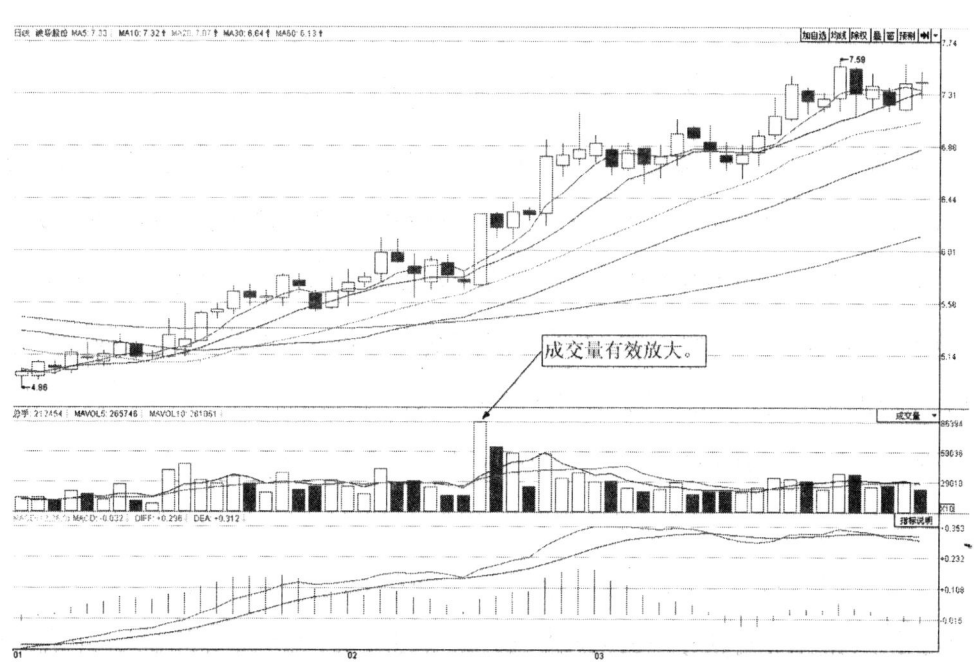

图3-33：波导股份（600130）日K线图

如图3-33所示，在波导股份（600130）日K线图中，该股股价在回调的过程中，日K线出现"十字星"形态，表明股价将打破多空力量均衡的态势，出现方向性的选择。再结合该股的当日成交量进行分析，其释放的量能巨大，表明个股交易活跃，有冲击涨停的潜能。投资者可在个股出现这种形态后，积极进行布局建仓，以期在短期内获得收益。

（3）分时买入分析

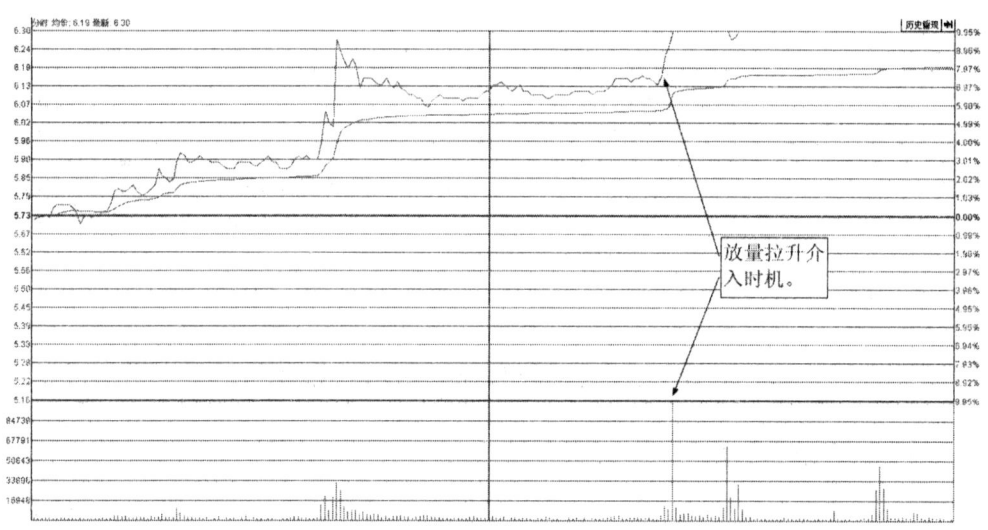

图3-34：波导股份（600130）分时图

如图3-34所示，在波导股份（600130）分时图中，股价在开盘之后经过三波拉升，在下午盘上封涨停。在前两次的拉升过程中，由于其成交量并没有显著放大，因此，投资者很难判断股价是否会在当日涨停。第三次拉升为买入的时机，投资者可结合该股的指数平滑异同平均线指标（MACD）所形成的形态来进行判断，积极追涨，买入获得筹码，待股价冲高后实现盈利。

2. 大冷股份（000530）

（1）指标分析

如图3-35所示，在大冷股份（000530）日K线图中，该股股价前期一直处于缓慢的爬升阶段。从该股的指数平滑异同平均线指标（MACD）可以看出，DIFF线欲下穿DEA线形成"死叉"，但在两线相交之后，"死叉"形成之前，DIFF线又掉头向上方区域运行。这表明股价后市仍然会继续向上爬升，在量能有效放大的情况下，股价可能会冲击涨停。

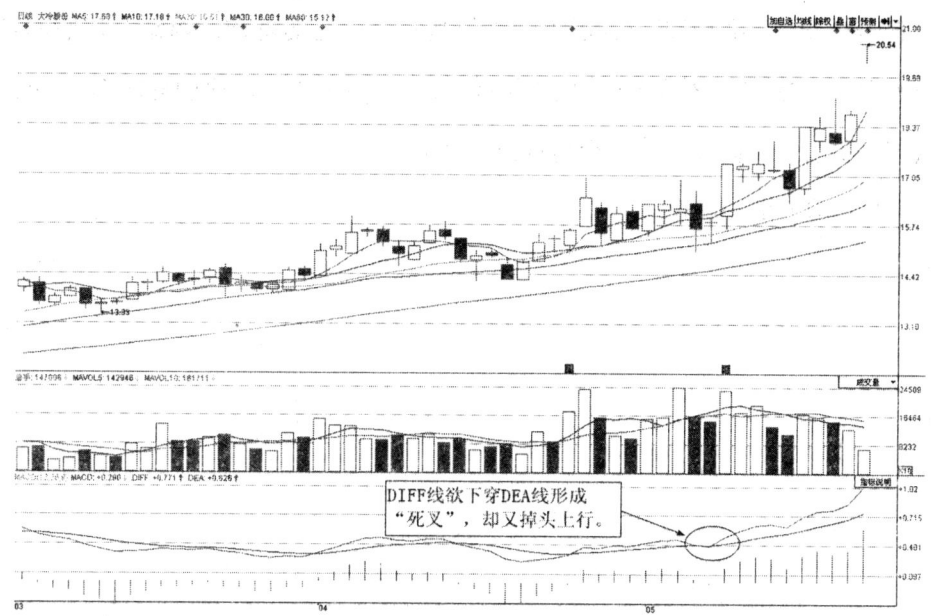

图3-35：大冷股份（000530）日K线图

（2）量能配合分析

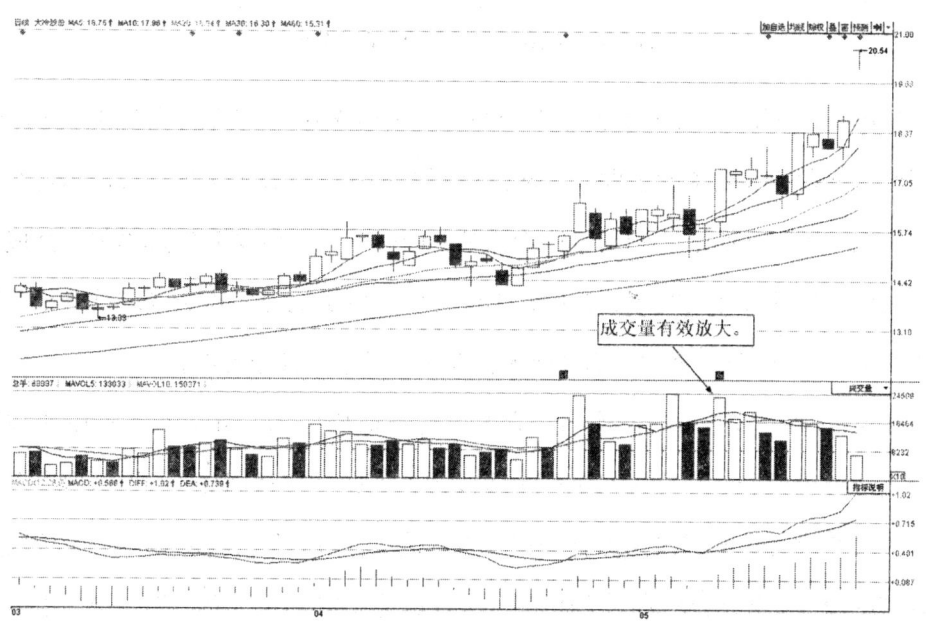

图3-36：大冷股份（000530）日K线图

如图3-36所示，在大冷股份（000530）日K线图中，观察该股的成交量可以发现，其量能呈现出逐步放大的态势，表明市场对该股的后市表现多持积极态度，其筹码也在逐渐聚集，为股价的涨停奠定了一定的基础。再结合该股的日K线进行分析，中阴线之后出现的下影线较长的"十字星"，表明此时多方力量占有优势，股价有可能在下一个交易日出现突破。

（3）分时买入分析

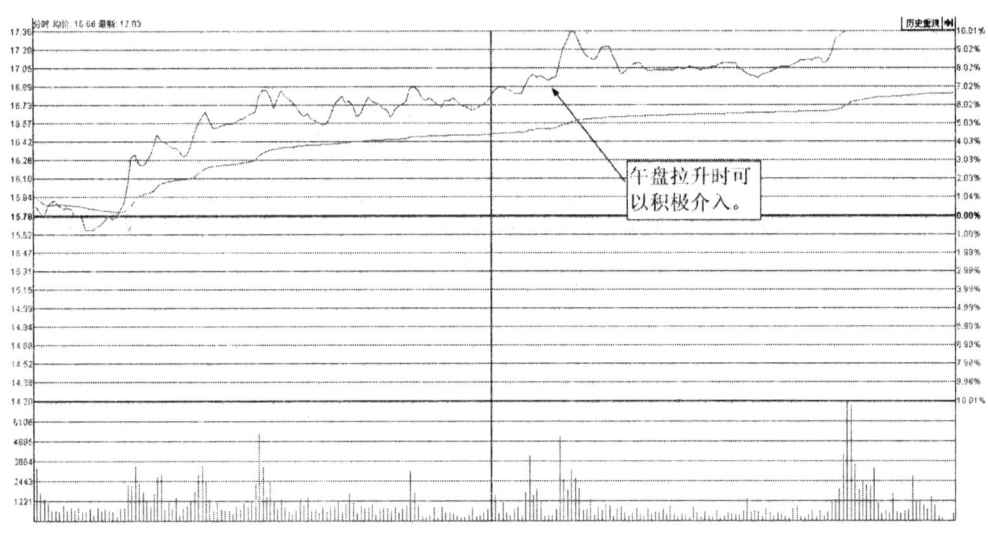

图3-37：大冷股份（000530）分时图

如图3-37所示，在大冷股份（000530）分时图中，该股股价在开盘之后经过短暂的回调便开始了向上爬升。从开盘到上封涨停，股价基本一直都运行在均价线之上，表明该股上行的动力比较强劲。同时，在股价爬升的过程中，其成交量一直处于持续放量的状态，为股价上封涨停提供了支撑。投资者应结合个股的MACD指标，在爬升的过程中积极介入，以期获得追击涨停的收益。

任何一种指标都不是万能的，它有一定的适用范围，并且在实战中研判行情时，也必须结合其他指标来进行走势分析。因此，在利用MACD指标追击涨停时，应结合成交量等因素来综合分析。在实战中，MACD可自动定义出股价趋势的偏多或偏空，避免逆向操作的危险。而在趋势确定之后，则可确立进出策略，避免无谓的介入次数，或者发生介入时机不当的情况。

所以，在利用技术指标分析个股走势，捕捉涨停的时候，投资者务必要详细

了解并掌握不同指标的优缺点，并合理利用各项指标，将其功效发挥到极致，从而达到事半功倍的目的。

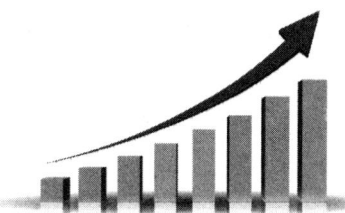

第四章

K线组合擒杀涨停技法

　　在股票市场中，有各种各样的投资方法和研判技巧。但是绝大多数只能流行一时，有的分析方法只适合于少数人使用；有的操作理论只适合于某种特定的市场环境；还有的研判技巧过于复杂或虚幻，不能得到有效普及。但是有一种理论却是简单易学，切合实际，历史悠久，使用人数最多，适应范围最广，并且经得起市场考验。你知道这是什么投资理论吗？

　　答案很简单，这就是K线理论。

　　在K线理论长达200年的历史中，其笑傲股市并且长盛不衰，被全世界的投资者奉为经典。此外，股市之外的期货市场、外汇市场、债券市场等各类投资市场也都引入了K线理论。它是投资市场中最简单的，也是最实用的分析方法之一。迄今为止，无论是在普及范围还是使用时间上，尚无其他任何一种理论能与其相提并论。

　　因此，笔者在和投资者探讨捕捉涨停技法时，也不能避开这一经典理论而不谈。很多投资者在股票市场沉浮的时间越久，就越会发现投资方法不是越复杂越好，相反，最简单的理论才是最有效的理论。同样，我们捕捉涨停最有效的技法恰恰也是最简单的技法。而K线理论由于其有效性和简易性而成为投资者学习追涨技法时，必须要学习的一项技能。

本章的主要内容从K线的起源入手，选取几种比较经典的K线组合形态来和投资者一起探讨如何在K线图中捕捉涨停板。

第一节　K线组合名片

一、K线的起源

K线是股市中最古老的技术指标，已经有几百年的历史。在日本的德川幕府时代（大约是在1750年），大阪粮食市场上有一位叫本间宗久的商人，他为了能够预测米价的涨跌，每天仔细地观察市场米价的变化情况，并将米价的波动用图形的方式记录下来。用于记录米市中大米每天的价格行情波动的图形，这就是K线图的雏形。

这一起源于18世纪日本米市，用来表示米价变动的分析方法，后来被引用到证券市场，其间经过了后人的一番修正与改进。进而演变成为目前被投资者所熟识的K线图，同时也成为了股票技术分析的一种理论。

K线图绘制出来的形状就像是一根根的蜡烛，所以也叫"蜡烛线"或者"日本线"。K线图实际上是为考察当前市场上商品的价格变化提供了一种可视化的分析方法，它简洁而直观，具有相当可信的统计意义。它真实、完整地记录了市场价格的变化，并且给出的市场信号非常丰富、直观。

K线图产生的时间比西方的柱线图要早一百年左右。柱线图是国际金融市场通用的价格图表，其构造则较K线图简单。图4-1和图4-2是上证指数日K线图和柱线图的对比。

在股市中，一根K线记录的是股票在一天内价格变动的情况。如果将每天的K线按时间顺序排列在一起，就组成了股票价格的历史变动情况，即K线图。K线是一种特殊的市场语言，其不同的形态有着不同的含义，为投资者的投资行为提供了不同的指导。在股市操作中，K线图扮演着风向标的作用，仔细关注并分析K线图，便可以帮助投资者在股市这片暗流涌动的海面上"直挂云帆济沧海"。

图4-1：上证指数日K线图

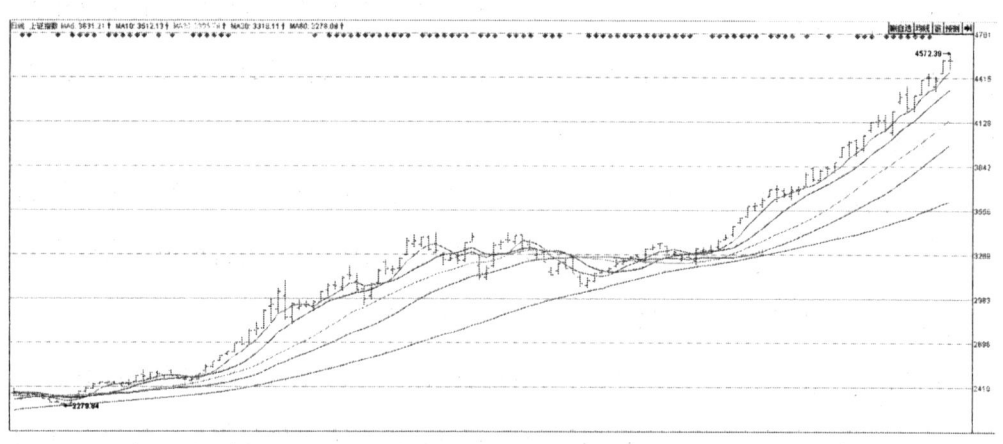

图4-2：上证指数日柱线图

二、K线的基本知识

了解关于K线的基本知识是有效运用它的必要前提，下面，笔者就带领大家开启一场了解K线之旅。

1.绘制方法

首先将某股票当日的最高价和最低价，垂直地连成一条直线；然后再找出当日该股的开盘价和收盘价，把这两个价位连接成长方柱体。假如当日的收盘价比开盘价高（即低开高收），便以红色来表示，或是在柱体上留白，这种柱体就称之为"阳线"。如果当日的收盘价比开盘价低（即高开低收），则以绿色表示，这个柱体就是"阴线"了。

其他时间周期的K线绘制方法同上。

2.K线基本要素

日K线是根据股价或指数中的四个价位即开盘价，收盘价，最高价，最低价绘制而成的。

收盘价高于开盘价时，则开盘价在下，收盘价在上，二者之间的柱体用红色或空心表示，通常称之为阳线。其上影线的最高点为当日最高价，下影线的最低点为当日最低价。

收盘价低于开盘价时，则开盘价在上，收盘价在下，二者之间的柱体用绿色实心表示，通常称之为阴线。其上影线的最高点为当日最高价，下影线的最低点为当日最低价。

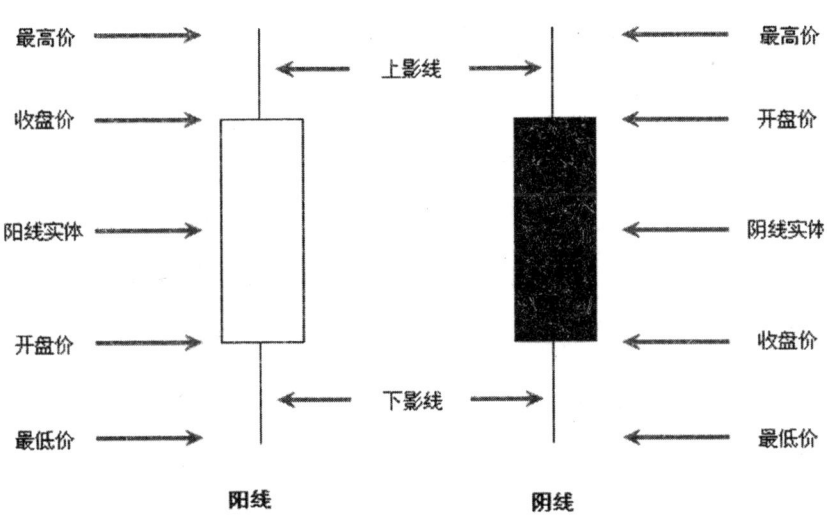

图4-3: K线的要素

"十字星"是K线中比较特殊的形态。当股价或指数的开盘价等于收盘价时，就会出现只有上下影线，没有实体的K线图。这表明在交易中，股价曾以高于或低于开盘价的价格成交，但收盘价与开盘价相等。如图4-4所示。

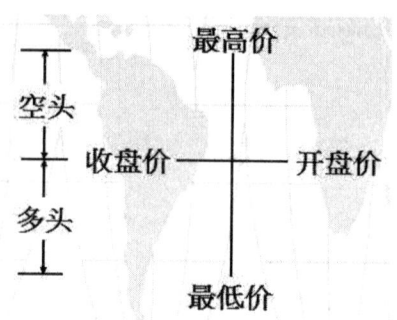

图4-4：十字星形态

根据K线的计算周期可将其分为日K线，周K线，月K线，年K线等。

周K线：指以周一的开盘价，周五的收盘价，全周最高价和全周最低价来绘制的K线图。

月K线：指以每月的第一个交易日的开盘价，每月最后一个交易日的收盘价，全月最高价与全月最低价绘制的K线图。

年K线：指以每年的第一个交易日的开盘价，每年最后一个交易日的收盘价，全年最高价与全年最低价绘制的K线图。

周K线，月K线适合长线投资者用于研判中期行情。而对于短线投资者来说，5分钟K线、15分钟K线、30分钟K线和60分钟K线具有重要的参考价值。

根据开盘价与收盘价的波动范围，可将K线分为极阴、极阳，小阴、小阳，中阴、中阳和大阴、大阳等线型。

极阴线和极阳线的波动范围在0.5%左右；小阴线和小阳线的波动范围一般在0.6%～1.5%；中阴线和中阳线的波动范围一般在1.6%—3.5%；大阴线和大阳线的波动范围在3.6%以上。

三、K线组合的基本含义

分时图记录了个股股价的全天走势，不同的分时走势表现在K线中会形成不同的形态，而各种形态的K线则代表了不同的含义。K线形态主要有以下种类：

小阳星：当日股价波动很小，开盘价与收盘价极其接近，收盘价略高于开盘价。小阳星的出现，表明行情正处于盘整阶段，后市的涨跌尚无法预测。此时，

投资者要根据其前期K线组合的形状以及当时所处的价位区域，进行综合判断。

小阴星：当日股价波动很小，开盘价与收盘价极其接近，收盘价格略低于开盘价格，表明行情低迷，后市方向不明。

小阳线：当日波动范围比小阳星大，多头稍占上风，但上攻动力不足，表明后市行情扑朔迷离。

上吊阳线：如果该形态在低价位区域出现，随着股价的逐步爬升，成交量将呈均匀放大态势，并最终以阳线收盘，预示后市股价看涨。如果该形态出现在高价位区域，则有可能是主力在拉高出货。

下影阳线：表明多空博弈中多方的攻击沉稳有力，股价有进一步上涨的潜力。

上影阳线：表明多方承受的抛压沉重。这种图形常见于主力的试盘动作，浮动筹码较多，股价后市涨势不强。

穿头破脚阳线：表明多方已占据优势，并出现逐波上涨行情，股价在成交量的配合下步步爬升，预示后市看涨。股价走势若表现为盘中横盘或者下跌而尾市突然拉升时，预示次日股价可能跳空高开后低走。

光头阳线：若该形态出现在低价位区域，分时图中股价探底后逐浪走高且伴随成交量同步放大，预示一轮上升行情的开始。若该形态出现在上升行情途中，表明后市继续看好。

光脚阳线：表明多头势头很强，但在高价位处出现时，多空势头有可能转换，投资者应谨慎介入。

上影阳线：表明多方上攻势头受阻，抛盘较重，上涨局势后市不明。

光头光脚阳线：表明多方已经牢牢控盘，步步逼空，涨势强烈。

小阴线：表明空方呈打压态势，但力度较小。

光脚阴线：表明股价虽有反弹，但上档抛压沉重。

光头阴线：若此形态出现于低价位区，表明多头介入使股价有所反弹，但力度不大。

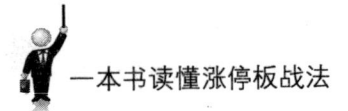

下影阴线、下影十字星、T形线：这三种形态中的任何一种出现在低价位区时，都说明多头承接力较强，股价有反弹的可能。

上影阴线、倒T形线：这两种形态中的任何一种出现在高价位区时，说明空方抛压严重，股价有反转下跌的可能；如果出现在股价的爬升途中，则表明后市仍有上升空间。

十字星：该形态无论出现在高价位区或低价位区，都可视为顶部或底部信号，预示大势将要改变。

大阴线：表明当日空方最终占据了主导优势，次日股价低开的可能性较大。

由以上关于K线的基本知识可以看到，K线的本质其实是记录多空双方某一个交易时间段激烈搏杀的整个过程和结果。因此，K线实质上反映多空搏杀的过程。透过K线，我们就能知道多空双方的对比状态，从而正确分析股市的演变情况和未来走势，并得以果断决策，在操作中博得巨大利润。这样一来，K线的实质就是多空搏杀。

对于每一个股票投资者来说，最先接触到的股票技术分析工具一定是K线图，这些像"无字天书"一样的一根根由线条和矩形构成的K线，蕴藏着市场中股价走势的所有秘密，因为它不仅仅是一些静态的图标和没有生气的符号，而是一场赤身相搏的残酷争斗，通过观察K线图这幅活的画面，我们就能从中了解整个战况和预测未来。如果广大读者朋友们能够了解它并破译其中的奥秘，就能大幅提升在市场中的盈利能力。

因此，K线作为判断股市行情的一个最基本指标，值得读者朋友们重视并合理利用。利用K线图来捕捉涨停也不失为一大诀窍，这将是我们下一节要展开讨论的内容。

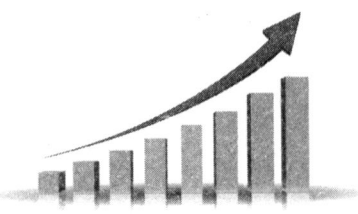

第二节 芝麻开花组合擒杀涨停

实战中，我们常常利用不同的K线组合形态来审时度势，捕捉涨停。而在利用K线组合形态捕捉涨停板时，"芝麻开花"这种形态是非常有效的一种K线组合形态。由于其表示的多空双方博弈力量对比悬殊，所以在这种走势中，股价出现涨停板的概率很高。在多方的强势逼空中，股价走出连续涨停板，也是非常有可能的。

因此，投资者在进行追涨操作时，应把更多的注意力放在这种形态上。同时，结合个股60分钟、15分钟的K线图，选择合理的介入时段。在分时图中把握恰当的买入时机，便可轻松获得追涨收益。

下面，笔者就如何利用这种"芝麻开花"形态分几个步骤来详细讲述。

一、形态辨识

"芝麻开花"K线组合形态取意自"芝麻开花节节高"，顾名思义，它是指股价逐级走高，每日最高价一天高过一天。该种形态一般表现为股价跳空而上，形成阳线。下一个交易日股价再次跳高开盘，且高走高收。此形态为多方走势占据优势，一般预示着空头的溃败。在短时期内，股价可能会快速上行，连拉阳线。后市股价会走出一波上升的行情。

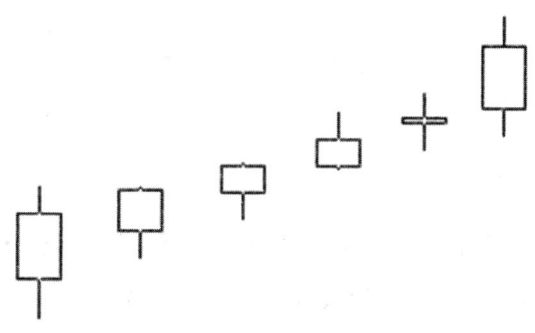

图4-5："芝麻开花"形态

在这种形态中，投资者应认真观察股价第二天高开后的走势，若股价在成交量的配合下顺势高走，便可顺势介入操作，以期获取丰厚收益。

其技术特征如下：

个股或指数经过了长时间的下跌，股价与成交量必须双双创下新低。在创低后不久，股价随即逐级走高，以每日最高价为标准，连续5天（或5天以上）走高，即每天的最高价均高于前一交易日的最高价。最高价虽然连创新高，但实际涨幅并不大，如同连续的"芝麻点"，而且成交量也不是急剧放量，只是处于温和放量过程中。

下面笔者将结合实例，对如何利用这种形态捕捉涨停进行分析。

二、案例分析

1. 久其软件（002279）

（1）日K线位置分析

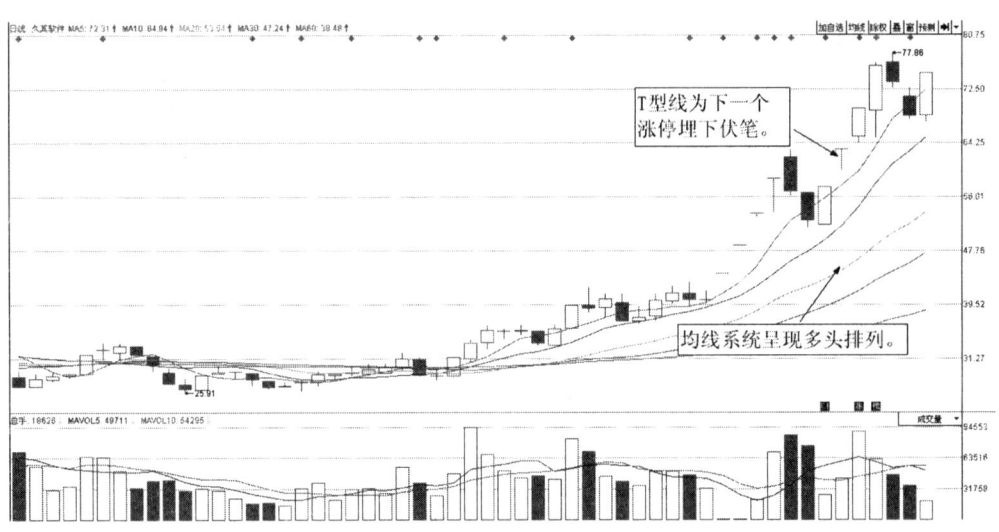

图4-6：久其软件（002279）日K线图

如图4-6所示，在久其软件（002279）日K线图中，该股股价处在一波上升行情中。经历了短暂的回调之后，在一根光头光脚涨停阳线的提振下，股价又迅速拉升。"T"型线为下一个交易日的涨停埋下了伏笔，同时也形成了"芝麻开花"形态的雏形。均线呈现出多头排列的态势，为股价的继续上涨提供了支撑。此形

态往往预示着后市股价会加速上扬，且可能走出涨停板。在股价上涨的途中如果出现这种形态，常常是投资者介入的时机。

（2）15分钟K线组合分析

图4-7：久其软件（002279）15分钟K线图

如图4-7所示，在久其软件（002279）15分钟K线图中，股价所表现出的K线走势一直处于上升态势中。在这一过程中，有时候股价会处于"一"字形态，而在该种形态下，投资者介入获得筹码的可能性非常低。因此，投资者应密切关注其他K线走势，以寻求买点。我们看到，该股股价出现了十字星走势，若结合其所处的位置进行分析，则可以得出此时为介入的好时机。

（3）介入时点分析

如图4-8所示，在久其软件（002279）分时图中，该股股价高开后开始冲击涨停，但在涨停价区域开始回调，之后进入缓慢的爬升阶段。因为开盘后，股价冲击涨停的过程非常之快，很难把握并介入；所以，之后的缓慢爬升阶段就成了投资者买入筹码的最主要介入时点。结合该股的15分钟K线图形，可得出最佳买点出现在上午盘。虽然，在尾盘封涨之前，投资者都可以买入筹码，但下午盘股价基本运行在涨停价区域，追涨成本太高。投资者在股价爬升阶段介入后，待下一个交易日做空获利。

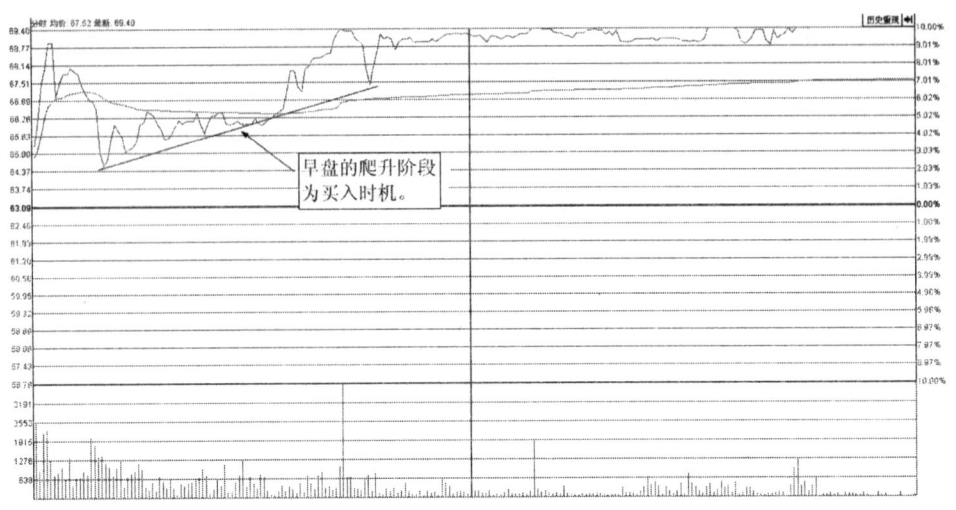

图4-8：久其软件（002279）分时图

2. 云维股份（600725）

（1）日K线位置分析

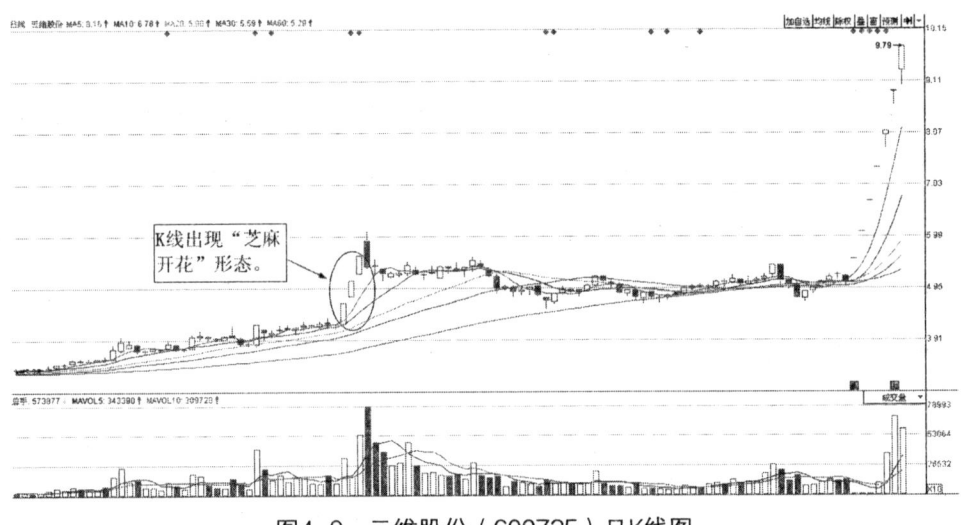

图4-9：云维股份（600725）日K线图

如图4-9所示，在云维股份（600725）日K线图中，该股股价前期一直处于横盘整理状态。之后出现的光头阳线打破了这一趋势，股价开始进入小幅上扬阶段。下一个交易日，股价跳空高开，出现一根光头光脚阳线，组合成为一个比较标准的"芝麻开花"形态。这表明多头实力强悍，以逼空的态势推动股价的上扬，预示着股价后市上涨的动力十足，投资者可在此介入追涨。

（2）15分钟K线组合分析

图4-10：云维股份（600725）15分钟K线图

如图4-10所示，在云维股份（600725）15分钟K线图中，股价在第一个15分钟阶段走一根光头光脚阳线。之后，股价都以"一"字形态上封涨停板，直到下午收市。由此可见，投资者追涨的机会主要集中在开盘阶段。投资者若能成功介入，可在股价下一个交易日冲高时做空，以期获得追涨的短期收益。

（3）介入时点分析

图4-11：云维股份（600725）分时图

　　如图4-11所示，在云维股份（600725）分时图中，股价在开盘后就冲击涨停，并牢牢封住涨停板，直到收市。考虑到该股股价在上一个交易日已出现涨停，当日开盘必然会成为市场所关注的对象。投资者若想买入获得筹码，必须在集合竞价阶段就开始进行操作，并以涨停价挂单买入。在获得筹码后，可在下一个交易日做空，以此来兑现追涨收益。

　　以上便是如何在"芝麻开花"这种K线组合形态中实时观察，谨慎分析，果断决策来捕捉涨停的方法。通过实例我们看到，这种形态是实战中擒杀涨停的一种非常有效的K线组合形态。但需要注意的是，切勿单独依赖此种形态。在操作中要多方面观察，全方位思考，分析这种形态是出现在早盘还是午盘，根据股价所处阶段进行综合分析。

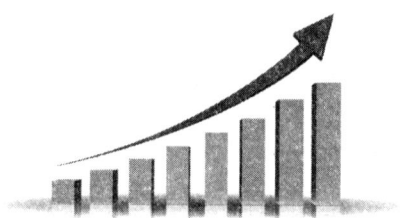

第三节　旭日东升组合擒杀涨停

通过长时间的生活经验积累，我们可以通过天空中云朵的形态来大体获取未来短期内天气的变化状况。比如，天空的薄云，往往是天气晴朗的象征；那些低而厚密的云层，常常是阴雨风雪的预兆。而在股市中捕捉涨停也是有规律可循的。此时，我们要观察的不再是天空中的云朵，而是一个个K线组合形态，不同的形态预示着不同的行情，从而帮助我们更好地进行决策。

随着旭日发出的第一缕曙光撕破黎明前的黑暗，东方天幕由漆黑逐渐转为鱼肚白、红色，直至耀眼的金黄，最后一个火球跃出地平线，腾空而起。这就是自然界中的旭日东升，而在K线理论中也有K线组合形态谓之"旭日东升"。在我们介绍的利用K线组合捕捉涨停的技法中，"旭日东升"作为一种见底形态组合是非常有效的一种。其代表在经过一波下行走势之后，股价见底，新的一轮上升行情即将开始。在这一过程中，多方力量强势反击，而空方力量则开始收缩。在多空力量的如此对比下，股价节节攀升，甚至涨停。

太阳出来光芒万丈，前途一片光明，所以此形态属于看涨的信号。因此，投资者在遇到出现此类K线组形态的个股时，应密切关注股价的后续走势，选择合理的建仓时机，捕捉个股的涨停。

下面，笔者就带领大家详细了解何为K线组合中的"旭日东升"形态。

一、形态辨识

旭日东升K线组合是形容股价由弱转强，如同太阳从东方徐徐升起，其为见底信号，后市看涨。该组合由两根K线组成，第一个交易日是一根实体较大的中阴线或大阴线，第二个交易日股价高开，开盘价远高于前一交易日的收盘价，并收出一根实体较大的中阳线或大阳线，收盘价高于前一天阴线的开盘价。

　　旭日东升K线组合属于底部反转信号。在下跌行情中，股价经过连续的下挫，空头能量基本已经释放殆尽。多方积蓄力量开始奋起反击，且股价高开高走，后市股价逐渐步入上升趋势。旭日东升的阳线实体高出阴线实体的部分越多，走势反转信号越强。投资者在个股K线图中，看到出现旭日东升组合之后，不宜继续看空，而要逢低介入，买入筹码。

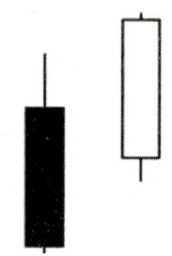

图4-12："旭日东升"形态

其技术特征：

伴随旭日东升K线组合的同时要有量能放大的配合。一般出现在前期股价大幅下跌或回调到位的位置。出现旭日东升K线组合后股价继续上涨，表示反转趋势成立。

二、原理解析

旭日东升K线组合是多空双方演变过程，随着空方力量由强转弱，多方力量在第二日跳高开盘爆发，此时空方已无还手之力。具体的表现形势是，当个股在连续暴跌时，通常会连续地收出了大阴线，而在空方的力量即将耗尽时，多方一般会于次日立即还以颜色，该股的股价突然地大幅跳空高开，然后其股价收出光头光脚的大阳线，且大阳线的实体部分完全覆盖了上一交易日的阴线实体，使上一交易日的做空者即时踩空。

在旭日东升K线组合中，第二根K线是一根高开高走的阳线，这说明股价经过连续下挫，空头能量已释放殆尽。在空方已无力再继续打压时，多方力量认为股价已超跌过度，而在第二个交易日愿意以比前一个交易日更高的价钱买入，这样就形成了高开盘，多方奋起反抗，并旗开得胜。当开盘后做多力量进一步凝聚壮

大，多方力量此时发动攻击，最终结果是连前一个交易日空方所占领的阵地都夺回。当收盘价高于前一根阴线的开盘价时，说明多方力量已将前一个交易日的空方阵地摧毁，并且战胜了前一个交易日的空头力量。股价高开高走，前景又开始变得光明起来。这也是"旭日东升"名称的由来。

三、案例分析

接下来，通过具体的实例来看看如何利用"旭日东升"这种K线组合形态来追击涨停。

1. 北京君正（300223）

（1）日K线位置分析

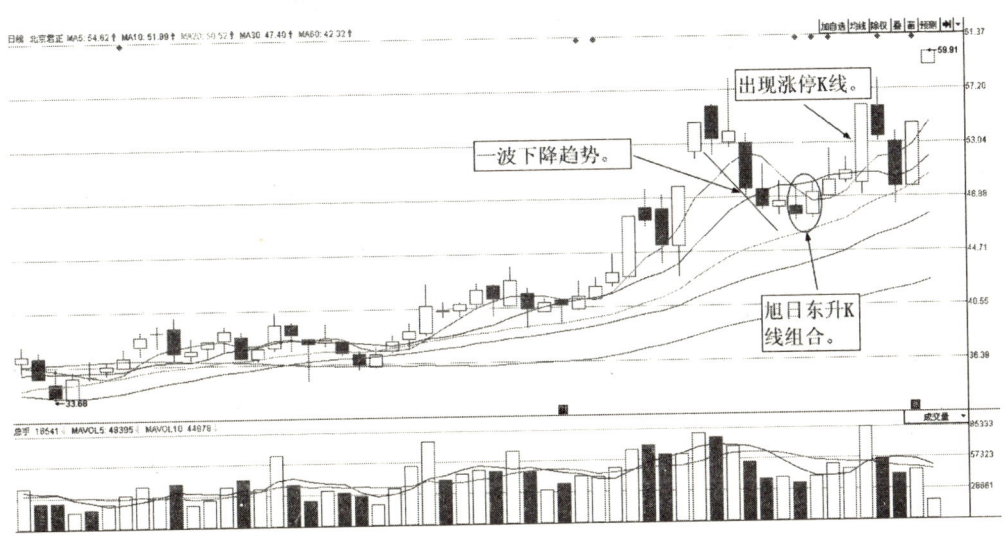

图4-13：北京君正（300223）日K线图

如图4-13所示，在北京君正（300223）日K线图中，该股股价经过前期的一波拉升之后，开始进入下降趋势。股价在运行到20日均线上方时出现一根长影阴线，第二天股价并没有延续前一天的下跌趋势，而是高开高走收出一根中阳线，从而形成一个"旭日东升"K线组合。由于当日并没有出现成交量的有效放大，在随后的两个交易日又出现两个小阳线对该形态加以确认。第三个交易日开盘后，股价低开高走，在下午盘封住涨停。若投资者在个股出现"旭日东升"K线组合后能继续关注股价的后市走势，就有机会伏击涨停。

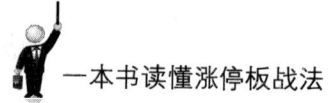
（2）15分钟K线组合分析

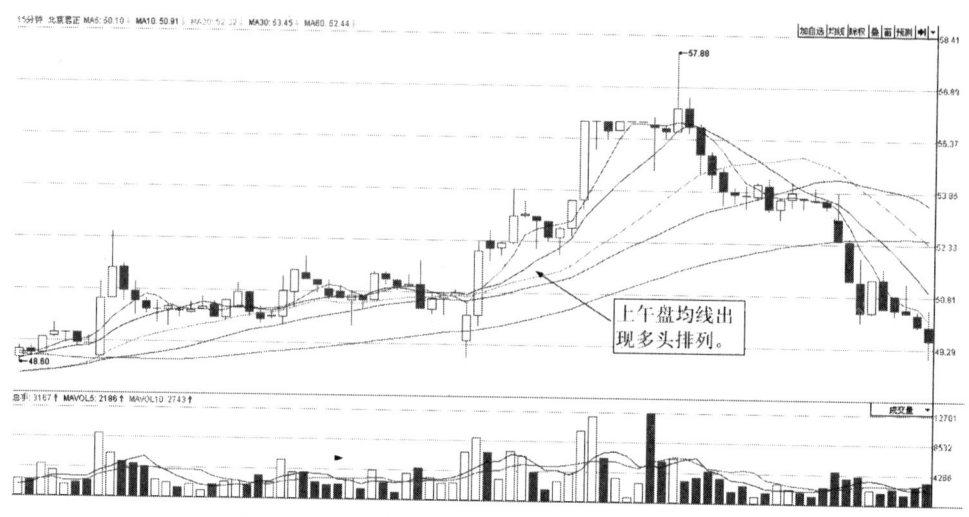

图4-14：北京君正（300223）15分钟K线图

如图4-14所示，在北京君正（300223）15分钟K线图中，股价低开后便开始进入向上拉升的阶段。盘中出现短暂的回调后，股价又开始进入新一波的上涨行情，并于尾盘封住涨停。从K线走势来看，当出现锤头小阳线时，投资者应该注意到此处为股价第二次拉升的启动位置。再配合均线系统进行判断，当日股价涨停的概率较大，可在股价的相对低位积极布局。

（3）介入时点分析

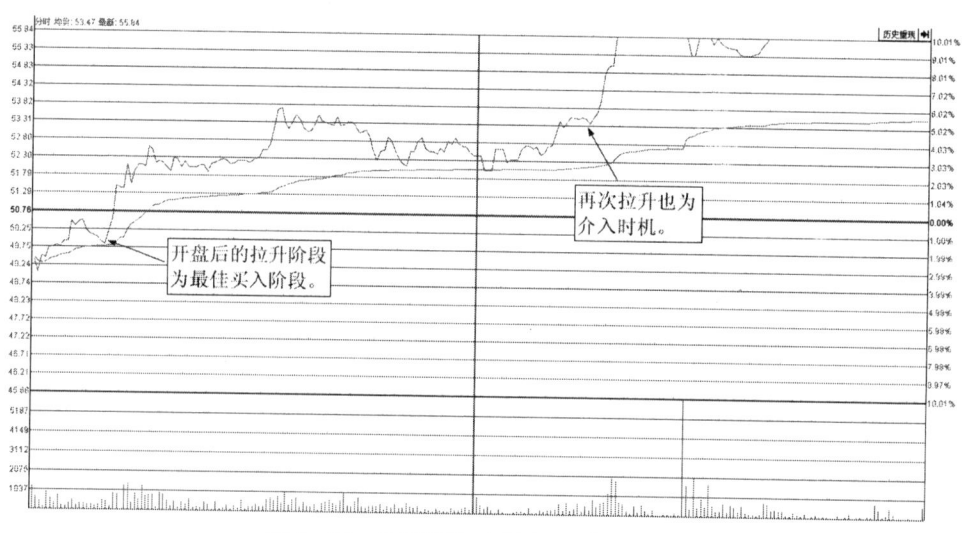

图4-15：北京君正（300223）分时图

如图4-15所示,在北京君正(300223)分时图中,最佳的买入时点为股价开盘后的第一波拉升阶段。但在此处,由于股价低开,又没有成交量的有效放大,投资者很难判断和把握这一买入时机。盘中股价进入横盘整理阶段,但股价仍然运行在平均价格线以上,显示出该股的做多动能较强。下午开盘后,股价迅速拉升,并封住涨停板。投资者应结合该股的15分钟K线图,提前布局以把握这一介入机会,如此可在短期获得追涨收益。

2.奥飞动漫(002292)

(1)日K线位置分析

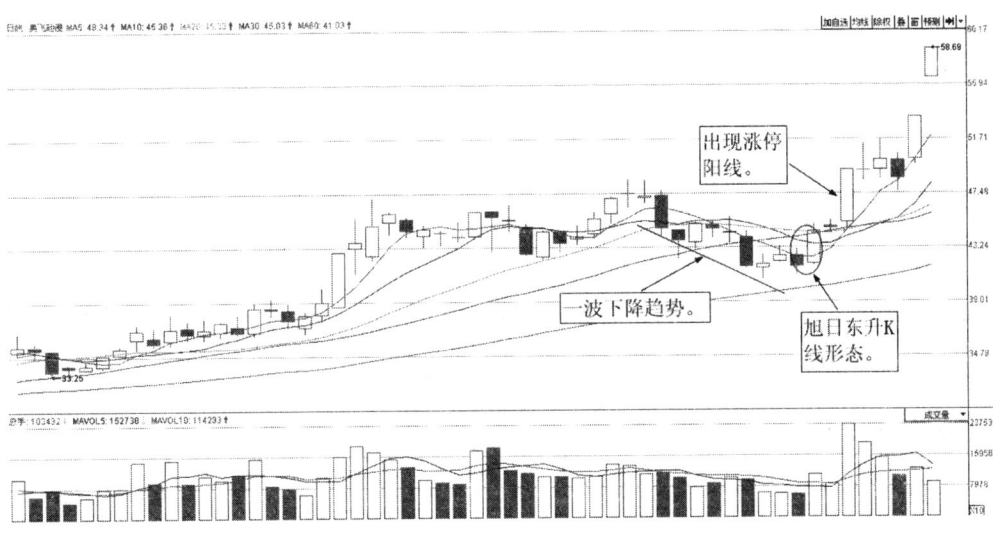

图4-16:奥飞动漫(002292)日K线图

如图4-16所示,在奥飞动漫(002292)日K线图中,股价在进行了短暂的横盘整理之后,开始进入下跌趋势。在下跌的过程中,经过两根小阳线的调整之后出现了"旭日东升"K线组合形态,预示着股价将会进入一波上升行情。仔细分析构成"旭日东升"组合形态的两根K线可以发现,小阴线和大阳线的实体长度相差非常悬殊,而且第二根大阳线的成交量已经开始放大。综合上述分析可以得出多方已经开始行动,行情将终结下跌趋势开始反转。所以,投资者应密切关注此类个股股价的后期走势,以免错过后市的涨停。

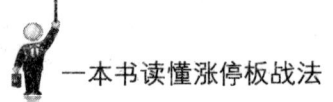

（2）15分钟K线组合分析

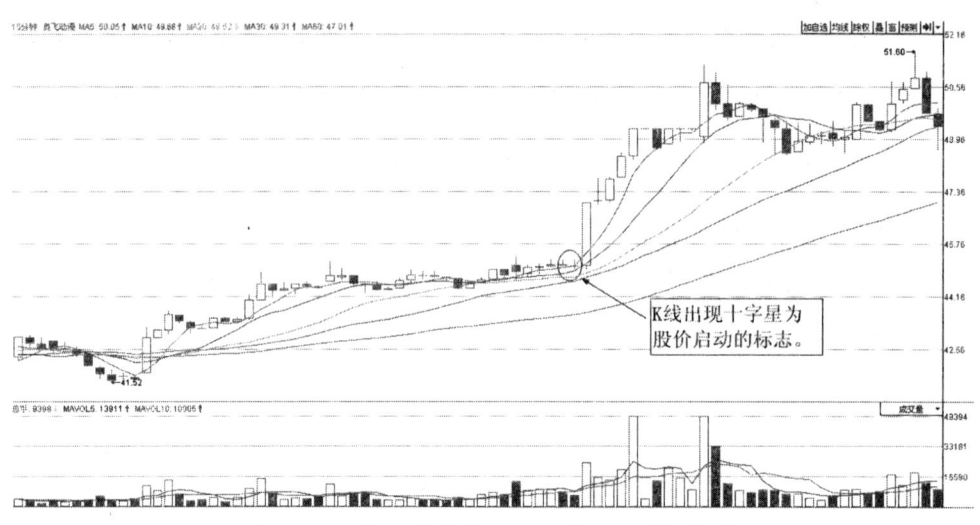

K线出现十字星为股价启动的标志。

图4-17：奥飞动漫（002292）15分钟K线图

如图4-17所示，在奥飞动漫（002292）15分钟K线图中，股价在经过一段横盘整理之后，出现了两个"十字星"的K线走势。这表明多空双方的力量处于均势，但这种均势状态并不会持续很久，随时有可能被打破，而出现行情的反转。投资者应结合日K线组合之前出现的"旭日东升"组合作出判断，在股价出现反转向上时果断出击，以期能获得短线涨停的收益。

（3）介入时点分析

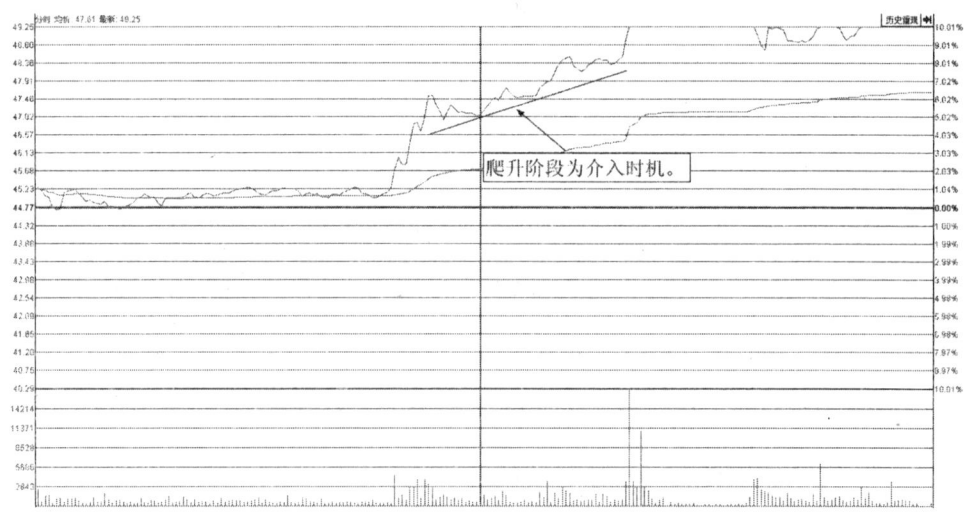

爬升阶段为介入时机。

图4-18：奥飞动漫（002292）分时图

如图4-18所示，在奥飞动漫（002292）分时图中，股价在开盘后表现平平，一直处于横盘整理的状态，直到午盘时才开始进入爬升的阶段。若投资者想要在当日追涨，其买入的机会是非常充足的。但考虑到开盘后，股价的强势上涨态势尚未确立，投资者很难判断股价的走势，那么午盘股价拉升的阶段就变得非常重要了。结合该股的日K线图中出现的"旭日东升"形态，应确定股价在短期内会进入上升阶段。投资者应把握时机，果断介入。获得筹码后，在股价第二天冲高后做空获利。若股价继续保持强势上涨，可短线持有，如此可在短期内获得丰厚的回报。

综合以上两个例子，在连续下跌行情中先出现一根大阴线或中阴线，接着出现一根高开高走的大阳线或中阳线，且阳线收盘价已高于前一根阴线的开盘价。这说明股价经过连续下挫，空方能量已消耗殆尽。在空方无力再继续打压时，多方奋起反抗，并旗开得胜，股价高开高走，前景又光明起来，成为投资者争相抢入的时机。

总之，所谓旭日东升，则代表前景看好，充满希冀。旭日东升K线组合代表一段盘整行情后的一种奋起追击，它属于底部反转信号，一旦这种形态出现，交易者要擦亮双眼，慧眼识珠，迅速抓住时机介入，则可在其他交易者尚未觉察前获取可观收益。

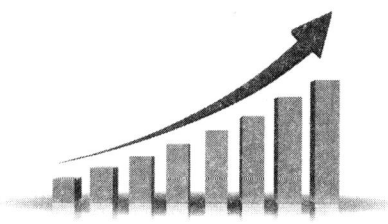

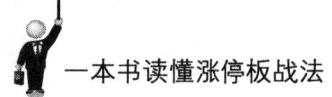

第四节　红三兵组合擒杀涨停

股市操作本就是一个多方博弈的过程，这期间充满了斗智斗勇，更是充满了力量对比与搏杀。这一过程表现在K线组合形态中便有了"红三兵"这种比喻贴切的形态。

实战中，"红三兵"K线组合形态应该是投资者朋友们一个耳熟能详的名称，传统技术理论也将这个形态视为经典。在多空力量发生反转的时候，股价往往也会出现涨停走势，在如此的力量对比中形成"红三兵"K线组合形态。

投资者在使用该形态时一般不能单独使用，应结合其他多种分析方法后做出操作决策。

下面，笔者将带领大家一睹K线组合形态中"红三兵"的风貌。

一、形态辨识

红三兵亦称"三红兵"，该K线组合是由三根阳线，依次上升所形成的形态。它是一种很常见的K线组合，当这种K线组合出现时，后势看涨的情况居多。

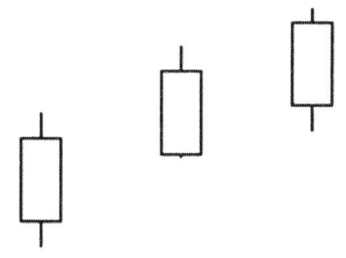

图4-19："红三兵"形态

在现实交易中，红三兵常常发生在下降趋势中，一般是市场的强烈反转信号。若股价在较长时间的横盘后出现"红三兵"的走势形态，并且伴随着成交量的逐渐放大，则是股票启动的前奏，投资者应对这种K线组合密切关注。

其技术特征：

出现在上涨行情初期；由3根连续创新高的小阳线组成，即每天的收盘价高于前一天的收盘价，且都是小阳线。

这是传统技术理论中的定义。对于该形态，笔者认为有必要补充以下内容：

后两根小阳线中，每一天的开盘价需高于前一天的开盘价，但不高于前一天的收盘价；后两根小阳线中，每一天的最高价都高于前一天的最高价，每一天的最低价都高于前一天最低价。

"红三兵"如果发生在下降趋势中，是市场的强烈反转信号。每天开盘价较低，收盘价却是最近的新高，多头力量在推动股价向上盘升。

二、原理解析

红三兵K线组合所表现的多空搏杀原理是，在暴跌之后空方已无力继续打压，股价在低价区窄幅波动时小阳线与小阴线交替出现。价格处在市场底部震荡，市场做空一方无力再度做空；而做多一方觉得价格经过下跌，已处在超卖状态，可以做多；观望一方比较了多空力量，认为多方有利而进场建立多仓。

经过较长时间整理之后，多方积蓄了足够上升的能量，市场受此合力影响，形成三天连续上扬局面，伴随着成交量的放大出现连续上升的三根小阳线。三根小阳线反映了在这三个交易日中，当多方力量与空方力量进行搏杀较量后，多方力量都取得胜利。每一日的往上运行代表了多方力量正在一小步一小步地前进，而空方力量则是节节败退。多方力量已经在不断地聚集积累，使股价突破盘局开始上升。多头力量"小荷才露尖尖角"，它的出现预示后市企稳转强的可能性很大。

三、案例分析

通过以下东方国信（300166）和北大荒（600598）两只股票所表现出来的"红三兵"形态，笔者希望广大投资者能对"红三兵"形态有深刻的理解，并对其加以其有效利用。

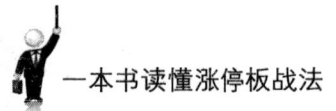

1. 东方国信（300166）

（1）日K线位置分析

图4-20：东方国信（300166）日K线图

如图4-20所示，在东方国信（300166）日K线图中，该股股价经过前期的小幅回调之后，在60日均线企稳，并出现了止跌迹象。之后K线走出三根小阳线，组成"红三兵"K线组合形态。通过对"红三兵"K线组合的成交量进行观察，可以发现这三天的成交量呈现出逐步放大的态势，特别是第三天的成交量几乎是前两天的总和。这显示出有资金在积极介入，且买盘持续性很强，所以，此时出现的"红三兵"K线组合是股价下跌趋势结束的标志。同时也预示着股价将开始进入反转趋势，并在接下来的交易日中，股价出现涨停走势。在出现此种形态后投资者应密切关注，积极介入，如此可以轻松捕捉到股价反转时出现的涨停板。

（2）15分钟K线组合分析

如图4-21所示，在东方国信（300166）15分钟K线图中，股价前期一直处在横盘整理阶段。涨停当日，K线图在开盘后的15分钟内便出现了大阳线，并且股价迅速封住了涨停。之后涨停板被小幅打开，但很快股价又上封涨停，并直到收盘。可见，在"红三兵"K线组合出现之后，股价强势上涨的动能强劲，并且后市上行空间很大。投资者在结合日K线图的同时应利用15分钟K线图判断介入时点，以免错过追涨时机。

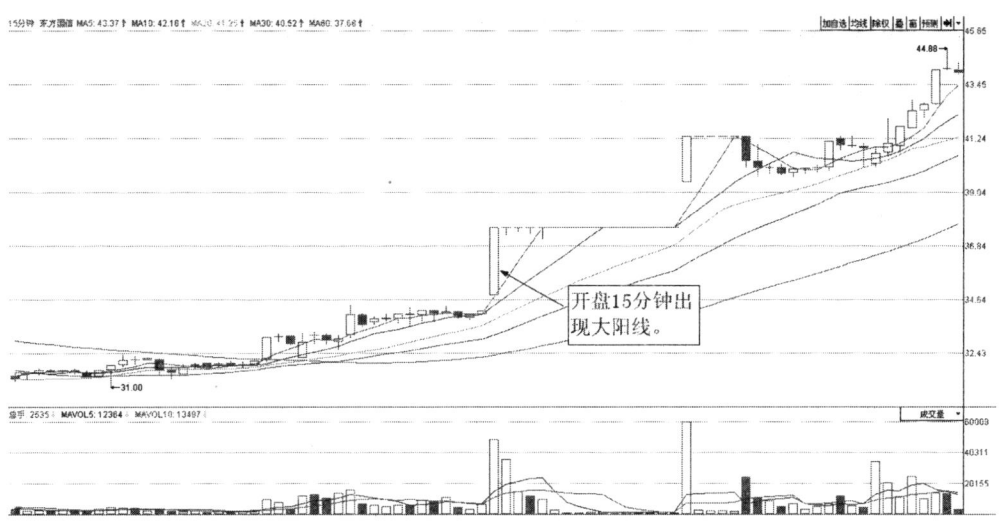

图4-21：东方国信（300166）15分钟K线图

（3）介入时点分析

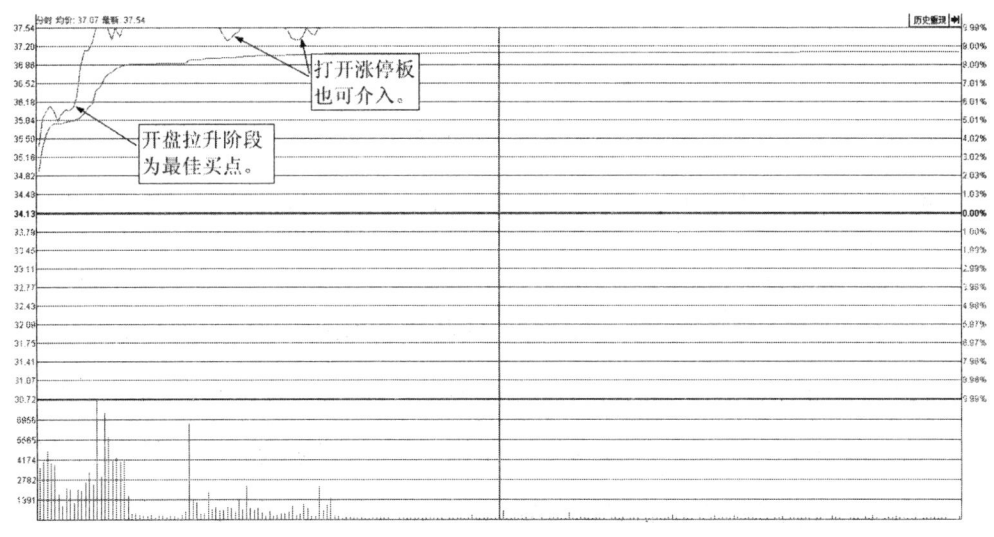

图4-22：东方国信（300166）分时图

　　如图4-22所示，在东方国信（300166）分时图中，股价高开之后便出现了放
量拉升的趋势，并在很短的时间内上封涨停。可见，主力在经过前几日的操作之
后，已经准备要拉升股价。该股最佳的追涨时机出现在开盘后的放量拉升阶段，
但由于股价上封涨停的速度较快，投资者很难进行操作。因此，股价在盘中打开

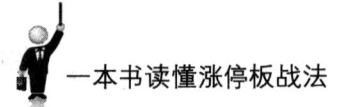

涨停板时，也是不错的介入时机。获得筹码之后可在后期做空获利。个股在日K线图中出现"红三兵"形态后，股价一般上涨较快，所以投资者应提前进行布局，在时机来临时果断杀入，乘胜追击。

　　2.北大荒（600598）

　　（1）日K线位置分析

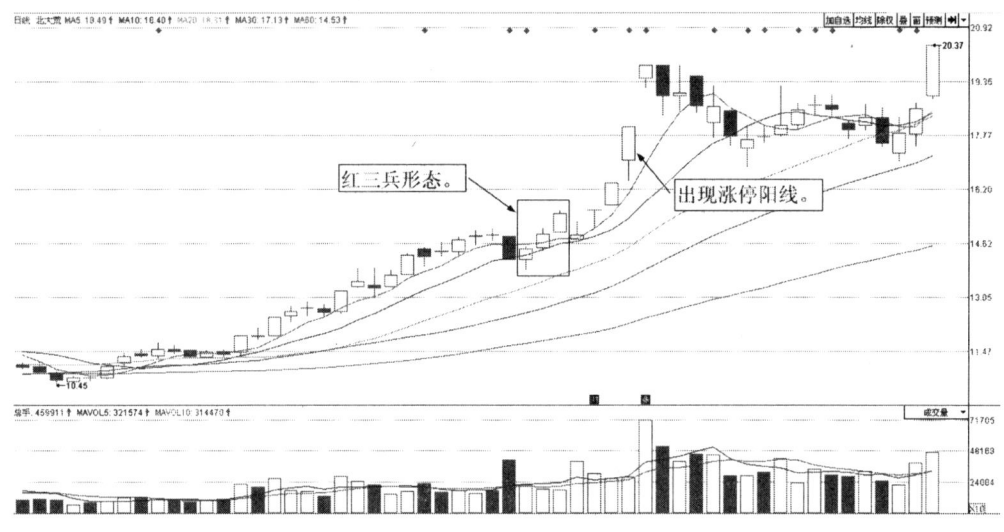

图4-23：北大荒（600598）日K线图

　　如图4-23所示，在北大荒（600598）日K线图中，股价在经过前一个交易日的下跌之后，并没有延续前期的走势。而是在10日均线开始企稳，之后连续走出两根阳线，与之前的阳线组成"红三兵"K线组合形态。该股的均线系统也延续了多头排列的态势，为股价的进一步攀升提供了支撑。下一个交易日，股价走出倒"T"字型。此时投资者可多观察几日，结合其他技术指标进行判断。之后股价强势上行并出现涨停，投资者可积极买入。

　　（2）15分钟K线组合分析

　　如图4-24所示，在北大荒（600598）15分钟K线图中，涨停板出现的当日，股价跳空高开后拉出一根大阳线。之后，股价一直上封涨停板，直到尾盘收市。由此可见，投资者若想要在当日追涨必须在开盘后15分钟内有所行动，否则后市很难再觅得好时机介入。同时这也表明主力拉升该股的意图强烈，股价后市上涨

动力充足。投资者能获得筹码可短期持有，以期获得短线回报。

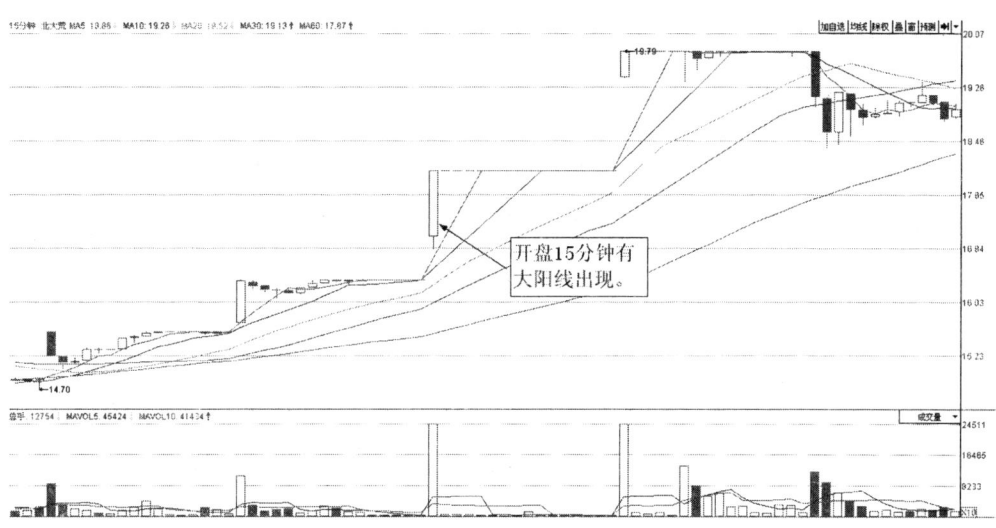

图4-24：北大荒（600598）15分钟K线图

（3）介入时点分析

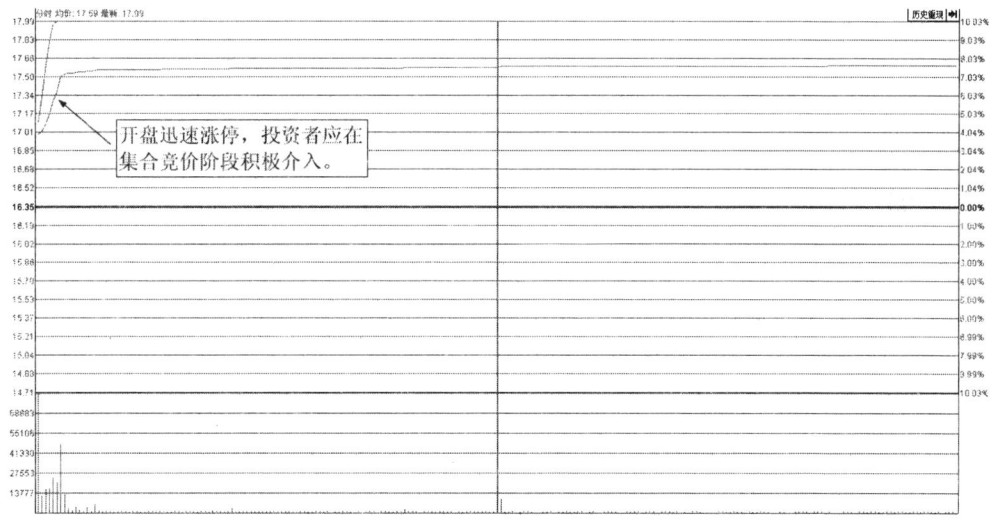

图4-25：北大荒（600598）分时图

　　如图4-25所示，在北大荒（600598）分时图中，该股股价在跳空高开之后，迅速拉升涨停，之后股价一直上封涨停直到尾盘收市。如果投资者想要在当日追涨，必须密切关注该股在出现"红三兵"K线组合形态后的走势。否则，很难对快速涨停的股价作出反应并进行操作。最佳的买入时机是在该股的集合竞价阶

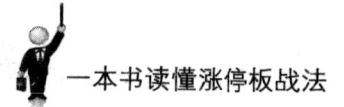

段，投资者依据该股前期的走势，可在集合竞价阶段买入筹码，在后市获利后进行做空操作，获得追涨收益。

通过分析实例，相信大家一定对"红三兵"这种K线组合形态有了更深了解，即在K线图中表现为在上升趋势中（股价见底回升或横盘整理时），出现三根连创新高的小阳线。如果在"红三兵"形态之后股价上冲时，成交量能同步放大，那么说明该股有新主力加入，后市继续上涨的可能性极大。因此，此类个股是投资者介入的最佳选择。

投资者需要注意的是，在大盘启动后的行情中，会出现许多的强势个股。因此，只要具备认准"红三兵"组合的眼力，就基本上能够捕捉到强势股了。希望读者朋友们能灵活运用这一特殊形态。

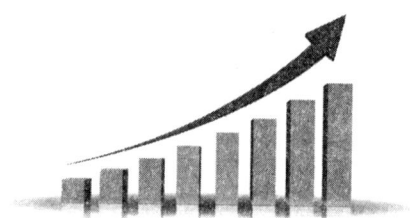

第五节 跳空上扬组合擒杀涨停

在瞬息万变的投资市场中，有的投资者往往无法顺利获得利润。其实，投资者只要多学习一些简单的股市走势形态分析知识，就能够抓住盈利的机遇，达到盈利目的。做任何一种事情都讲究技巧，擒杀涨停也不例外。只要做个投资市场中的有心人，通过潜心观察和分析，定会在茫茫股市中寻得属于自己的一套追涨方法。在此，笔者就介绍一下K线中的跳空上扬组合，以供大家学习和参考。

"跳空上扬"组合形态是在股价上升趋势中出现的K线组合，在这一过程中，股价连续跳高开盘，收出阳线。此时，多空双方力量对比较为悬殊，股价上涨动能强劲。由于这些因素的作用，股价可出现涨停的走势。

接下来，笔者就带领大家详细了解这种K线组合中的"跳空上扬"形态，以帮助大家形成较直观的感受。

一、形态辨识

"跳空上扬"K线组合形态是由两根K线组成，上一个交易日收出一根上涨的阳线，第二个交易日以高于上一个交易日最高价的价格跳空高开。股价全天保持强势上涨，并且没有完全回补两根K线所形成的缺口。

在"跳空上扬"K线组合形态中，股价在第二天的运行过程中，多方的力量明显要强于空方的力量。如果这种K线组合出现在股价下跌趋势的底部时，则表明后期股价出现反弹的可能性相当大；其出现在股价上涨的途中时，往往是股价加速拉升的征兆。在个股行情出现这种K线组合形态时，投资者应结合其他指标进行合理判断，积极介入，以获得短期回报。

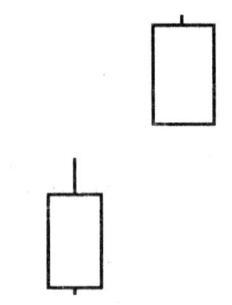

图4-26："跳空上扬"形态

其技术特征：

在上涨途中出现；由两根K线组成；第一根K线为上涨的阳线，第二根K线跳空高开，股价全天保持上涨的态势，直到收盘都没有回补前一天最高价和当天最低价之间所形成的缺口。

该形态为见底信号，后市看涨的概率较大。

二、原理解析

股价跳空高开突破后，多头不会尽快将防线向前推进到距离第一天的跳空缺口较远的地方，这也是占优的走势，表明相当多的空头已经放弃抵抗，股价的上行速度将会加快。

三、案例分析

笔者通过兆日科技（300333）和三丰智能（300276）这两只个股的走势图来为大家具体阐述何为"跳空上扬"K线组合，以及该如何在这种形态下进行决策。

1.兆日科技（300333）

（1）日K线位置分析

如图2-27所示，在兆日科技（300333）日K线图中，该股股价在经过前期小幅的调整之后，出现逐步企稳的迹象。在K线图出现中阴线之后，股价并没有延续下跌的趋势，而是走出了一个长影小阳线。下一个交易日，股价直接跳空高开，走出一根中阳线。同时，和小阳线组成了"跳空上扬"K线组合形态，表明股价在经过前期的调整之后，已准备进入拉升阶段，之后出现的涨停阳线便证明

了这一点。投资者若在此处介入，便会获得不错的短期回报。

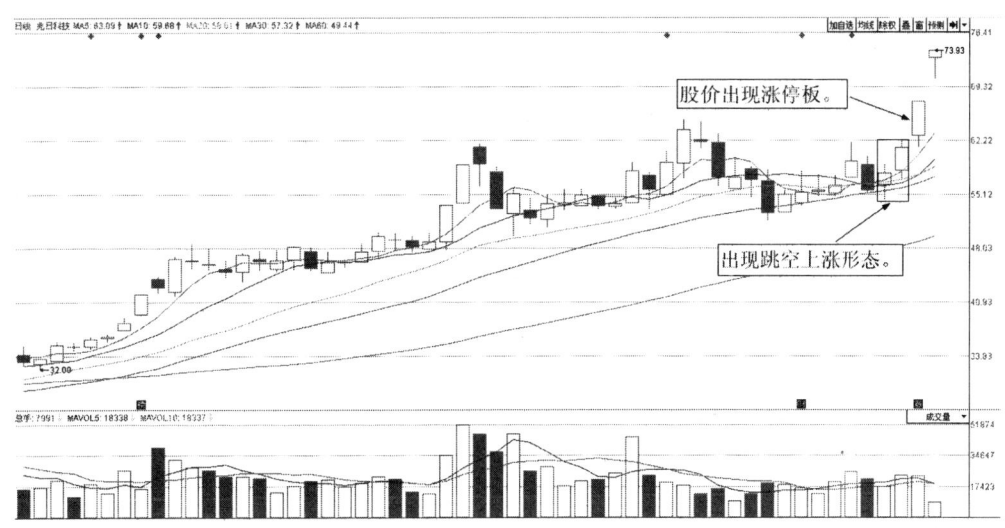

图4-27：兆日科技（300333）日K线图

（2）15分钟K线组合分析

图4-28：兆日科技（300333）15分钟K线图

如图4-28所示，在兆日科技（300333）15分钟K线图中，股价在开盘后，连续出现三根阳线。并且在股价连创新高的同时，其成交量也处于不断放大的态势。这表明该股上涨动力强劲，其上升趋势不会在短时间内结束。股价在上封涨停板后一直处于涨停价位，并未被打开，直到收市。因此，投资者买入获得筹码的机会集中在早盘阶段，对此应特别注意。

（3）介入时点分析

图4-29：兆日科技（300333）分时图

如图4-29所示，在兆日科技（300333）分时图中，该股股价高开之后便开始进入了短暂的放量拉升阶段。之后，股价出现了短暂的回调。投资者应结合该股日K线图中出现的"跳空上扬"组合形态，进行预判，提前布局，以捕获追涨的时机。在股价出现第二次放量拉升时，投资者应迅速介入，获得筹码。此时涨停趋势已基本明确，投资者可在短期内获得追涨的利润。

2. 三丰智能（300276）

（1）日K线位置分析

如图4-30所示，在三丰智能（300276）日K线图中，股价在经过两根下跌的阴线之后，突然出现反转向上的走势。并且走出一根涨停的大阳线，其实体几乎吞没了前两根阴线。这预示着股价在此处出现了强烈的反转信号，是投资者介入的好时机。同时，后市出现的十字星和涨停大阳线又组合成"跳空上扬"形态，表明股价后市不仅反转向上，而且其向上拉升的动能充沛。在多空力量对比如此悬殊的局势下，股价走出涨停K线也是情理之中的事。投资者在此形态下可积极做多，以期获得追涨收益。

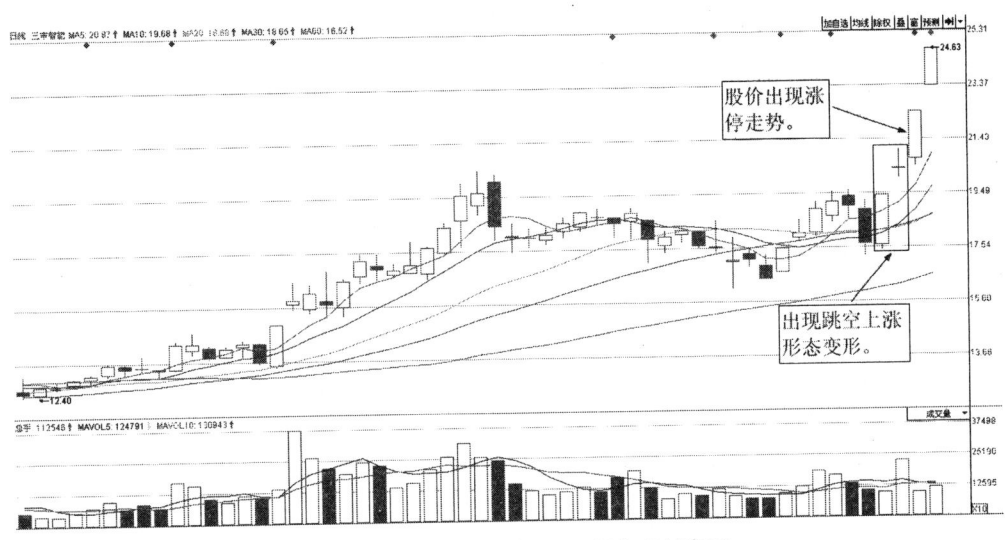

图4-30：三丰智能（300276）日K线图

（2）15分钟K线组合分析

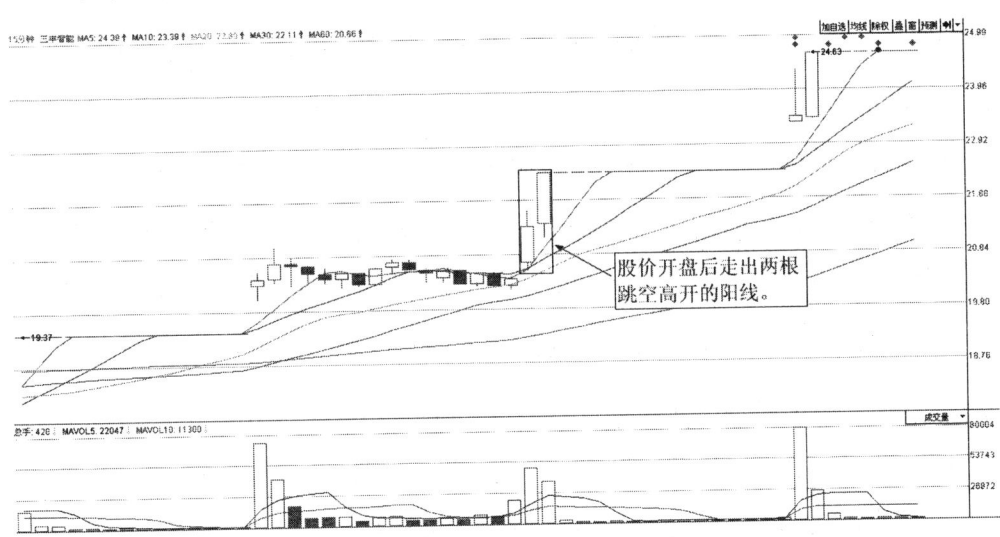

图4-31：三丰智能（300276）15分钟K线图

如图4-31所示，在三丰智能（300276）15分钟K线图中，该股股价一直处在调整阶段。但在下一个交易日股价并没延续之前的走势，而是突然向上走出两根中阳线。之后，股价一直上封涨停板，直到收市。投资者若依据该股日K线图的"跳空上扬"形态进行分析，便不会对股价的这一涨停感到特别意外。同时，投资者还可以进行合理布局，在适当时机介入，获得追涨收益。

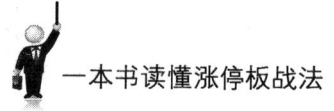

（3）介入时点分析

图4-32：三丰智能（300276）分时图

如图4-32所示，在三丰智能（300276）分时图中，该股股价在高开之后，出现了宽幅震荡的走势，同时，其成交量也有所放大。这表明此时该股的多空双方力量对比基本均衡，其走势比较活跃。但股价运行到9：50，多方突然发力，打破拉锯态势。股价在放量后迅速拉升，并上封涨停板。在结合该股日K线图的"跳空上扬"形态之后，投资者应在股价放量拉升时积极介入，以获得追涨的筹码。其可在下一个交易日股价冲高后做空，如此在规避风险的同时也获得了追涨利润。

因此，"跳空上扬"组合作为一种判断个股走势的指标，是我们在追击涨停时不可忽视的因素。古语云："不积跬步，无以至千里。不积小流，无以成江海。"追击涨停需要投资者一步一步地掌握所需的知识，增强自己的判断能力，作出正确的决策。在实战中，大家应该把握本节所讲的"跳空上扬"组合所代表的行情发展状况，看到见底信号突现应该提高警惕，择机介入，莫失良机。

第五章

公司题材诱导涨停捕捉技法

　　社会学领域有一个著名的六度空间理论，讲的是你和任何一个陌生人之间所间隔的人不会超过六个，也就是说，最多通过六个中间人你就能够认识任何一个陌生人。这是一种小世界效应，反映了现实生活中联系的普遍性。

　　而在股市中也依然如此，任何东西都是环环相扣，互相联系的。看似毫无关系的要素之间往往有密切的关系。这就是我们本章要重点讨论的关于公司题材与捕捉涨停板的关系。

　　个股，公司的题材以及个股的涨停，三者之间并不是独立存在，而是相互联系，互为依存的。个股的涨停板与公司的题材总是相伴相生，公司的题材促成了个股的涨停，个股的涨停板则又提升了题材的热度。我们在研究捕捉个股涨停板的技法时，公司的题材是不可忽视的一环。我们在关注个股的题材面时，不仅要关注公司题材的炒作热度如何，还要关注这一题材后市是否会有延续性等。本章的主要内容是介绍在实际交易中，投资者如何在立足公司题材面的基础上，再结合个股的其他技术指标来分析个股股价的后期走势，同时如何捕捉这些公司题材所催生出来的涨停板。

第一节 公司题材名片

资本市场中的个股题材多种多样，同时，个股题材又总是与市场消息、政府政策息息相关，并且其时时刻刻都在发生变化。有的公司题材，其热度将会持续一段时间，有的则仅仅是昙花一现。在实际交易中，投资者面对形形色色的题材，要具备梳理和判断的能力，在具备这种能力的基础上，追捕个股的涨停板。

本节笔者将结合实例来介绍国内股票市场中较为典型的一些公司题材，并对这些题材给上市公司以及其股价带来的影响进行简单的分析。

1.业绩增长题材

公司业绩往往体现了上市公司的核心竞争力，也是资本市场最为关注的公司因素。如果上市公司主营业务出色而使得其业绩大幅增长，这无疑对公司是重大利好。如果其业绩的增长幅度远远高于市场的预期，则股价往往会出现明显的上升走势，甚至出现涨停板。反之，如果上市公司的业绩大幅度下滑，甚至出现了亏损，则其股价往往大幅下挫。

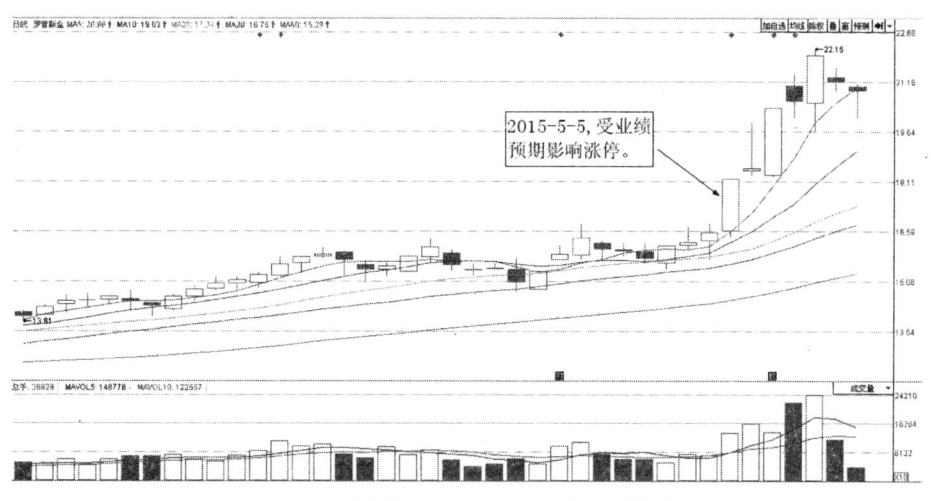

图5-1：罗普斯金（002333）日K线图

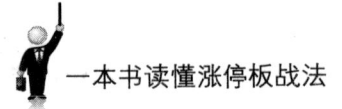

2015年5月5日，罗普斯金（002333）股价小幅高开震荡后迅速拉升，并在10：25封涨停。

而根据对该公司的发展情况进行了解，该公司于2015年进行厂区整体搬迁，预计对生产有一定的影响，但公司主业业绩预计仍在8500万元左右。由于拆迁补偿，预计该公司2015年全年净利润在2.5亿元左右。

因此，公司业绩增长成为大概率事件，该股股价后市或继续走高。

2. 大股东增持题材

上市公司的大股东，特别是参与企业经营管理的大股东，他们最了解企业的经营状况以及发展前景。如果大股东出手增持公司股份且数额较大，这些行为代表其看好企业的发展前景，同时也可以带动市场的做多热情。若此时的股价还处于深幅下跌后的低位区，则行情有可能出现反转的走势。投资者应积极关注该股的近期走势，这样被明显低估的个股一般会出现上升走势。

相反，若是大股频频减持上市公司的股票，则往往表明个股的股价被市场高估。同样，也体现出大股东对企业前景信心不足。如果此时的股价正处于高位区，则这种减持行为往往预示着股价顶部的出现，后市有可能转入下行趋势。这种形势必须引起投资者警惕。

图5-2：光线传媒（300251）日K线图

2015年5月8日，光线传媒（300251）股价大幅高开后进入横盘整理状态。在10：25，股价迅速拉升并上封涨停。

消息面上，公司于2015年5月7日收到控股股东上海光线投资控股有限公司关于计划增持公司股份和已经增持公司部分股份的通知，光线控股于2015年5月7日通过深圳证券交易所证券交易系统累计增持公司股份67.85万股，占公司总股本的0.06%。

关于此次增持的目的，光线控股表示是基于对公司未来发展前景的信心，以及对当前股价走势的合理判断。这一行为无疑对未来公司股价的走势起到积极的影响。这一举动无疑为股民提供了一种走势向好的个股选择，因此，对于这类题材股，作为投资者介入的公司题材股已经毋庸置疑。

3. 资产注入题材

资产注入是上市公司的大股东把自己的资产出售给上市公司。同时也可能是上市公司发起人（自然人或公司）的另外一些非上市的资产注入到上市公司中。该项资产可以与上市公司的主营业相关，也可以完全无关。从原则上讲，公司所注入的资产应该是盈利能力较强的优质资产。因而，公司资产注入的计划对市场来讲是一个明显的利好。

上市公司为了购买某项资产，一般都会通过向一些专业的投资机构定向增发新的股份来募集所需的资金。因此，在股票市场中，投资者常常会看到上市公司"定向增发"的行为。公司"定向增发"的行为给公司所注入的优质资产将会进一步提升公司的盈利能力，市场对此都抱有乐观的态度，因而其支撑了股价的走强，也催生了股价的涨停。

2015年4月23日，停牌一个多月的华域汽车（600741）复牌，并发布了业绩稳定增长的一季报和大手笔定增募资预案，受此消息刺激，其股价"一"字涨停。

公司此时发布定增预案可谓充分利用了当下的行情，既置入了大股东上汽集团零部件核心业务，同时又募资解决了自身的财务问题。而且，此次募资公司拟以智能化为核心推动转型升级，也契合了资本市场的喜好。这一资产注入行为将支撑公司股价逐步走强。

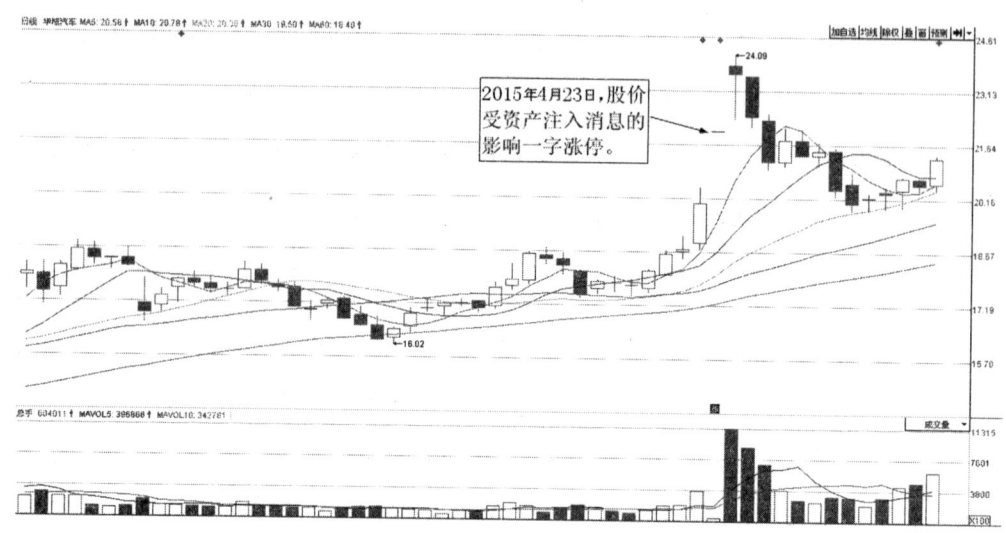

图5-3：华域汽车（600741）日K线图

4.合并企业式题材

企业合并，是指将两个或者两个以上单独的企业合并形成一个报告主体的交易或事项。企业合并分为同一控制下的企业合并和非同一控制下的企业合并。公司合并往往是强强联合，或相关产业链的整合，这一行为对合并公司的盈利能力都有较大的推动作用。市场在该合并行为的带动下也会形成做多效应，对公司股价的后期走势形成促进的作用。

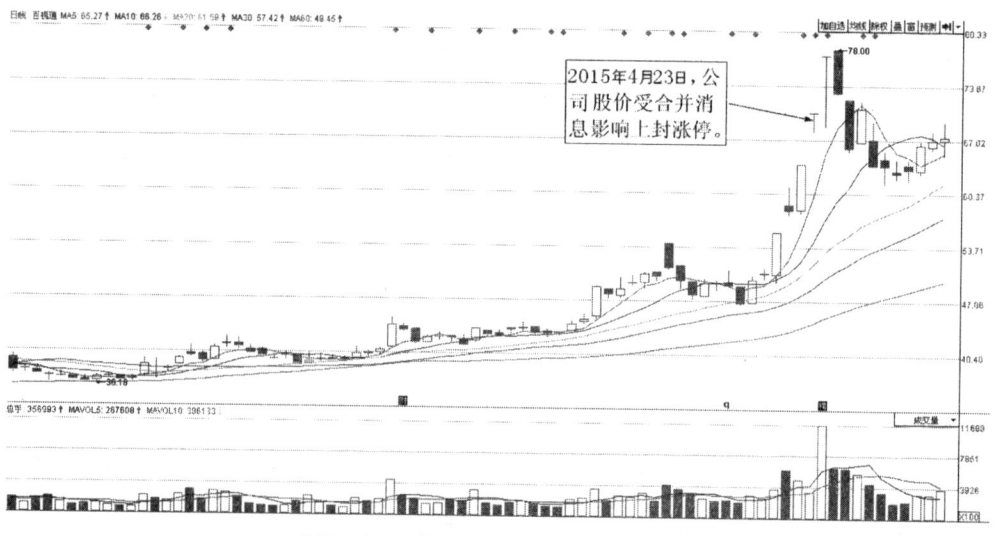

图5-4：百视通（600637）日K线图

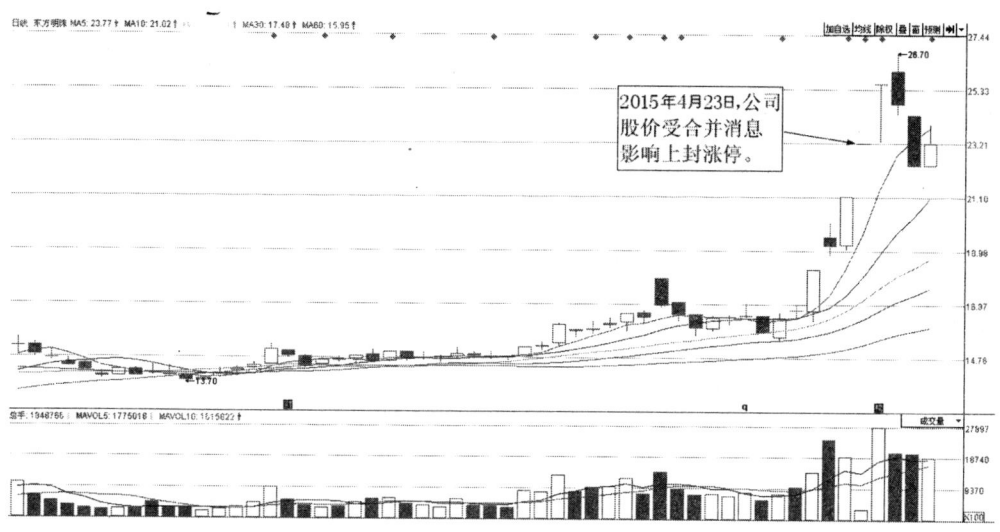

2015年4月23日,公司股价受合并消息影响上封涨停。

图5-5: 东方明珠（600832）日K线图

2015年4月23日，东方明珠（600832）、百视通（600637）两公司开盘之后分别以"T"字、"一"字强势涨停。

为确保现金选择权和换股实施顺利进行，东方明珠将自4月29日即现金选择权股权登记日次一交易日开始连续停牌，直至完成终止上市手续，4月29日为公司股票最后一个交易日。百视通同样于4月30日开市起停牌。

两公司合并将助涨公司股票，相关个股后市或继续走高。

5.高送转题材

高送转（配）是指送股或者转增股票比例较大，一般10送或转5以上的才算高送转。高送转作为一种炒作的题材，相对多见于股市处于牛市阶段时，因为此时更容易受到股民追捧，并且股价也容易走出涨停。而在熊市阶段，由于股民相对不热衷这种题材，高送转的情况就相对较少。

2014年11月26日，公司发布高送转分红预案，拟每10股转增12股派2元（含税）。受该消息刺激，当日股价直接封杀"一"字涨停，并且之后又走出两个涨停板。

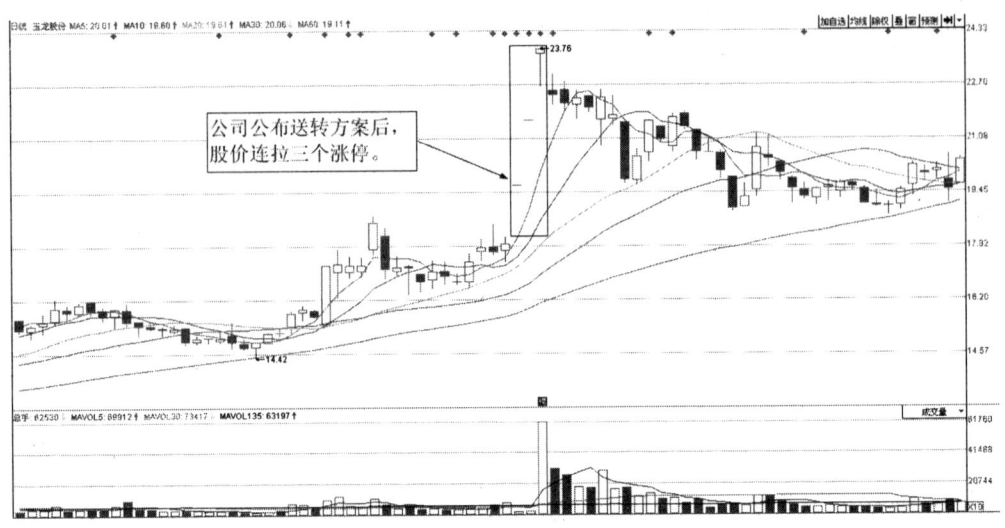

公司公布送转方案后，股价连拉三个涨停。

图5-6：玉龙股份（601028）日K线图

玉龙股份主营焊接钢管的生产和销售。公司实际控制人唐永清、唐志毅、唐维君、唐柯君向董事会提交了2014年度利润分配及资本公积金转增股本预案，拟向全体股东每10股转增12股派2元(含税)。公司董事认为，该预案有利于与全体股东分享公司成长的经营成果，与公司经营业绩相匹配，与公司成长性相符。

公司不仅明年业绩增长的确定性更大，而且未来几年的业绩增速有望"上调"，估值提升空间扩大，推动后市股价继续走强。

公司内外部环境作为影响题材股价走势的重要因素，任何变动都可以引起联动效应，对股价起到牵动作用，这就使得其成为投资者不得不关注的重要因素。

市场上的公司题材股种类多样，反映在股市走向上也有不同情况，本节笔者提出了国内股票市场中较为典型的一些公司题材，当然实战中远不止这几种题材股，希望广大读者朋友们在实际操作中谨慎选股，仔细研判，随时关注不同题材股的变动情况，根据实际情况选择恰当的操作。同时也应学会了解实时动态，对于市场上一些行业、公司的最新动态有所了解，从而使自己的操作更具有预见性。

当然，作为一种诱导涨停的捕捉技法，公司题材也会在实战中对捕捉涨停板起到举足轻重的作用，对此，本章后续章节将会详细论述。

第二节 业绩增长擒杀涨停

我们都知道，衡量一个公司的前景和现行经营状况，业绩无疑是首要的标准。而对于市场题材股而言，某一公司的业绩直接影响着这只个股的走势行情，因此，通过业绩抓涨停也是我们讨论的重点。

从哲学的角度来看，事物的发展是内外因共同作用的结果，内因对事物的发展起决定性作用，外因对事物的发展起辅助性作用。对于一只股票来说，其企业的业绩就是内因。业绩是个股股价的支撑与保障，业绩是公司股票的价值所在，故上市公司业绩的好坏会直接影响到股票的市场价格。有些个股的涨停也是在企业良好业绩的催生下产生的，投资者在追击个股的涨停时应多注意这方面的因素。在实际交易中，根据股票的业绩进行操作是相对风险较低的操作方式。上市公司的业绩良好，无论如何都会体现在公司的股价上。

一、驱动因素分析

股价直接反映了企业的经营状况和业绩增减状况。根据相关规定上市公司的经营情况都是以每季度、每半年、每年为时间周期进行公布，而其股价则是时刻变动的。因此，每当季报、半年报、年报公布之后，市场就会自动修复股票的价值，使股价更能准确地反映股票的实际价值，反映企业真正的经营情况。正因如此，上市公司的业绩出现同比增长时，股价也会随之出现上涨。

选择业绩预增的股票时，应注意以下两点：

第一，上市公司业绩增长的幅度。上市公司业绩增长的幅度越大，未来股价的涨幅则可能会越高。因此，投资者选择投资标的时应尽量选择业绩暴增的股票。

第二，观察个股近期有无业绩炒作经历。如果个股业绩增长已经被市场提前预知，且已经出现了相应的炒作，那么季报、半年报和年报公布之时，市场反应

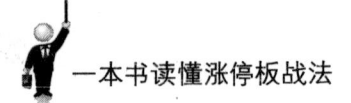

也不会有太大的波动，投资者也就没参与操作的意义了。

二、案例分析

下面，跟随笔者通过几个实例来具体了解如何通过业绩增长抓涨停。

1. 西部证券（002673）

（1）日K线分析

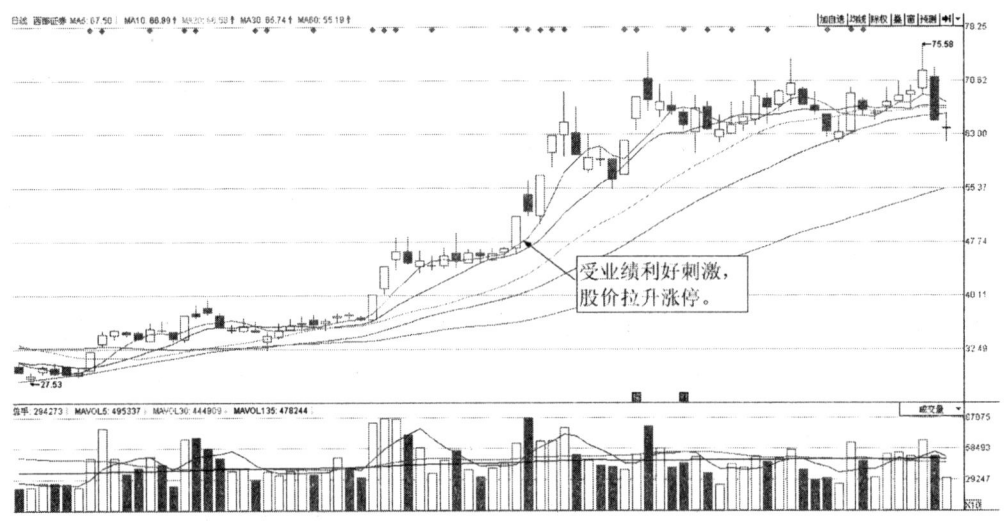

受业绩利好刺激，股价拉升涨停。

图5-7：西部证券（002673）日K线图

如图5-7所示，在西部证券（002673）日K线图中，该股股价在经过前期的上涨之后，开始进入横盘整理的态势。2015年4月8日，西部证券发布的月度财务数据简报称，公司2015年3月份营业收入为5.6亿元，净利润为2.9亿元，环比大增538%，前三月累计净利5.2亿元，同比大增298%。公司3月业绩大爆发成为资金竞相追买的主要原因。在利好消息的推动下，股价不仅当日涨停，而且还结束了横盘整理趋势，开启了一轮新的行情。

（2）买入时点分析

如图5-8所示，在西部证券（002673）分时图中，该股股价开盘之后便开始了一波爬升的行情。但其主力并没有直接将股价拉升至涨停板，中间出现的小幅回调为投资者买入股票提供了有力的时机。若投资者能关注到上市公司所公布的《月度财务数据简报》，在股价第二次拉升时便可积极介入，获取该股的筹码。

在股价冲高形成利润空间后再卖出股票，获取利润。

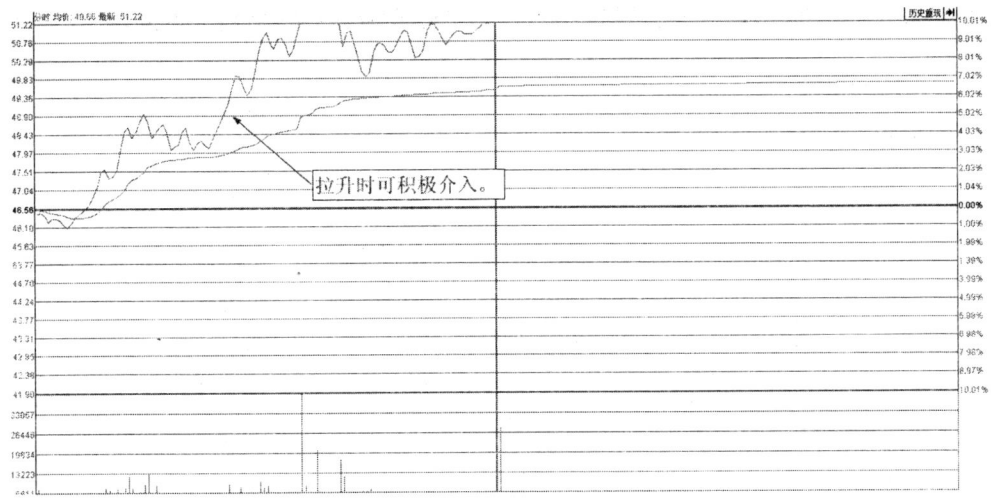

图5-8：西部证券（002673）分时图

2.云南城投（600239）

（1）日K线分析

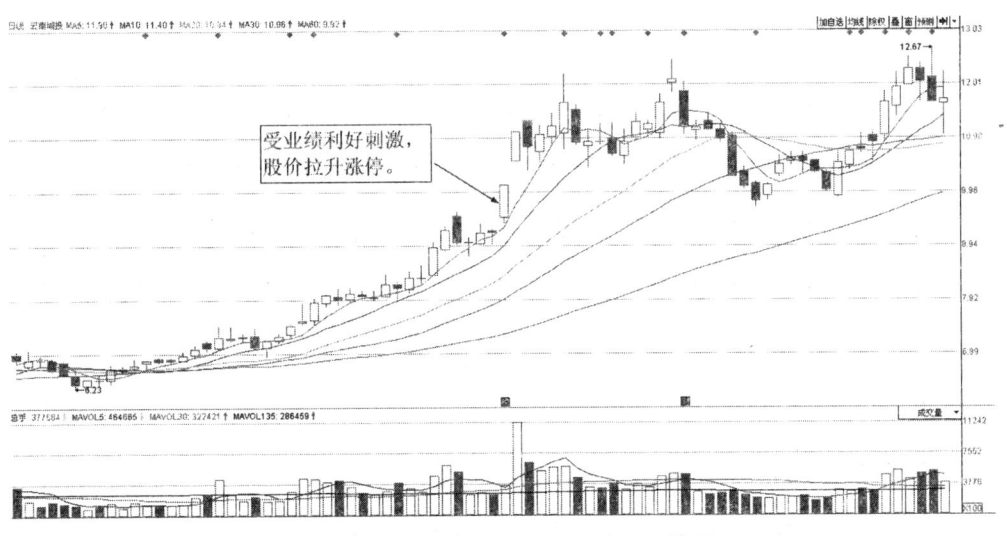

图5-9：云南城投（600239）日K线图

如图5-9所示，在云南城投（600239）日K线图中，该股股价在经过前期的上涨之后开始出现回调的迹象，并且在中阴线后出现了"十字星"形态。2015年4月3日晚间公司发布业绩快报，其在2014年公司营业收入39.47亿元，同比增长

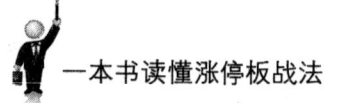

33.29%，实现净利润4.43亿元，同比增长38.59%，每股收益0.54元，与上年同期的0.39元相比，增加了0.15元，增长38.46%。受此业绩利好的影响，股价在下一个交易日便上封涨停。

（2）买入时点分析

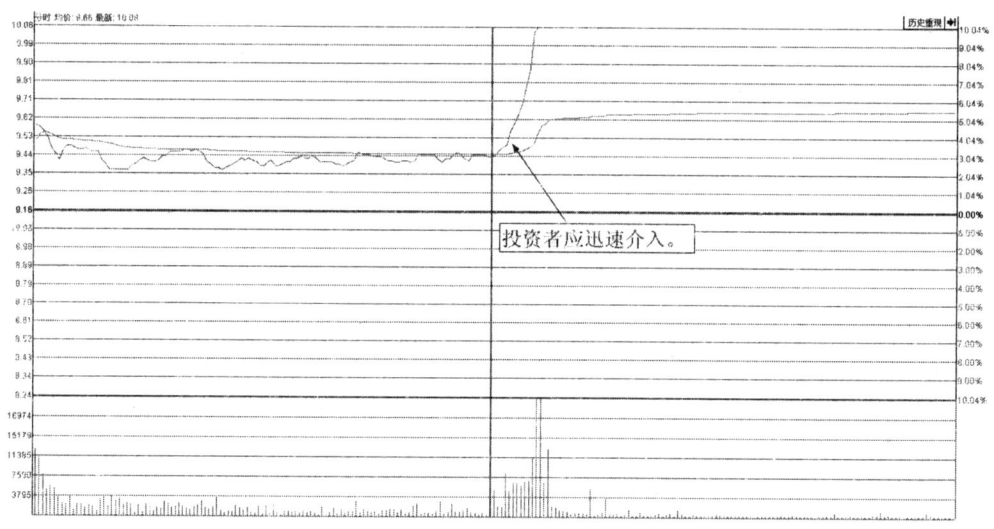

图5-10：云南城投（600239）分时图

如图5-10所示，在云南城投（600239）分时图中，该股股价小幅高开之后一直处于横盘整理状态，并没有特别良好的表现。下午开盘后，受业绩利好的影响，买盘迅速涌入，将股价拉升到高位，至13：11涨停。在拉升的过程中，成交量出现了有效放大。投资者在获得业绩利好的消息后应积极追涨，获取该股的筹码。由于市场消化这一利好还需时日，交易者可在股价后市冲高后再卖出股票，如此便可获取短期的利润。

追涨是在看到行情启动后的一种果断操作，在多空博弈的过程中，投资者要选择良机，在一波行情出现时快速追击。个股业绩良好是股价涨停的一个关键条件，当交易者觉察出业绩增长的个股时，务必迅速追击，一举拿下涨停板。

第三节　资产重组擒杀涨停

企业个股大都会因为企业的任何一种重大决策影响股市走向，因此，在追涨的技巧中，当然不得不提这些决策如何影响着我们捕捉涨停的方法。本节我们就来看看资产重组擒杀涨停的有关原理。

资产重组是股票市场中永恒的话题。由于资产重组可以使上市公司出现质的蜕变，所以有资产重组预期的股票也是最容易出现涨停板的股票。

资产重组是上市公司进行资源整合的一种方式，也是资本运作的一种重要途径。但在实际交易中，资产重组已经成为股票市场上的一个炒作概念，有资产重组意向的个股，市场均会将其炒作一番，股价也会发生翻天覆地的变化。

一、驱动因素分析

在股票市场中，资产重组的情况是比较多见的。重组一般都会造成相关个股的股价出现剧烈的波动，有时甚至会出现连续数日的涨停板。这种股票对于普通投资者来说，有点可遇而不可求，但机会永远属于有准备的人。尽管普通投资者无法确切获得重组的具体时间和内容，但将要重组的股票，在走势上、成交量上或多或少都会露出一些"蛛丝马迹"，投资者只要顺着这些"蛛丝马迹"就能摸准个股资产重组的"脉搏"。

在捕捉由资产重组催生的个股涨停板时，投资者应该注意把握以下几点：

第一，密切关注目标股票的消息面。上市公司进行资产重组之前，市场上往往都会流传一些有关该股重组的消息，投资者要为自己的操作做好准备。

第二，密切关注目标股票的成交量变化。每当上市公司资产重组即将开始之时，市场上一些先知先觉资金就会流入这类个股。所以，投资者若发现有资产重组预期的个股有大量资金流入时，就该选择合理的时机买入股票。

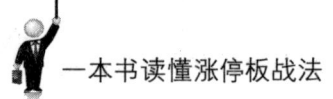

第三，控制风险。投资者必须清楚，在没有确切内部消息时，介入这类个股的风险是非常高的。所以应利用自己的闲置资金进行操作，并且要控制好仓位，进而控制好所承担的风险。在资产重组方案失败之后，股价一般都会出现连续性的下跌，投资者要做好承受资产重组失败的准备。

二、案例分析

下面，我们分析几个案例，以对企业资产重组擒杀涨停形成直观的认识。

1. 永鼎股份（600105）

（1）日K线分析

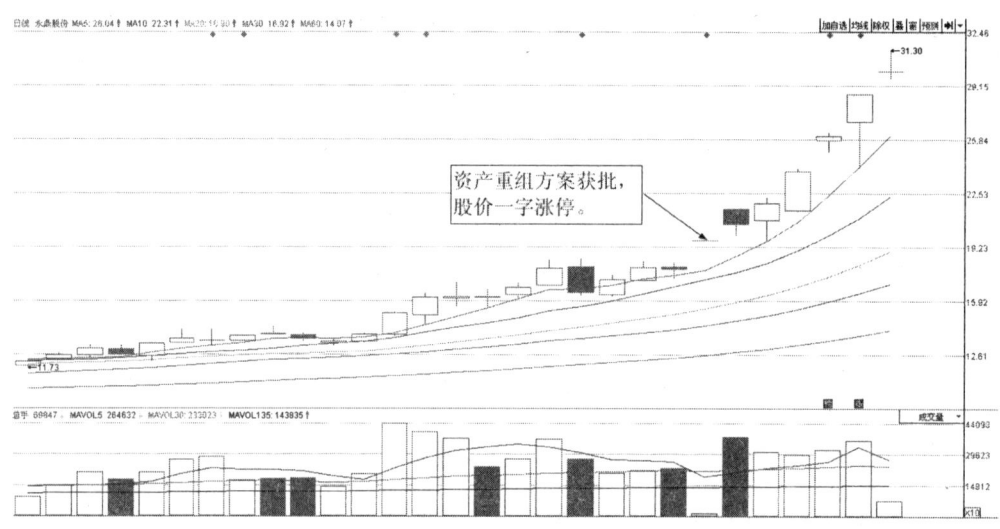

图5-11：永鼎股份（600105）日K线图

如图5-11所示，在永鼎股份（600105）日K线图中，该股股价前期一直处于小幅的爬升阶段。之后股价出现了横盘整理态势，并且其成交量也有所萎缩。2015年5月22日，公司发布公告称公司资产重组事项获得证监会无条件通过，在这一利好消息的刺激下，当日股价在开盘时"一"字涨停。后市股价连续拉升、逐步走高，出现了一波上涨的行情。

（2）买入时点分析

如图5-12所示，在永鼎股份（600105）分时图中，该股股价在开盘时便"一"字涨停，之后股价一直上封涨停并延续到下午收市。由此可见，上市公司

资产重组的事项对股价的推动作用非常巨大，股价经常会以"一"字涨停的方式回应这种利好。投资者若想追击此类涨停板，应在获得相关信息后在集合竞价时挂单买入，如此才能有望获得个股的筹码，从而获得短期收益。

图5-12：永鼎股份（600105）分时图

2.星星科技（300256）

（1）日K线分析

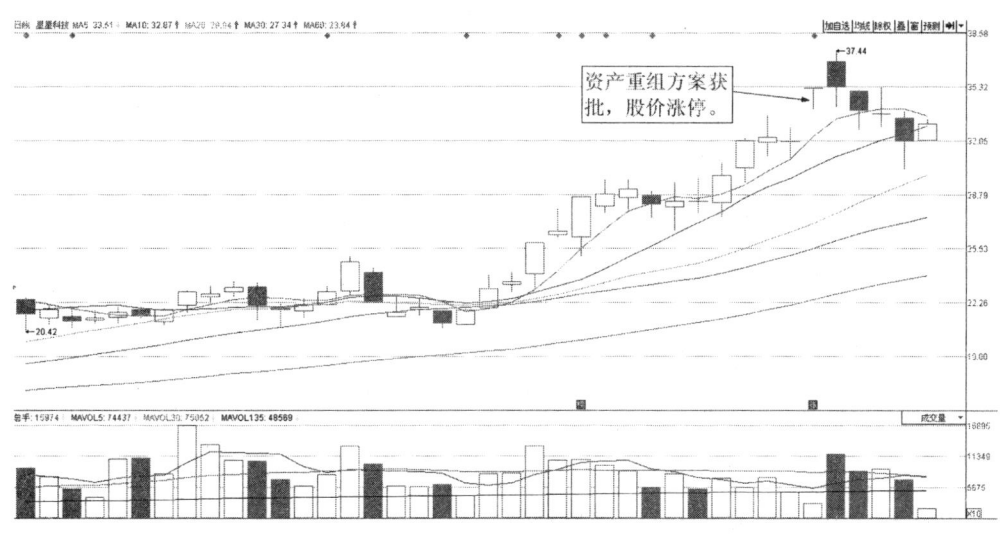

图5-13：星星科技（300256）日K线图

如图5-13所示，在星星科技（300256）日K线图中，该股股价前期表现比较良好，出现了一波小幅上涨行情。虽然途中有过短暂的横盘走势，但并没有改变股价的上涨趋势。2015年5月25日，公司发布公告称公司资产重组事项获得证监会无条件通过，受这一利好消息的影响，当日股价上封涨停。之后，股价冲高后出现回落，可见并不是资产重组获批后，股价都会出现上升行情。投资者追涨之后应根据股价的后期表现，及时兑现所获利润。

（2）买入时点分析

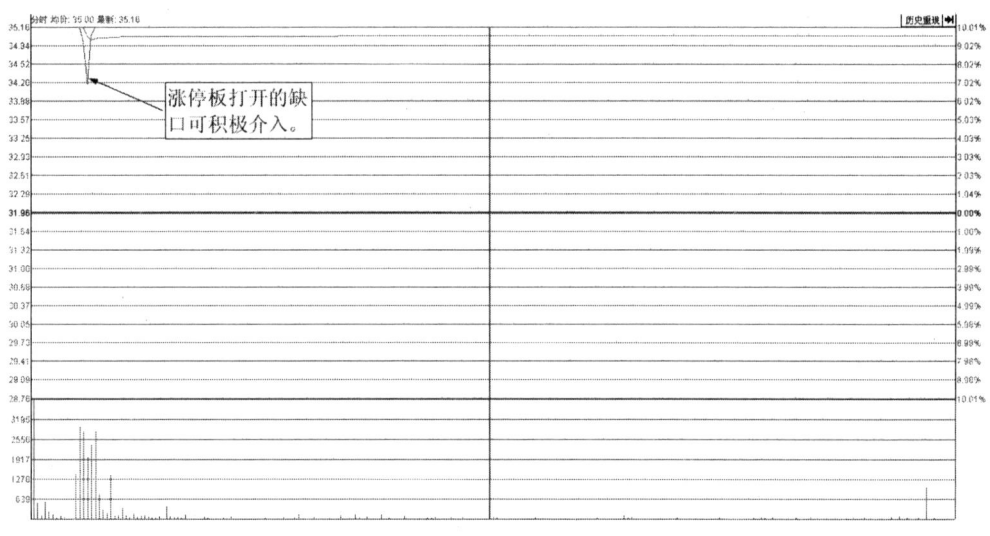

图5-14：星星科技（300256）分时图

如图5-14所示，在星星科技（300256）分时图中，该股股价以涨停价开盘后，并没有一直上封涨停。在盘中，涨停板被打开，为投资者获取筹码买入股票提供了机会。激进的投资者可以在这一价位介入，以期获得短期收益。同时，投资者应根据股价的后期表现来决定操作策略。得不到市场承认的资产重组，其个股的行情也常常"昙花一现"，投资者应注意防范此类风险。

资产重组作为一种市场资源的重新整合、分配的管理方式，其对股市会形成重大影响。若上市公司资产重组不仅得到市场承认，并且前景看好，投资者就要乘势追击，否则，要谨慎投资，避免风险。

第四节 企业合并擒杀涨停

企业为了更好地经营管理，往往会采取很多种调整措施，前面一节我们讲到资产重组抓涨停的技巧，本节我们来看看企业合并擒杀涨停。

企业合并也是一种资本运营方式，也是公司经营活动中的一个重大事项。通过合并可以实现企业之间的"强强联合"，提高合并企业的市场规模和生产能力，有利于合并后的企业进一步做大做强。但企业的合并并不是"一帆风顺"的，有时会给相关企业带来负面影响，拖累企业的进一步发展。

企业合并这种事件经常出现在国有控股企业之间，相关合并企业股票的走势，主要取决于市场对合并后企业前景的认可程度。如果市场普遍认为，合并后的企业将会具备更强的盈利能力和竞争能力，那么个股就会受到市场资金的追捧，股价出现上涨，甚至出现连续涨停。如果市场普遍认为，合并后的企业并不能进行良好运作，那么股价就会出现下跌的走势，甚至出现跌停。

一、驱动因素分析

企业合并一般都要经历比较漫长的谈判过程。在这一过程中，各类消息都会充斥着整个市场。投资者应善于辨别，从杂乱无章的消息中甄选出对自己研判股价走势有用的信息，进而对合并后的企业前景作出自己的判断。

在捕捉由企业合并催生的个股涨停板时，投资者应该注意把握以下几点：

第一，密切关注目标股票的消息面。投资者要根据市场消息来进行判断合并企业的市场前景。一般情况下，企业之间的强强联合会使股价表现出更强的上升走势；而如果是两个赢利能力较差的企业合并，合并后的企业就很难得到市场的认同，其股价也很难走出一波上升行情。

第二，密切关注目标股票的成交量变化。当企业合并谈判即将开始时，如果市场对合并后的企业比较认可，那么市场资金就会流入相关个股，其成交量也会出现有效放大。如果市场对合并后的企业并不看好，那么市场资金就会流出相关个股，其成交量也会出现萎缩的走势。

第三，控制风险。投资者选择追击由企业合并因素所催生的涨停板，其所承受的风险较高。所以，投资者应利用自己的闲置资金进行操作，并且要控制好仓位，进而控制好风险。若企业合并失败，股价将会出现下跌走势，投资者在追涨的同时，也要做好因判断失误而承受失败的准备。

二、案例分析

接下来，我们就通过几个例子来掌握如何通过企业合并擒杀涨停。

1. 中国重工（601989）

（1）日K线分析

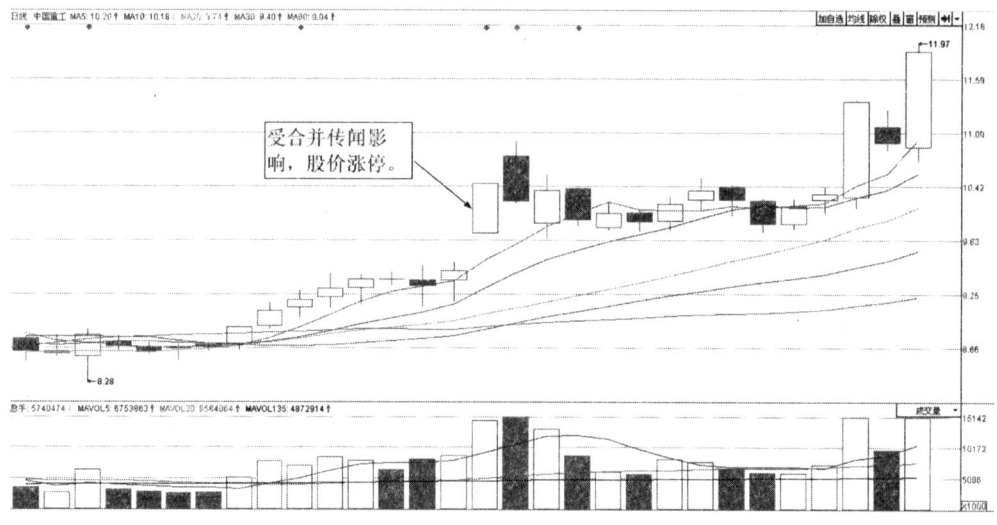

图5-15：中国重工（601989）日K线图

如图5-15所示，在中国重工（601989）日K线图中，该股股价前期处于小幅上涨的态势，伴随着股价的上行，其成交量也出现了逐步放大的态势。2015年3月26日，市场对"南北船"合并的预期又逐步升温，在此预期的影响下，市场资金纷纷流入该股，使股价出现了涨停走势。但随着公司对传闻的澄清，后市股价又逐渐出现了回落。

（2）买入时点分析

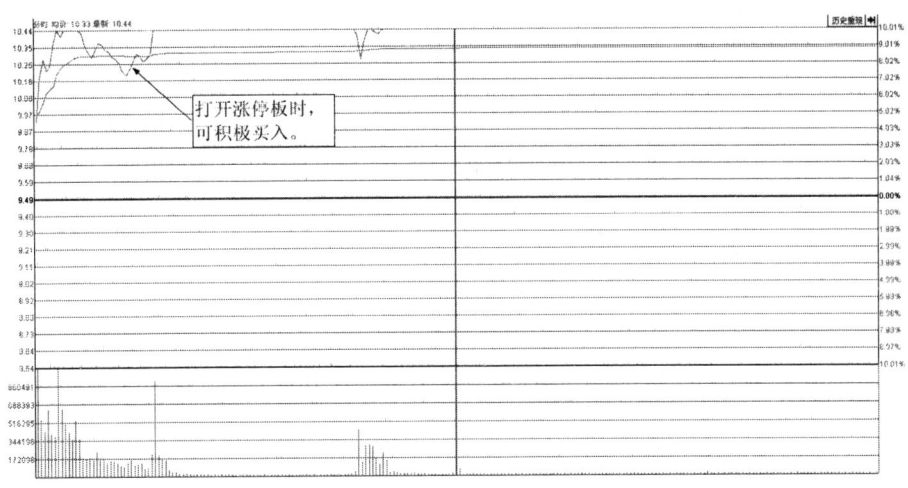

图5-16：中国重工（601989）分时图

如图5-16所示，在中国重工（601989）分时图中，该股股价在开盘后就开始向上拉升，并上封了涨停板。之后，涨停板被打开，为投资者追涨买入提供了机会。激进的投资者可在此积极介入，获取该股的筹码。同时，投资者要注意该股的涨停是受传闻影响，其公司合并与否并不确定，因此，后市要时刻关注该股的相关信息，选择合理时机兑现收益。

2.中国船舶（600150）

（1）日K线分析

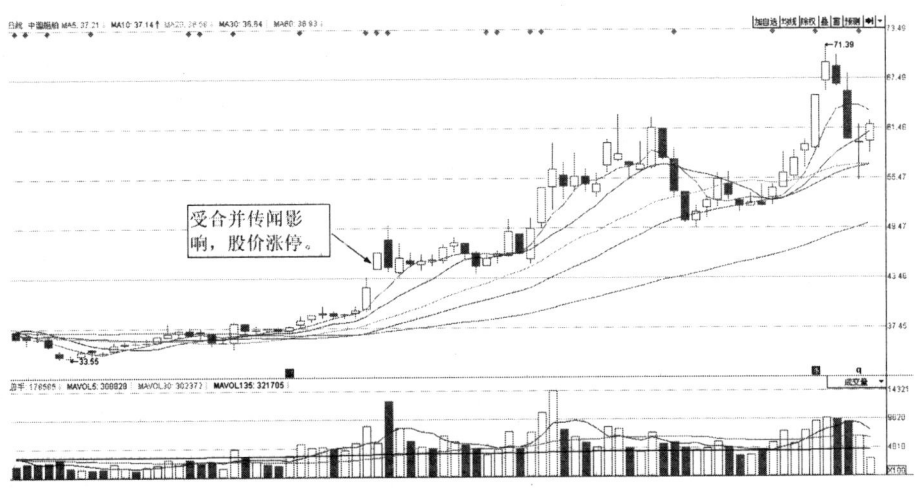

图5-17：中国船舶（600150）日K线图

如图5-17所示，在中国船舶（600150）日K线图中，该股股价前期并没有特别好的表现，基本上一直处于横盘整理阶段。但观察该股的成交量可以发现，在股价启动之前，其成交量已出现了温和的增加。2015年3月26日，市场对"南北船"合并的预期又逐步升温，在此预期的影响下，该股受到了市场的追捧，促使股价出现了涨停走势。但在下一个交易日，公司发布公告对传闻进行了澄清，之后股价又回到了横盘的态势。

（2）买入时点分析

图5-18：中国船舶（600150）分时图

如图5-18所示，在中国船舶（600150）分时图中，该股股价大幅高开之后便出现了直线拉升的走势，并上封了涨停板。投资者若想追击此类个股的涨停板，只能在集合竞价阶段进行介入。激进的投资者可以在涨停板盘中打开的时候买入股票，获取该股的筹码。但必须要注意的是，由于促使股价涨停的因素是市场传闻，投资者必须时刻关注相关信息以规避不必要的风险。

企业合并和重组是同样的道理，若合并后的企业业绩良好，前景光明，个股走势强劲，则不失为追涨的好时机。

第六章

宏观经济政策擒杀涨停技法

　　众所周知，股市是国民经济的晴雨表，它对国家宏观经济政策的反应非常敏锐、快捷，有时常常会提前作出灵敏甚至是过度的反应。同时，政府制定的宏观经济政策则对股市具有生死攸关的作用，对股票价格的走势有着决定性的影响。这一点在中国的A股市场体现得更加充分和明显。

　　宏观经济政策是国家为了实现特定的政策目标所采取的各种控制、调节措施的总称。宏观经济政策的变化对国家的经济形势的发展有着十分重要的影响。在不同时期发展战略的引导下，宏观经济政策对地区经济的发展格局起着不可估量的作用，是影响地区间差距变动的主要环境性因素之一。

　　宏观经济政策的走向与股市的"牛熊"更是息息相关。当国家采用扩张的宏观经济政策时，反映到股市就会形成"大牛市"，反之亦然。如2010年4月中旬开始，从中央到地方高层连续出台房地产调控政策，而从4月16日股市开始下跌至5月11日收盘，上证指数最大跌幅达到16.24%。地产板块更是首当其冲，4月初期便开始出现深幅调整，截至5月11日，地产指数最大跌幅高达27.43%。即便是从4月16日大盘开始下挫算起，同时期地产指数跌幅也有21.37%，远远高于上证指数16.24%的跌幅。因此，投资者在制定自己的投资计划时一定要把握好国家宏观经济政策的走向，顺势而为，如此才能在市场中获得回报。

第一节　宏观经济政策名片

宏观经济政策是指国家或政府为了增进整个社会经济福利、改进国民经济的运行状况、达到一定的政策目标而有意识和有计划地运用一定的政策工具而制定的解决经济问题的指导原则和措施，它包括综合性的国家或地区发展战略和产业政策、国民收入分配政策、价格政策、物资流通政策等。

宏观经济政策是短期调控宏观经济运行的政策，其需要根据经济形势的变化而作出调整，不宜长期化、固定化，因为经济形势是处于不断变化中的。在经济全球化趋势不断发展的今天，一国的经济形势，不仅取决于其国内的经济走势，还在相当程度上取决于全球的经济走势。

国家选择实施宏观经济政策的原则一般有以下几点：急则治标、缓则治本、标本兼治。

"急则治标"是指国家运用财政、货币等宏观经济政策处理短期内的经济问题，比如刺激经济增长，防止通货紧缩、应付外部对国内经济形势的冲击等。

"缓则治本"是指国家通过结构政策与经济改革政策处理长期的经济问题，比如调整国内的经济结构、促进技术的进步、提高经济的效益、实现可持续性的发展、积极参与全球经济等。

"标本兼治"是指国家在对宏观经济形势进行调控时，一般都是把长期经济政策和短期经济政策进行相互结合，组合使用，以达到对国家经济问题"标本兼治"的目的。

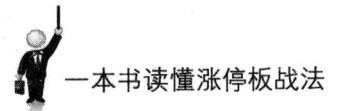

第二节　时政热点擒杀涨停

一般认为中国股市是一个典型的政策市，原因就是政策对股市的影响实在太大。中国股市的大涨大跌和不稳定性是其最明显的特征，主要是由于从其诞生的那天起就和政府的政策有着千丝万缕的关系，政府经常有意识地运用一些政策手段来调控股市的运行。国内有关学者曾对1992—2000年初沪市的异常波动情况进行了统计分析，得出结论：政策性因素是造成股市异常波动的首要因素，占总影响的46%，其次才是市场因素占21%，扩容因素占17%，消息因素占12%，其他因素占4%。若把扩容也视作政策性因素，那么该因素的影响上升到63%。以上结论说明政策性因素对股市的影响不仅频繁而且力度巨大。

一、时政热点分析

每当国家新政出台时，相关受益个股都会走出一波上升行情，甚至会以涨停板的方式回应政策利好。如果政府出台新的扶持政策，重点向能源、交通、基础设施投资，则这类产业的上市公司的股票价格就会受到影响。因此，每个投资者应了解时政实施的针对重点。股价发生反转的时点，通常在政府的时政还未发表前，或者是在时政公布之后的初始阶段。因此，投资者对国家新出台的政策，也必须给以密切的关注，关心新出台的政策变动的各个阶段，适时作出买入和卖出的决策。

投资者如果以时政热点为标准选择涨停目标股的话，应该重点考虑以下几点：

第一，该股票所属的上市公司是否属于国家新出台经济政策所重点扶持的行业领域。一般情况下，每当国家出台新的经济政策时，相关个股都会迎来一波上涨行情。进而，相关受益个股就具备了涨停的潜力。

第二，注意影响时政热点发展进程的敏感时间窗口。影响时政热点发展进程的敏感时间窗口往往会对相关个股的股价产生催化作用，投资者应密切注意国家召开的相关时政的会议、论坛等，把握有利时机追击个股的涨停板。

第三，挑选直接受益或走势最强的个股。直接受益或走势最强的个股股价对时政热点的反应往往要更加灵敏，上涨幅度也要更大。这些股票出现涨停的概率也会增加。投资者应把更多的精力放在这些个股上，更容易实现涨停收益。

二、案例分析

1. 中国南车（601766）

（1）日K线分析

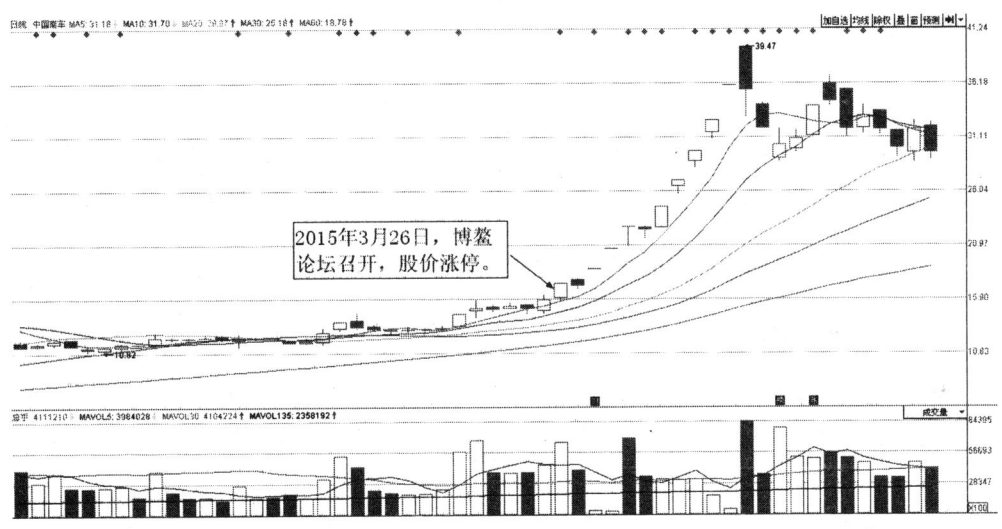

图6-1：中国南车（601766）日K线图

如图6-1所示，在中国南车（601766）日K线图中，该股股价基本处于横盘状态。2015年3月26日，博鳌亚洲论坛召开。当天，中国南车的股价在收盘之前封住涨停板。可以看出，市场对论坛上政府有关"一带一路"的政策动向持积极的态度，追涨的热情高涨。后市股价又有两个"一"字版的涨停，投资者若能在热点政策的敏感时间窗口介入，获得高额回报的概率较大。

（2）买入时点分析

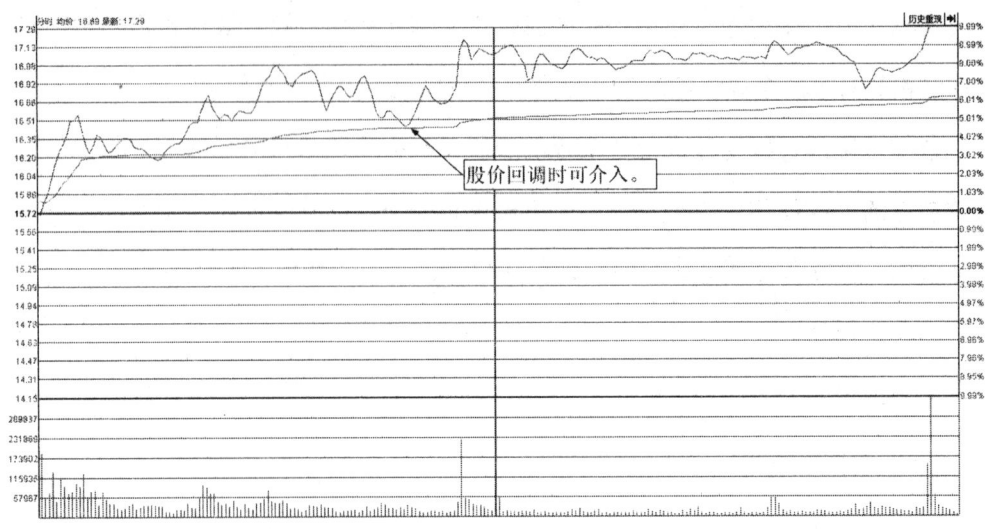

股价回调时可介入。

图6-2：中国南车（601766）分时图

如图6-2所示，在中国南车（601766）分时图中，该股股价开盘后一直运行在均价线之上，尾盘上封涨停。"一带一路"对铁路装备最大的影响就是加速产能输出，我国目前四横四纵中东部的高铁已经基本建设完毕，动车组的增量有限，未来的发展空间主要是两条路线：一是中西部高铁，二是向国外输出高铁。中国南车作为我国轨道交通装备制造业的龙头企业和全球重要的轨道交通装备制造商及解决方案提供商，通过国家对"一带一路"的规划建设能够提升公司的业务规模增强盈利能力。受博鳌亚洲论坛利好消息影响，股价上封涨停也是情理之中的事了。

2.中国船舶（600150）

（1）日K线分析

如图6-3所示，在中国船舶（600150）日K线图中，该股股价在利好传出之前，已经有了开始启动的迹象。在2015年3月26日，中国船舶的股价在昨天的长阳之后，当天在开盘时便冲高封住涨停板，之后其强势封涨一直持续到收盘。在敏感的窗口期，相关热点政策的受益个股一般都会有很好的表现，甚至是走出涨停板。投资者若能在这一买点强势介入，等到第二天开盘后获利离场，一般能获得

短期、超短期的投资收益。

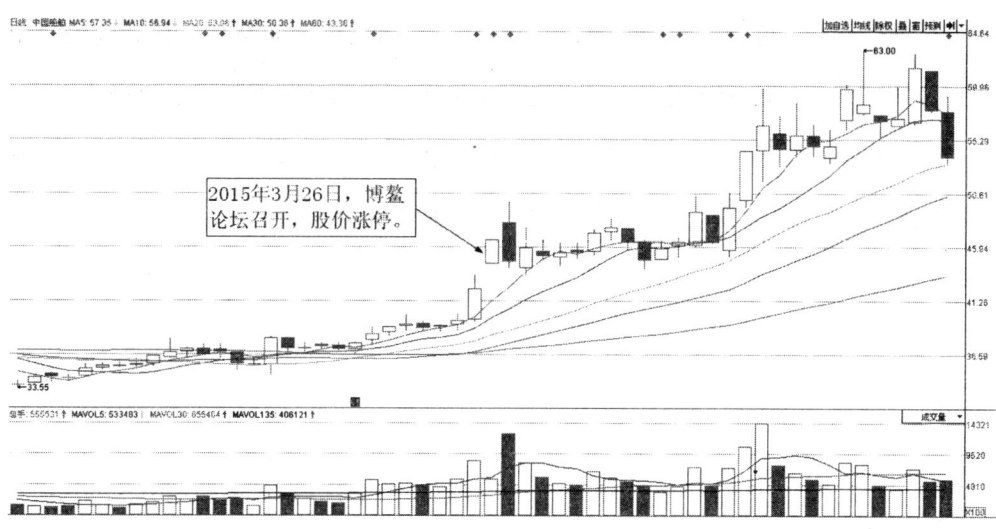

图6-3：中国船舶（600150）日K线图

（2）买入时点分析

图6-4：中国船舶（600150）分时图

如图6-4所示，在中国船舶（600150）分时图中，该股股价在当日高开之后就迅速拉升上封涨停。激进的投资者可在开盘时买入股票，获取筹码。随着未来"一路一带"策略的具体落实，中国将承担更多基建设施和资源类产品的海运物流。中国船舶作为特大型国有企业，是国家授权投资的机构和资产经营主体。作为中国船舶行业唯一一家世界500强企业，其所从事的民用船舶及配套、非船舶装备的研发生产，更容易因为国家的"一路一带"战略规划而增强其盈利能力。市场对公司未来发展比较认可，个股受到资金追捧，进而受利好影响上封涨停。

利用时政热点擒杀个股涨停板是比较有效的一种方法，在这一过程中，投资者要特别注意敏感时间窗口，以免错过追击涨停的最佳时机。

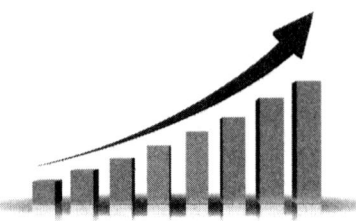

第三节　产业政策擒杀涨停

国家产业政策是政府为了实现一定的经济和社会目标而对产业的形成和发展进行干预的各种政策的总和。干预包括规划、引导、促进、调整、保护、扶持、限制等方面的含义。产业政策的功能主要是弥补市场缺陷，有效配置资源；保护幼小民族产业的成长；熨平经济震荡；发挥后发优势，增强适应能力。

一、产业规划分析

关于国家产业政策与股市的关系要具体客观地进行分析，不能一概地认为政策扶持行业的公司股票就是可以介入的股票。因为政府在制定相关国家政策时也要考虑相关民生问题，所扶持的行业得到发展，但其产出品却因为价格高昂而影响居民的正常生活，则会对社会的稳定造成影响，这是政府所不能接受的。相反，国家对于一些新兴行业的政策扶持则易使相关上市公司的股票有良好的表现，产业政策所诱发的涨停板容易出现在这些个股当中。

投资者如果以产业政策为标准选择涨停目标股，则应该重点考虑以下内容：

第一，观察该股票所属的行业是否属于国家产业政策所重点扶持的行业。一般情况下，每当国家出台扶持产业发展的政策时，相关受益个股都会迎来一波上涨行情。

第二，注意该行业是否属于国家合理调控的行业。关系国家经济命脉以及和居民生活密切相关的行业，国家调控力度较强，有关上市公司股价难以出现大幅上涨。

第三，挑选直接受益或走势最强的个股。直接受益或走势最强的个股股价对产业政策的反应往往要更加灵敏，这些股票出现涨停的概率也会更大。

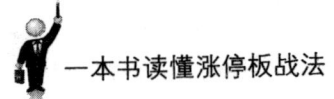

二、案例分析

1.华银电力（600744）

（1）日K线分析

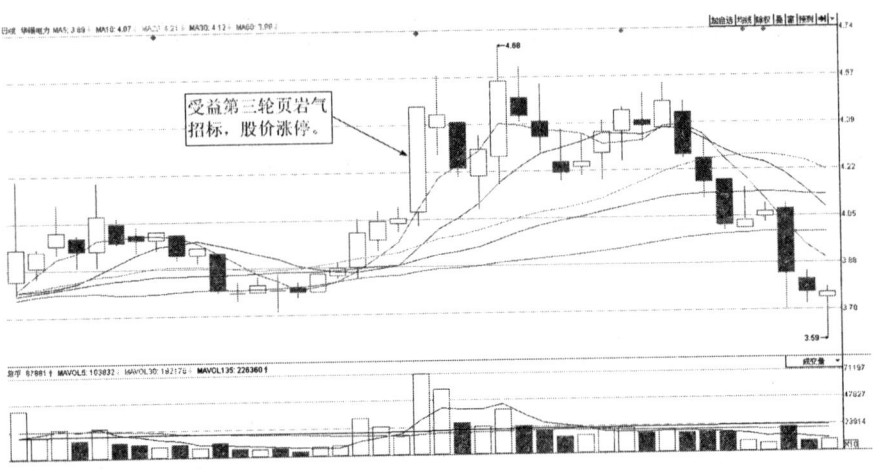

图6-5：华银电力（600744）日K线图

如图6-5所示，在华银电力（600744）日K线图中，该股股价在反弹过程中出现涨停板。其助涨的因素是市场猜测国土部正在酝酿启动第三轮页岩气招标，市场上的游资预期华银电力可能会在这次招标会上中标。由以上表现可以看出，行业个股的涨停板往往会受到行业信息很大影响，即使是在行业传闻的刺激下也容易走强，其中不乏出现涨停板。

（2）买入时点分析

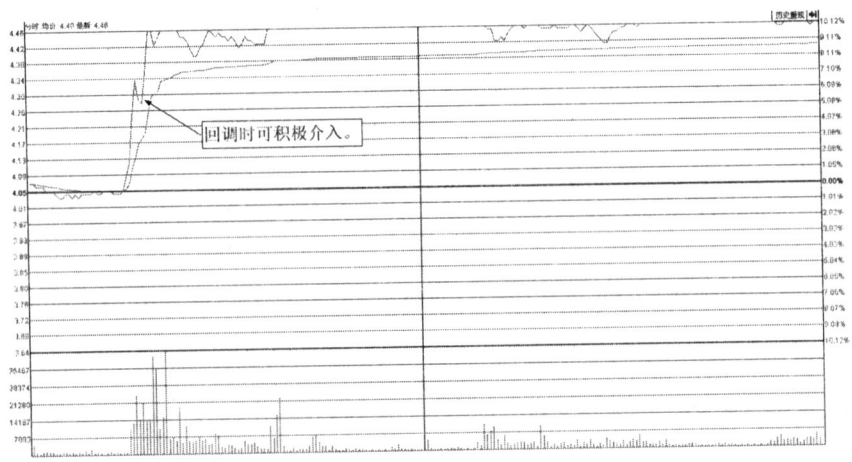

图6-6：华银电力（600744）分时图

如图6-6所示，在华银电力（600744）分时图中，该股股价在开盘后半小时内的表现并不是很好。其成交量一直处于低迷状态，股价也持续横盘在开盘的价位。但在盘中股价突然放量拉升，投资者可在股价回调阶段介入，买入股票获取筹码。对投资者来讲，捕捉产业政策催生的涨停板，最佳的方式是结合消息面和分时图进行。如此可以规避风险，提高追涨的成功率。

2.宝莫股份（002476）

（1）日K线分析

受页岩气利好影响，股价上封涨停。

图6-7：宝莫股份（002476）日K线图

如图6-7所示，在宝莫股份（002476）日K线图中，该股股价在前期反弹过程中并没有较好的表现。之后，在日K线走出"十字星"后的下一个交易日，股价出现涨停板。市场传闻国土部正在酝酿启动第三轮页岩气招标，页岩气行业有可能会迎来新一轮的快速发展。相关受益个股在市场传闻的影响下均有较大的涨幅，该股也是受此影响出现涨停。如此，投资者在追击涨停时应密切关注产业政策的消息面，以期选择有利时机追涨。

（2）买入时点分析

如图6-8所示，在宝莫股份（002476）分时图中，该股股价开盘后一直在开盘价位横盘震荡。市场猜测国土部正在酝酿启动第三轮页岩气招标。受市场传闻的影响，在盘中股价突然被直线拉升，在途中出现小幅回调之后，股价上封涨停板，并一直封板到下午收市。在结合产业政策的利好消息后，激进的投资者可在回调时买入股票，获取筹码，在股价冲高后再进行卖出，获取追涨收益。

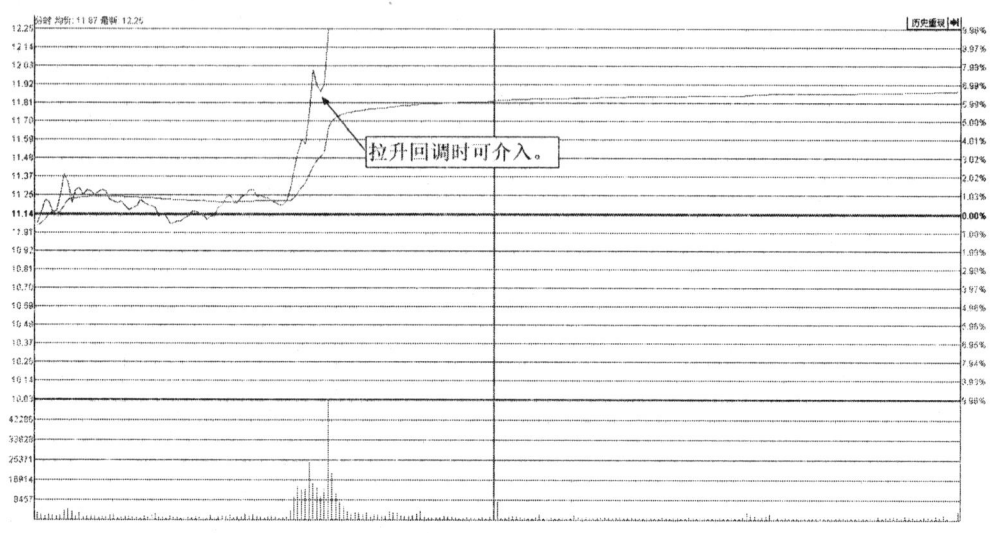

拉升回调时可介入。

图6-8：宝莫股份（002476）分时图

国家出台的产业政策会对上市公司形成利好，进而使相关个股出现上升行情，股价走出涨停板。投资者在利用消息面追击涨停时，要特别注意有关消息的真实性。市场传闻对股价的推动作用有限，投资者应把握好离场时机。

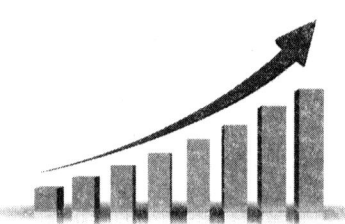

第四节　区域规划擒杀涨停

区域规划是为实现一定地区范围的开发和建设目标而进行的总体部署，是一定地区的资源开发利用，环境治理保护，生产建设布局，城乡协调发展以及区域经济、人口、就业政策的综合性发展规划。目前我国的区域规划有国家制定的，也有地方省市制定的。一般情况下，国家制定的区域规划会对该区域上市公司的业绩有比较明显的促进作用，同样，其股价也会得到明显的提振。

一、区域规划分析

国家制定区域规划后就会在相关政策、资源等方面对该区域做出倾斜，给予该区域一定的扶持。这些扶持会带动该区域的经济发展，进而促进该区域上市公司的业绩取得增长。

若以区域规划为标准选择涨停股，投资者应该重点注意以下几个问题：

第一，目标股的上市公司是否属于国家区域规划内的企业。国家对国家级的区域规划的扶持力度要强于地方的区域规划。有的区域规划上升到国家战略层面，该区域的上市公司得到的扶持力度就会有所增强，其股价也会有良好的表现。

第二，目标股的上市公司是否属于区域规划内重点发展的行业。如果该上市公司所属的行业为夕阳产业或准备淘汰的落后产能，那么这样的目标股也很难有良好的表现。

第三，挑选区域规划重点发展行业的龙头公司为目标股。重点发展行业的龙头公司更容易成为市场炒作的对象，其股价也更容易出现上涨行情，进而出现涨停板。

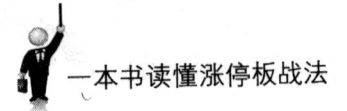

二、案例分析

1.大龙地产（600159）

（1）日K线分析

如图6-9所示，在大龙地产（600159）日K线图中，该股股价前期一直处于小幅爬升的上涨趋势中。消息面上，2015年4月30日，中央政治局会议审议通过的《京津冀协同发展规划纲要》指出，推动京津冀协同发展是一个重大国家战略，核心是有序疏解北京非首都功能。公司作为当地房地产上市公司，其股价受益政策利好出现涨停板。之后，其又走出了一波上涨行情。

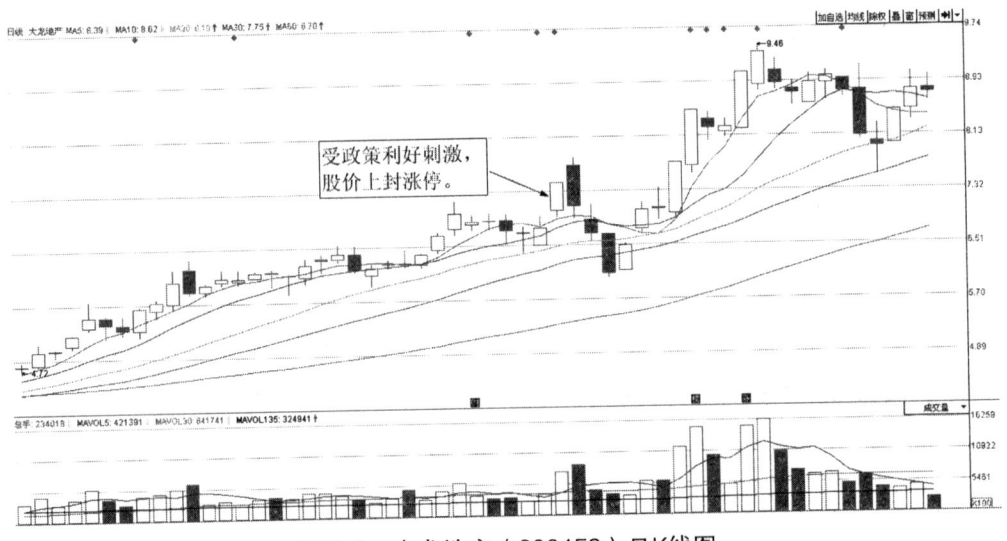

图6-9：大龙地产（600159）日K线图

（2）买入时点分析

如图6-10所示，在大龙地产（600159）分时图中，该股股价在大幅高开之后急速拉升，但并没有直接上封涨停，而是出现了小幅回调。这一回调为追涨的投资者提供了机会，投资者可在回调阶段买入股票。结合消息面的政策利好，可以判断出其股价在下一个交易日出现冲高走势的概率较大。投资者可在股价冲高后再卖出筹码，获取短期的追涨收益。

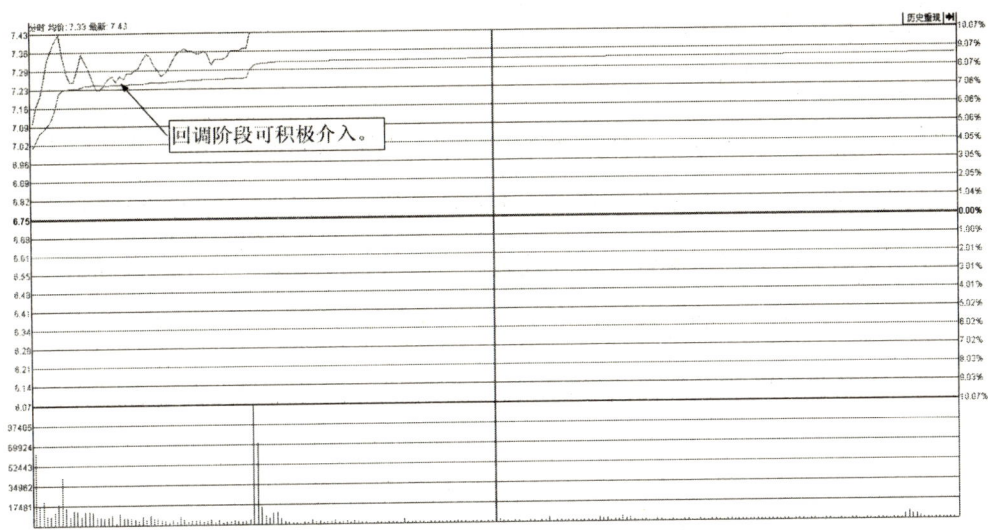

回调阶段可积极介入。

图6-10：大龙地产（600159）分时图

2. 凌云股份（600480）

（1）日K线分析

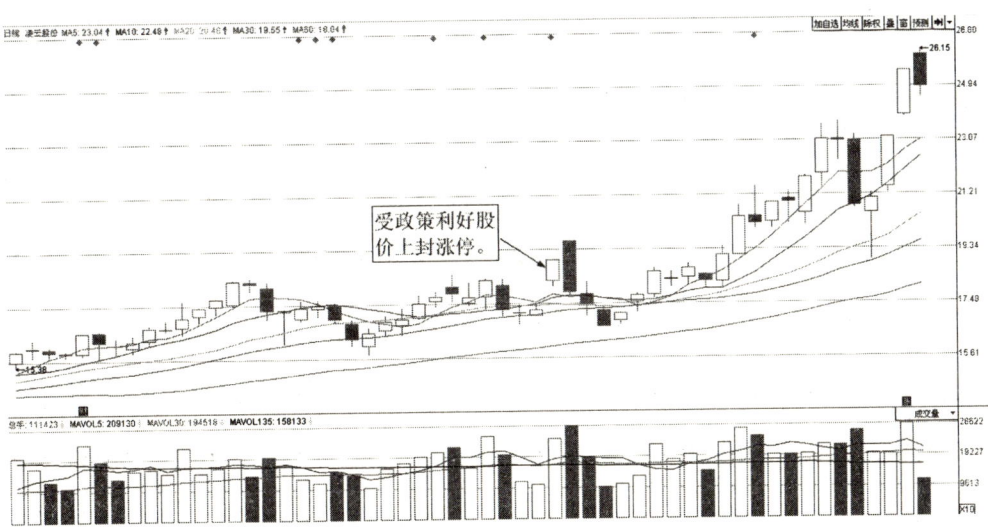

受政策利好股价上封涨停。

图6-11：凌云股份（600480）日K线图

如图6-11所示，在凌云股份（600480）日K线图中，该股股价前期基本处于横盘整理的趋势当中。2015年4月30日，中央政治局会议审议通过《京津冀协同发展规划纲要》。受益于消息面的政策利好，该股股价出现涨停。规划纲要的核心是有序疏解北京非首都功能。公司作为保定本地上市公司，有望受益于这一区域

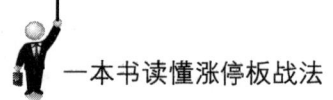

规划，促进其业绩的增长。

（2）买入时点分析

如图6-12所示，在凌云股份（600480）分时图中，该股股价在高开后出现了小幅的回调，但很快股价又重新转为上涨的趋势，之后股价上封涨停板直至收盘。这一走势表明市场对区域规划的政策利好多持积极态度，属于区域规划的上市公司股票受到了市场的追捧。投资者可在回调时买入股票，在市场热度减弱之前，股价冲高之后再卖出筹码，获取短期利润。

图6-12：凌云股份（600480）分时图

国家区域规划对区域内上市公司的股票影响要远大于地区区域规划，投资者在利用区域规划政策擒杀涨停板时应注意这一点。在个股的选择上，投资者应把更多的精力放在区域内的行业领军企业上。如此，可对投资者追击涨停起到事半功倍的效果。

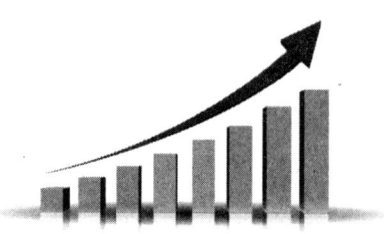